EVROPA

Mit dem Spürsinn eines Bruce Chatwin führt uns Michael Lüders in die Welt des Vorderen Orients und der arabischen Halbinsel (Libanon, Syrien, Irak, Kuweit, die Emirate, Katar, Jemen). »Das Lächeln des Propheten« ist kein herkömmlicher Bericht eines weitgereisten Zeitungsreporters oder Auslandskorrespondenten. Lüders Schilderungen gleichen Vignetten und Miniaturen mit exemplarischen Charakter. In seinen Begegnungen mit den Menschen und der Landschaft entsteht eine Poesie des Fremden – auch wenn zu ihr der Schrecken gehört.

Michael Lüders, geboren 1959, studierte arabische Literatur in Damaskus sowie Islamwissenschaft, Politologie und Publizistik in Berlin. Nicht nur als Filmemacher und Hörspielautor, sondern vor allem als Nahost-Redakteur der Wochenzeitschrift DIE ZEIT hat er sich als profunder Kenner der Region einen Namen gemacht.

MICHAEL LÜDERS

Das Lächeln des Propheten

Eine arabische Reise

Europäische Verlagsanstalt

Informationen zu unseren Verlagsprogrammen finden Sie
im Internet unter www.europaeische-verlagsanstalt.de

Die Deutsche Bibliothek – CIP-Einheitsaufnahme

Ein Titeldatensatz für diese Publikation ist bei
Der Deutschen Bibliothek erhältlich

© Europäische Verlagsanstalt|Sabine Groenewold Verlage,
Hamburg 2002
zuerst © Rotbuch Verlag, Hamburg 1996
Umschlaggestaltung: Projekt ®, Hamburg
Umschlagfoto: Harry Gruyaert, Focus/Magnum
Signet: Dorothee Wallner nach Caspar Neher »Europa« (1945)
Druck und Bindung: Clausen & Bosse, Leck

ISBN 3-434-46110-8

INHALT

Vorwort   *7*

TEIL I: MÖRDERISCHER ALLTAG   *11*

Damaskus. Im Schatten der Gehenkten   *13*

Beirut. United Colors of Lebanon   *19*

Willkommen in Bagdad. Bilder aus
einem belagerten Land   *43*

TEIL II: FATA MORGANA   *65*

Kuweit. Die Macht der Diwaniyas   *67*

Katar. Ein großer Baum mit vielen Ästen   *81*

Abu Dhabi. Das Lächeln des Propheten   *127*

Dubai. Fast food im Paradies   *157*

TEIL III: IM SÜDEN DES JEMEN   *193*

Bonjour Tristesse. Streifzüge durch Aden   *195*

Transit Mukalla. Aus dem Innern des Landrovers   *207*

Shibam, das Wadi Hadramaut und die
Gegenwärtigkeit des Todes *215*

Vorwort

Es gibt eine erstaunliche Ambivalenz des Europäers gegenüber dem Orient, eine merkwürdige Faszination, ausgelöst von der Exotik des Unbekannten und Sinnlichen. Gleichzeitig gilt die arabisch-islamische Welt als rückständig, gewalttätig, irrational — gewissermaßen der Antipode westlicher Gesellschaften, die sich ihrer Rationalität und Menschenrechte rühmen und dabei die eigene blutrünstige Vergangenheit (und manchmal Gegenwart) gerne verdrängen. Ohnehin sind kulturelle Projektionen relativ, sie unterliegen wechselnden Moden und Strömungen und sagen in der Regel mehr über den Betrachter als über den Gegenstand seiner Begierde aus.

Die Wahrnehmung des Orients in der Romantik etwa war fast ausnahmslos positiv, die neu entdeckte Welt regte an zum Träumen. Die Übersetzungen persischer und arabischer Poesie inspirierten die literarische Produktion deutscher Dichter, allen voran Goethe (»West-östlicher Diwan«). Sie sahen in der orientalischen Dichtkunst den Beweis, daß die Völker und Nationen denselben sittlichen Werten und einem einheitlichen Streben nach Schönheit verbunden seien. In der Öffentlichkeit des 18. und 19. Jahrhunderts erzielten sie damit große Resonanz. Den Philosophen der Aufklärung dagegen diente der Orient als Argument wider den absolutistischen Staat und seine religiöse Legitimation. Warum sollte denn dieser Staat den geschichtlichen Höhepunkt menschlicher Zivilisation verkörpern, wenn außereuropäische Kulturen ganz andere politische und religiöse Gesellschaftsmodelle entwickelt hatten?

Ex oriente lux, so dachte man damals — bis der Kolonialismus alte Feindbilder aus den Zeiten der Kreuzzüge neu belebte und eine kulturelle Konfrontation einsetzte. Die Europäer sahen sich erneut als höherstehende Zivilisation und haben sich bis heute eine dominante Stellung gegenüber Arabern und Muslimen bewahrt, indem sie – gemeinsam mit Amerikanern und Japanern – die technisch-rationale Weltgesellschaft nach ihren Vorstellungen prägen. Die nahöstlichen Verlierer der Moderne, seelisch zerrissen von Identitätskonflikten, zerstören sich zusätzlich durch fragwürdige Heilslehren, mal nationalistischer, mal islamistischer Couleur.

Die Zeichen stehen auf Mißgunst, auf beiden Seiten. Für den Europäer symbolisiert der Orient einen Teil seiner eigenen Entwicklungsgeschichte, den er überwunden glaubt: die vermeintliche Vorherrschaft des Irrationalen und Zerstörerischen über Vernunft und Berechenbarkeit, in der privaten wie der öffentlichen Sphäre. In der arabisch-islamischen Welt wiederum gilt der insgeheim bewunderte Westen mehr und mehr als eine Metapher für Verlogenheit und Verrat, ein Ort ständiger Verschwörung mit dem Ziel, die Muslime zu demütigen und ihnen den gebührenden Platz unter den Völkern vorzuenthalten. Obwohl beide Seiten aus denselben historischen und philosophischen Quellen schöpfen – angefangen mit abrahamitischer Religion, weiter mit Andalusien und Cordoba bis hin zu gemeinsamen, mediterran geprägten Lebensformen –, begegnen sie sich wie verfeindete Zwillinge. Im jeweiligen Bild des Anderen entdecken sie das verdrängte Unbewußte des eigenen Ichs und reagieren angstvoll: mit kulturellen Stereotypen.

Als ich mir dieses Buch vornahm, wollte ich allerdings nicht der umfangreichen Literatur zum Thema »Europa und der Nahe Osten«, »Islam und Moderne«, »Orientalismus« ein weiteres theoriereiches Werk hinzufügen. Und ich wollte auch keinen journalistischen Durchmarsch von Land zu Land absolvieren. Das Buch ist keine wissenschaftliche Abhandlung und erhebt auch nicht den Anspruch auf eine umfassende Berichterstattung. Tatsächlich mag einiges von dem, was geschildert wird, im Augenblick der Lektüre durch die politischen Ereignisse bereits überholt sein. Aber es geht mir nicht um Neuigkeiten. Es geht mir um Spurensuche in einer vordergründig fremden und unvertrauten Welt, deren anderes Verständnis von Zeit und Schicksal, von Geschichte und gesellschaftlichen Konventionen mich schon als Jugendlichen faszinierte. Leitfaden des Buches ist dabei die Frage, was Personen und Ereignisse über die Länder verraten, deren Charakter sie mitprägen – als Bruchstücke jenes Mosaiks, aus dem sich die jeweiligen arabischen Staaten politisch und kulturell zusammensetzen.

Die Reisen erstreckten sich über vier Jahre, von 1991 bis 1995. Mal war ich als Filmemacher unterwegs, im Irak und im Jemen, mal als Vortragsreisender und Flaneur, dann wieder als Berichterstatter, vor allem für *Die Zeit*. Die Auswahl der Länder folgte persönlicher Neugier, ist mithin subjektiv und dennoch nicht beliebig: nach den mörderischen Realitäten in Beirut und Bagdad das entgegengesetzte Extrem behäbigen Wohlstandes in den Golfstaaten, schließlich die Konfrontation mit archaischer Vergangenheit im Süden des Jemen. Saudi-Arabien fehlt, weil ich kein Visum erhielt. Die Route führt durch Länder, die in Deutschland fast unbekannt sind und in dieser Zusammenstellung einen repräsentativen Einblick in die großen Debatten und inneren Befindlichkeiten der arabisch-islamischen Welt erlauben. Dazu gehören das Verhältnis von Tradition und Moderne, die Rolle des Islam in Staat und Gesellschaft, die Haltung zum Westen, die Stellung der Frau.

Wie jedes Buch, das von Reisen und Begegnungen mit anderen Menschen handelt, ist auch dieses ein subjektiver Bericht. Sollte ich in meinem Urteil über die Illusionen anderer gelegentlich ein bißchen schroff wirken, so kann ich zu meiner Verteidigung nur sagen: Weil ich selber in der Frage meiner eigenen Identität keine klare Antwort geben kann, werde ich nie jene verurteilen, die dazu ihrerseits nicht in der Lage sind. Tadel verdient nur, wer sich anmaßt, seine Haltung anderen aufzuzwingen.

Im übrigen wirkt das Fremde um so vertrauter, je länger man in ihm verweilt. Mit wachsender Entfernung zu den Gewißheiten Europas verliert sich die Angst vor dem Verdrängten und schlägt um in Faszination. Die Zeit verliert sich in der orientalischen Medina. Das Licht, die Schatten, die mediterranen Farben. Die sinnliche Hitze, die Gerüche. Vergessen die Rationalität, das Zielgerichtete, das Bewußte. Im Café sitzen und der Kakophonie lauschen. Jene Stimme, die sich anhört wie ein stotterndes Bellen. Langsam bilden sich Laute, eine Melodie, eine Klage. Ein alter Mann, der auf dem Platz steht und sich immer wieder versucht an dem einen, dem wohl schwierigsten Satz: *La Ilaha-Allah* – keine Gottheit gibt es neben Gott.

Teil I
Mörderischer Alltag

Damaskus.
Im Schatten der Gehenkten

Der Henker ist ein gewöhnlicher Soldat, der mit gelangweilter Routine dem kurzen Kopfnicken eines Vorgesetzten Folge leistet. Längst hat sich der Verkehr am Platz der Abbasiden, im Zentrum von Damaskus, auf eine unübersehbare Länge gestaut, wie an jedem Tag zu verschiedenen Zeiten, vor allem aber frühmorgens, kurz nach Sonnenaufgang. Die ersten Händler verkaufen Brot und Gemüse, einige Passanten lehnen an Bretterbuden und trinken Tee. Langsam erhebt sich die Sonne als feuerroter Ball über dem Häusermeer östlich des Platzes, eines strategischen Rondells, das die wichtigsten Verkehrsadern der Stadt bündelt wie eine Lupe. Auf der grünen Wiese im Innern des Kreises stehen Männer in khakifarbenen Uniformen und diskutieren. Einige reichen Zigaretten an Kollegen, andere zeichnen Figuren in die Luft, als seien sie Dirigenten eines imaginären Orchesters. Eine Inszenierung, die sorgfältig einstudiert scheint und keine Nachlässigkeit duldet. Den Dirigenten als Bühne dient ein gewaltiger Galgen, ein surreales Monument aus Holz, hoch genug angelegt, um weithin sichtbar zu sein – auf den ersten Blick eine gestrandete Filmkulisse.

Doch die Szene ist real, ihr Ablauf unausweichlich. Fünf Männer stehen auf einem Plateau, die Hände hinter dem Rükken gefesselt, der Kopf fest umschlungen von einem Hanfseil. Sie sind jung, nicht älter als dreißig. Auf ihren weißen, einteiligen Gewändern wurden überdimensionale Schilder befestigt, die den Grund ihrer Hinrichtung erklären. Demnach handelt es sich um Parasiten, um Schmuggler und Diebe, die dem syrischen Volk unermeßlichen Schaden zugefügt haben.

Der Scharfrichter zertritt seine Zigarette, bevor er den hölzernen Hebel bedient, der den zum Tode Verurteilten den Boden unter den Füßen entzieht; der simple Mechanismus einer

Fallgrube. Für einen Augenblick hält die Zeit inne. Keine Hupe ertönt, kein Laut ist zu hören, nur das ferne Singen eines Muezzins und das kurze, harte Anziehen der Hanfseile, die abrupt das Gewicht ihrer Opfer tragen. Vielleicht ist es Einbildung, der nach außen getragene, stille Schrei von Augenzeugen, die ohnmächtig verfolgen, was nicht mehr zu ändern ist. Keine Häme liegt in der Luft, eher verlegene Ratlosigkeit. Anwohner auf Balkonen beobachten mit scheuen Blicken das Geschehen, einige Passanten grinsen oder erzählen sich Geschichten. Die meisten schweigen und wissen, daß nur die Kleinen gehenkt werden, Leute wie sie selber, die den Traum vom großen Glück hegen, aber die falschen Beziehungen haben, die allein erst Diebstahl adeln als verdienstvolle Tat, im Namen irgendeiner Ideologie, arabische Einheit und dergleichen; eine Partei an der Spitze, umgeben von Militär und Geheimdienst, die Vermögen mit Vorliebe an ihre Günstlinge verteilt. Tagediebe hinzurichten erweckt die Illusion von Unbestechlichkeit und archaischer Gerechtigkeit – eine böse Infamie, die unter dem Publikum am Platz der Abbasiden, im Schaufenster der Stadt, nicht verfängt. Die zufällig Anwesenden sehen sich selbst in der Schlinge, nicht das Unrecht.

Die Leichen drehen sich langsam im Wind, nicht unähnlich fernöstlichen Bambusrohren, die sich auch bei leiser Bewegung berühren. Ohne ein Wort fielen die Männer in den Tod. Ihre Gesichter sind blutleer und fahl, aus den offenen Mündern quellen bläulich verfärbte Zungen, eine erbarmungswürdige Totenmaske. Die Leichenstarre verwandelt die Körper in Statuen, wächsern und schwer; in der Höhe des Beinansatzes ist die Kleidung durchnäßt. Erst am späten Vormittag werden die Toten abgenommen, nachdem sie stundenlang der Abschreckung dienten. In Plastiksäcken werden die fünf Gehenkten weggeschafft.

»Aber das ist doch normal.« Ibrahim kann meine Aufregung nicht verstehen. »Eine Hinrichtung wie diese ist wenigstens ehrlich. Politische Gegner werden an die Wand gestellt und verscharrt, irgendwo im Dunkeln.« Das erste Mal traf ich Ibrahim im Seitenflügel einer unbedeutenden Behörde, wo er staubige Akten verwaltet. Eigentlich ist er Chemiker, aber er hatte stets die falschen Ansichten. Jetzt lebt er von Träumen und einem symbolischen Gehalt. Ibrahim ist ein Außenseiter, der sich nie anpassen mochte. Er hat den Charme eines Riesenbabys, er kann lachen und kichern wie ein Kind und liebt es, Geschichten zu erzählen. Dann zieht er die Vorhänge zu, lehnt sich zurück in seinem uralten Drehstuhl und sieht, fast ein Kinogänger, mit halb geschlossenen Augen einen inneren Film, den er in Worte übersetzt. Zwei Jahre verbrachte er aus politischen Gründen im Gefängnis. »Einmal saßen wir mit siebzig Mann in einer kleinen Zelle von vielleicht fünfzehn Quadratmetern. Unsere Augen waren verbunden, die Hände auf dem Rücken gefesselt. Plötzlich ging die Tür auf, und man warf noch einmal mehrere Männer in die Zelle. Es waren sämtlich Soldaten mit Namen Izzat. Wir saßen und lagen auf- und übereinander. Ich fragte den Izzat auf meinem Schoß: Warum hat man dich verhaftet? Er wußte es nicht. Viel später erst erfuhren wir den Grund. Ein Spitzel hatte die Unterhaltung zweier Soldaten in einem Bus mitbekommen. Der eine behauptete, mit der Artillerie seiner Garnison unweit des Flughafens könne man sogar die Maschine des Präsidenten abschießen. Er wird das wohl nur so gesagt haben, vielleicht aus Prahlerei. Jedenfalls verabschiedete sich sein Freund mit den Worten: Mach's gut, Izzat. Das war verhängnisvoll. Da der Spitzel diesen Izzat im nachhinein nicht identifizieren konnte, wurden eben sämtliche Izzats aus der besagten Garnison ins Gefängnis geworfen.«

Gewalt, Willkür und Tod gehören zum Alltag im Orient, sagt Ibrahim und kann nicht verstehen, daß mich diese Einsicht verwundert. Ibrahim macht sich keine Illusionen, auch wenn er an Wunder glaubt. Ein Wunder war für ihn, das Gefängnis zu überleben. »Und du«, hält er mir entgegen, »siehst den Orient als Folie. Du suchst hier ein Leben, das es in Europa längst nicht mehr gibt. Brüderlichkeit, unverfälschte Gefühle, Poesie. Du suchst am falschen Ort das Falsche. Nichts ersetzt dir deine Herkunft. Sie allein hilft dir, dich zu verstehen und andere zu respektieren. Was du brauchst ist Heimat, ein Standpunkt, eine Perspektive. Ein Rückhalt im Eigenen. Sonst bleibst du an der Oberfläche. Ein Geograph ohne Weltbild.«

Als Student war der Orient ein Mythos. Ein Ort im Nirgendwo, das unverfälschte Leben. Eine Obsession, die in mir wirkte. Ohne biographische Berührung, aber lebendig und stark. Gleichzeitig ein Spiegel, der, zeitversetzt, die Wurzeln der eigenen Kultur freilegen hilft, auch mit Blick auf das Infame. Das Bild der fünf Gehenkten am Platz der Abbasiden vermittelt einen Abglanz jenes Terrors, der Europa vor einem halben Jahrhundert überzog. Damals in Deutschland applaudierte die Masse den Henkern und verscharrte zügig erst die Toten, dann die Erinnerung. In Damaskus immerhin enthielt sich die Menge jeden Beifalls und schwieg. Opfer mehr als Mitläufer. Es gibt eine Balance zwischen Macht und Alltag, die das Schlimmste verhindert. Darin liegt eine Stärke des Orients, die Menschlichkeit im Angesicht des Ausweglosen.

Mythen sind Projektionen. Sie stoßen sich an der Wirklichkeit, bis sie entweder diese verändern oder aber ihren Glanz verlieren. Im Umgang mit anderen Kulturen sind sie hilfreich, um Leidenschaften zu entfesseln. Danach verlieren sie ihre Bewandtnis, verstellen im Gegenteil den Blick auf das Gegebene. Im Schatten der Gehenkten, an jenem kalten Frühlingsmorgen im April 1984, starben auch die Helden der Jugend — Lawrence of Arabia ebenso wie Sheherazade. Der Brutalität des Augenblicks folgte die Konfrontation mit dem Banalen: die schmerzliche Erkenntnis, daß es einen Entwurf besseren Lebens auch im Orient nicht gibt. Er ist häßlich und schön in einem, wie jeder Ort, überall und nirgends. Ohne diese Einsicht bleibt das Fremde unvertraut.

Und noch ein Bild aus Damaskus hat sich dauerhaft eingeprägt, das Gegenstück der Hinrichtung. Meine zänkische Hauswirtin, eine zahnlose Katholikin um die Siebzig, hatte einen ebenso zahnlosen Freund, der sie täglich besuchte. Beim Essen fluchte das Paar lauthals, denn beide konnten sie nicht kauen. Ansonsten waren sie eher schweigsam miteinander. Eines Abends wunderte ich mich über das monotone Rauschen, das in mein Zimmer drang. Ich folgte den wenig anheimelnden Tönen ins Wohnzimmer und fand die Alten auf dem Sofa. Sie saßen da, die Arme umschlungen, ihre Lippen berührten einander. Beim Küssen sind sie eingeschlafen vermutlich. Auf leisen Sohlen ging ich zum Fernseher und schaltete ihn aus. Die ganze Nacht verbrachten die beiden in dieser Stellung, wie ich ihrem anhaltenden Schnarchen entnahm.

Als Flaneur im Widersinn bestehen, ohne Vorbehalte die Wirklichkeit betrachten und sie behutsam ändern. Was sonst wäre die Alternative?

Beirut.
United Colors of Lebanon

Die alte Dame erinnert an eine Französin aus der Provinz, ein mütterliches Wesen mit zerfurchtem Gesicht, das zu Jean Gabin passen würde. Sie sieht niemanden an, ihr Blick ist leer und ausdruckslos. Geduldig nimmt sie Mäntel und Taschen entgegen und verteilt sie an der Garderobe, anschließend überreicht sie einen handgeschriebenen Zettel, auf dem eine winzige Nummer vermerkt ist. Ihre Bewegungen sind schwerfällig und langsam, alltägliche Verrichtungen am Rande der Resignation. Sie lächelt nicht, sie redet nicht, nur ein kaum hörbares »Merci« nach einem großzügigen Trinkgeld. Es gelingt nicht, sie zu ergründen, die Tragödie ihres Lebens zu begreifen. Sicher hatte sie einen Mann und Kinder. Die täglichen Sorgen, dann der Krieg. Fünfzehn Jahre der Zerstörung, jeder gegen jeden, bis das Gesetz des Marktes siegte. Möglicherweise wurde ihr Mann erschossen, sind die Söhne spurlos verschwunden. Eines Tages nicht mehr nach Hause gekommen. Die Jahre des Wartens, die folgten. Die wachsende Gewißheit, daß sie nie heimkehren werden. Verscharrt irgendwo nach einem Kopfschuß, wie so viele. Nie würde sie die Wahrheit erfahren.

Die Geschichte der armenischen Witwe direkt an der »Grünen Linie«, dem von Heckenschützen kontrollierten Grenzstreifen zwischen Ost- und Westbeirut, einem Wall aus Sandsäcken und Barrikaden. Sie feierten die Hochzeit ihres Sohnes, als die Granate inmitten der Hochzeitsgesellschaft einschlug. Einzig die Witwe überlebte. Jahrelang spielte sie Karten, allein in ihrer Wohnung. Als sie glaubte, ihre Zeit sei gekommen, legte sie sich ins Bett. Aber sie konnte nicht sterben, so wie andere nicht einschlafen können. Ihr Körper zerfiel, doch sie blieb am Leben. Nur hatte sie immer weniger Kraft, das Bett zu verlassen. Nach einiger Zeit gab es nichts mehr zu essen und zu trinken. Sie starb an Auszehrung. Als man sie fand, lag sie in ihren Exkrementen, Teile des Körpers von Hunden zerfressen.

Manchmal fällt grell flackerndes Licht in das kleine Karree der Garderobenfrau. Ihr zerfurchtes Gesicht wirkt dann wie aus Stein gemeißelt. Kaum jemand hat Augen für sie. Gewöhnlich sind die Blicke auf Alec gerichtet, neben Jean-Claude der Besitzer von Alecco's, des teuersten und vornehmsten Nachtclubs im Libanon, in Jounieh. Jounieh ist eine Kleinstadt fünfzehn Kilometer nördlich von Beirut, ein exklusiver Vorort. Während des Krieges verlegten mehrere westliche Staaten ihre Botschaften aus dem überwiegend muslimischen Westbeirut nach Jounieh, damals das wirtschaftliche und politische Zentrum der Maroniten, der libanesischen Christen. Von hier fuhren die Fähren nach Zypern, für Maroniten lange Zeit die einzige sichere Route ins Ausland. Die Boote brauchten zwölf Stunden für die Überfahrt, obwohl sie es auch in sechs geschafft hätten. Dann aber hätte man den kriegsmüden Reisenden keine Kabinen für die Übernachtung verkaufen können.

Alecco's! Ein kleines Bier zehn Dollar, eine Flasche Whiskey dreihundert. Wer arabisch redet und nicht französisch oder in libanesischer Währung zahlt, gilt als Verlierer. Der Saal ist brechend voll, überwiegend Stammkunden. Blickfang ist Alec. Alec sitzt an einer Hammondorgel, um seinen Kopf ist ein Mikrophon befestigt. Er singt englische und französische Hits, begleitet von einem Gitarristen, der wie die meisten Männer hier seinen Schwanz hinten trägt, in Form eines kurzen, mit Gummiband befestigten Zopfes. Patricia Kaas, John Lennon, Rolling Stones, Charles Aznavour – Alec imitiert sie alle. Jede seiner Bewegungen wird auf eine Großleinwand übertragen, über der fluoreszierende Buchstaben die erlösende Botschaft verkünden: *When it's love it never varies.* Auch die Gäste an der zehn Meter langen Theke nimmt Alec ins Visier, dafür sorgen die Fernseh-Monitore. Manchmal werden die Bilder kurz festgehalten, wenn Alec einen besonders gelungenen Einsatz hinter sich hat, der es verdient, kurzzeitig der Nachwelt erhalten zu bleiben.

Im Saal drängen sich die Schönen und Reichen, wer auf sich hält, hat einen Tisch reserviert. Ins Alecco's geht man nicht, um Frauen aufzureißen. Im Alecco's führt man sie vor. Der Anblick ist immer derselbe: sehr schöne, sehr junge Libanesinnen, zwanzig bis fünfundzwanzig Jahre alt, begleitet von Männern, die zwanzig bis fünfzig Jahre älter sind. Ihre Lebenspartner, nicht die Väter. Die Arbeitsteilung ist offensichtlich: Die Frauen bieten Schönheit und Jugend, die Männer Reichtum und sozialen Status. Den zu erwerben dauert, deswegen der Altersunterschied. Meistens sitzen die Paare schweigend an den Tischen, man hat sich offenbar nichts zu sagen. Das Leben dieser Leute verläuft in klaren Bahnen. Die Mädchen wurden erzogen, schön zu sein und reich zu heiraten. Die Männer sind aufgewachsen mit einem einzigen Ideal – Geld machen, egal wie.

Jean-Claude lacht, wenn er von sich erzählt. Mit zwanzig ging er nach Gabun in Westafrika. »Dort habe ich mit Reis gehandelt. 1990, als der Krieg im Libanon zu Ende ging, bin ich zurück nach Jounieh. Und habe mich gefragt: Was mache ich jetzt? Meine Frau kannte Alec, und dann habe ich mit ihm diesen Nachtclub aufgemacht. Alecco's. Das klingt gut. Aus Alec und Jean-Claude haben wir den Namen gebastelt. 1992 war das. Mittlerweile haben wir soviel verdient, daß wir in Kürze einen zweiten Nachtclub aufmachen werden.«

Jean-Claude, zweiunddreißig und Multimillionär. Er hat einen unbestimmten Gesichtsausdruck, Halbglatze und einen nicht zu übersehenden Bauchansatz. Ein zu groß geratenes Kind, nicht intelligent, aber mit scharfsinnigem Gespür dafür, wie man Geld aus Geld macht. Die Frauen umschwärmen ihn wie Motten das Licht, aber Jean-Claude interessiert sich nicht für die Schönen der Nacht. Vermutlich will er ihre Männer nicht verärgern, die Finanziers dieser regelmäßigen Geselligkeiten.

Jean-Claude, der ewig lächelnde *smart ass*, ist stolz auf seine Kunden. Die meisten, etwa sechzig Prozent, seien Muslime aus Westbeirut. Zu den Stammgästen gehören vier Söhne von Ministern. Auch Basil al-Assad war zweimal hier, der Sohn des syrischen Präsidenten Hafiz al-Assad. Wegen seiner Reitkünste trug Basil, von seinem Vater als Nachfolger vorgesehen, den Beinamen »Goldener Ritter«. Er starb 1993 bei einem

Verkehrsunfall. Jounieh wurde jahrelang von syrischen Truppen in den angrenzenden Bergen belagert und beschossen, die Muslime waren Kriegsgegner der hiesigen Maroniten – Vergangenheit, kaum daß der Krieg endete. Was zählt, sind Geschäfte. Wer den Ideologen glaubte, bezahlte diesen Krieg mit seinem Leben oder seiner Zukunft. So einfach sind sie, die *terms of life.*

Alec ist mürrisch. Das muß er wohl auch sein, das Image verlangt es. Anders als Jean-Claude trägt er kein Hawaii-Hemd, sondern existentielles Schwarz. Er sitzt am Tisch, belagert von lasziven Libanesinnen mit ausladenden Brüsten. Er hat an der renommierten Université St. Joseph einen Magister in irgendwas bekommen und wurde dann Weinhändler. Mit Alec zu reden geht nicht. Er ist zu beschäftigt, sagt er Jean-Claude, der ihn mir vorstellen wollte. Im Grunde hat Alec einen Schuldkomplex. Er und ich sind die einzigen in diesem Club der Taugenichtse mit einem IQ über 100. Er weiß das, ich weiß das. Vermutlich hat er Philosophie studiert, Soziologie, Fremdsprachen, kurzum, er hätte aus seinem Leben etwas machen können. Er ist den bequemen Weg gegangen und spürt intuitiv, daß er in meiner Gegenwart lästige Fragen beantworten müßte, vor allem sich selber. Er stürzt sein Bier hinunter und würde am liebsten auf die Bühne flüchten, aber das geht im Augenblick nicht, denn das aufstrebende Starlet Dunja Zaytun, eine Illustriertenschönheit mit blond gefärbten Haaren und grasgrünem Blazer, singt gerade »I will always love you«.

Wenn Alec Pause macht und Dunja nicht gerade an ihrer Karriere bastelt, laufen auf der Großleinwand MTV-Tapes: Techno, Hip Hop und das Hohelied auf den Wagemut. Eine Fahrt mit dem Bobschlitten etwa, gefilmt aus der Perspektive des Fahrers, der dem Ziel entgegenrast. Es gibt Bungee-Jumping in allen Variationen, von oben, von unten, von links, von rechts. Ein Jüngling, nur in Shorts bekleidet, besteigt barfuß einen steilen Berg und lächelt, der Gipfel ist bezwungen, selig in die Kamera. Wer das Unmögliche schafft, ist der Größte. So wie die Herren in der hiesigen Runde. Diese Kreuzung aus Karaoke und Action, aus Hammondorgel und Scatman wäre in

Europa ein Flop, ebenso wie die Mischung aus Restaurant, Nachtclub und Diskothek. In Jounieh war es die richtige Geschäftsidee – die Melange entspricht der eigenen Zerrissenheit zwischen Christentum und islamischem Orient, hemmungslosem Kapitalismus und Identitätsverlust.

»Sie sind aus Hamburg?« Der Mann beugt sich quer über den Tisch zu mir herüber. Diese libanesischen Händler haben einen beängstigenden Instinkt. »Ich bin zweimal im Jahr in Hamburg«, fährt er fort. »Im Freihafen. Ich kaufe Teppiche aus dem Iran und schicke sie nach Beirut, containerweise.« Er mag Mitte vierzig sein, seine Frau ist zwanzig. Den ganzen Abend schon hatte sie mir glühende Blicke zugeworfen, ebenso wie ihre Freundin gegenüber, die mit einem kettenrauchenden Ingenieur verheiratet ist. Es wäre ein Leichtes, die beiden für einen Seitensprung zu gewinnen. Auf der Toilette, im Auto, im Fahrstuhl, ganz egal wo. Jede Abwechslung wäre ihnen recht. Was mich hindert, ist nicht protestantische Ethik. Vielmehr das Wissen, daß die meisten Libanesen mit Waffen umzugehen verstehen.

Ich erinnere mich an einen Werbespot aus Kriegszeiten. Mit ohrenbetäubendem Klirren bricht ein Motorrad durch die Schaufensterscheiben eines Restaurants. Ein libanesischer Rambo schlägt die Tür zu einem Nebenzimmer ein, wo es ein Pärchen ausgelassen miteinander treibt. Rambo schießt auf den nackten Mann. Ein Auto explodiert, und auf der Leinwand wird in Doppelbelichtung das Signet einer Sportswear-Marke über den Rauchpilz gelegt.

Vor Alecco's verkauft ein junger Kriegsinvalide Rosen. Die beiden schlichten Holzkrücken hat er selber gebastelt. Erstaunlich flink humpelt er zwischen den Neuankömmlingen umher, immer auf der Suche nach Kunden. Libanesen haben kein Klassenbewußtsein, und sie fühlen sich selten vom Schicksal betrogen. Der Invalide wirkt überaus gelassen, glücklich fast. Man nimmt das Leben, wie es kommt, Gott hat entschieden. In seinen Augen liegt weder Haß noch Resignation, nicht einmal das Feilschen um den Preis empfindet er als lästig.

Der Auftrieb der Gäste hat Stil. Die Automarken jedenfalls

lassen kaum Wünsche offen. Mercedes 300 SL-24, BMW 850, Mercedes 600 SL, Jaguar, Porsche etc. Die Fahrer halten vor dem mit schwarzem Marmor verkleideten Eingang und geben die Autoschlüssel einem bewaffneten Türsteher, der sie wiederum an junge Gehilfen weiterreicht, die nun mit Vollgas den Wagen in eine Parklücke steuern. Mit dem Gegenwert der Luxuslimousinen, die allabendlich vor dem Alecco's parken, ließe sich wahrscheinlich der Wiederaufbau mindestens eines kriegszerstörten Stadtteils in Beirut finanzieren. Statt dessen bündelt sich der Gegenwert ganzer Straßenzüge in diesem Wagenpark: Wer über solchen Reichtum verfügt, ist in der Regel Waffen- oder Drogenhändler. Oder beides.

In den Hügeln über Jounieh hört man die Zikaden, der Straßenlärm ist nur noch ein fernes Rauschen. Der Blick auf die Bucht und das Lichtermeer der Häuser hat etwas Beruhigendes, eine besinnliche Melancholie fernab vergänglicher Eitelkeiten. Es ist dieses mediterrane Ambiente, das Gewißheiten überwindet und Unruhe stiftet – die Sehnsucht nach Wurzeln im Fremden, um sich selber zu begegnen. Eine Gruppe libanesischer Soldaten zieht an mir vorüber, zehn oder zwölf Mann, gekleidet wie Söldner auf der Flucht. Sie tragen über der Brust gekreuzte Patronengürtel, Panzerfäuste und Maschinengewehre. Ein verlorener Haufen, eine surreale Erscheinung.

Eine Patrouille, die für Sicherheit sorge, erklärt mir tags darauf Rushaid al-Khazim, der maronitische Stammesfürst. Er hat gerade seinen Mittagsschlaf gehalten und schlürft starken orientalischen Kaffee, um wieder zu sich zu finden. Die Vorhänge im Gästezimmer sind zugezogen, das grelle Licht irritiere ihn. Der Krieg? Ja, die Bilanz ist unselig: zweihunderttausend Tote, fast fünfzehn Prozent der Bevölkerung, einhunderttausend Kriegsinvaliden, knapp fünfzigtausend Vermißte, vermutlich ebenfalls tot, Hunderttausende Obdachlose und Flüchtlinge im eigenen Land. Rushaid al-Khazim sitzt in einem barocken Sessel, er trägt einen Kimono und schält umständlich eine Orange, bis ihm ein Bediensteter zur Hilfe eilt. Er wechselt das Thema. »Das politische Leben im Libanon ist sehr anstrengend«, sagt er. »Bei euch gibt es Parteien. Bei uns regelt sich alles über den *za'im*, den lokalen Führer. Ideologien oder Programme sind nebensächlich. Der *za'im* macht die Politik.«

Während des Bürgerkrieges von 1975 bis 1990 waren diese Stammesfürsten wenig mehr als ordinäre Warlords. Für Rushaid al-Khazim ist das alles ferne Vergangenheit. »Die Zukunft des Libanon liegt im friedlichen Zusammenleben von Christen und Muslimen«, betont er. »Wir Christen leben als Minderheit inmitten eines Meeres von Muslimen. Unser Interesse ist es, mit ihnen auszukommen. Wir wollen das Bindeglied sein zwischen Europa und dem Orient.«

Laufend klingeln die Telefone. In seinem Empfangszimmer stehen ganze Batterien tragbarer und fest installierter Geräte, die in der Regel von Angestellten bedient werden. Sobald es aber um Entscheidungen geht, ist der *za'im* gefordert. Häufig besuchen ihn die Bittsteller persönlich in seiner herrschaftlichen Villa am Rande von Jounieh. »In Europa bietet der Staat Dienstleistungen, bei uns nicht. Ich muß mich selber um alles kümmern. Wenn die Leute Probleme mit ihren Wasser- oder Telefonleitungen haben oder was weiß ich, kommen sie zu mir, und ich vertrete ihre Forderungen in Beirut, im Parlament.«

Rushaid al-Khazim ist ein mächtiger Mann im Libanon, in Jounieh geht nichts ohne ihn. Über seine Rolle im Krieg schweigt er sich aus. Die Villa wird gut bewacht. Offenbar hat er Grund, vorsichtig zu sein. Unsympathisch ist der Mittfünfziger nicht. Er gibt sich jovial, interessiert, kann zuhören, ist präzise in seinen Ansichten. Seine Berater sind junge Juristen und Ökonomen, die teilweise in Paris studiert haben, aber in Europa nicht bleiben mochten. »Das Leben bei euch hat keinen Stil«, antwortet Rushaid al-Khazim auf die Frage, die ich eigentlich den beiden anwesenden Juristen gestellt hatte. »Ihr lebt für eure Arbeit und zahlt viel zuviel Steuern. Und ihr kennt nicht einmal eure Nachbarn.«

Wie man *za'im* wird? »Ein Geschenk der Geschichte«, erläutert der Führer und schlägt mit der Hand einen Bogen in die Luft. Im 16. Jahrhundert machte der Drusenfürst Fahr ad-Din zwei Angehörige der Familie al-Khazim zu Lehensherren. So fing es an. Später war der erste Konsul Frankreichs im Libanon ein al-Khazim. Louis XIV. verlieh der Familie den Titel »Comte«, was die Vorliebe meines Gastgebers für barocke Möbel erklären mag. Herrscher über Jounieh ist die Familie seit etwa dreihundert Jahren. Rushaid al-Khazim hat absolute Macht, sein Wort gilt. Man erwartet von ihm Durchsetzungsvermögen – die Wahrung lokaler Interessen auf Landesebene – als Gegenleistung für Loyalität. Nicht anders funktioniert libanesische Politik als Ganzes. Eine Kreuzung aus Stammesdenken, Clanwesen und Nationalstaat, die im Laufe der Geschichte immer wieder zu blutigen Auseinandersetzungen geführt hat. In den letzten einhundertfünfzig Jahren gab es im Libanon drei Bürgerkriege. Wenn man sie miteinander vergleicht, zeigt sich eine erschreckende Wahrheit: Die Massaker haben immer an denselben Orten mit denselben Familien stattgefunden. Aber niemand mag davon hören. Die Libanesen ignorieren die eigene Geschichte, sehen sich lieber als Opfer einer internationalen Verschwörung und verteidigen den Mythos der absoluten Harmonie zwischen den Konfessionen.

Harmonisch ist nicht einmal der Straßenverkehr. Die Leute fahren, als müßten sie feindlichem Feuer ausweichen. Jede Lücke in den ewigen Verkehrsstaus wird aggressiv besetzt. Die Kehrseite ist absolute Gleichgültigkeit. Fahrer, die mitten im Stau ihren Wagen parken und Einkäufe erledigen, was das allgemeine Chaos um eine zusätzliche Variante bereichert. Im gesamten Libanon gibt es nicht eine einzige funktionierende Ampel. Kein Bedarf, sie würde ohnehin ignoriert. Die fünfzehn Kilometer von Jounieh nach Beirut schafft tagsüber niemand unter anderthalb Stunden. Stoßstange an Stoßstange. In einem Auto sitzen tief verschleierte schiitische Frauen, in dem Wagen daneben langweilt sich eine Frau mit sinnlichen Zügen, die ihr Kaugummi dermaßen lasziv kaut, daß man auf dumme Gedanken kommt. Wir überholen einen VW-Käfer ohne Türen, Trittbretter, Stoßstangen, Motorhaube, Fensterscheiben. Der Fahrer trägt einen schwarzen Anzug mit korrekt gebundener Krawatte. Gelegentlich steht ein Polizist am Straßenrand und macht Handbewegungen, die offenbar den Verkehr regeln sollen. Ich fühle mich in diesen Staus auf eine merkwürdige Weise geborgen, fremde Menschen beobachtend, mir überlegend, was sie wohl denken und empfinden mögen, wie sie leben, was sie von der Zukunft erwarten. Man gewöhnt sich an die Ausweglosigkeit der Lage, die Beharrlichkeit des stehenden Verkehrs, der in Beirut schlimmer ist als in Kairo oder Karachi, obwohl die Stadt keine zwei Millionen Einwohner zählt. Man arrangiert sich. Das ist der Libanon, diese Mentalität.

Der Gegensatz von Krieg und Frieden ist letztendlich eine Frage der Geschwindigkeit. Ich sehe noch deutlich den Daihatsu, der versehentlich die Leitplanke rammt, auf die Straße zurückgeworfen wird, sich mehrfach überschlägt und gut fünfzig Meter auf dem Dach zurücklegt, bevor er zum Stehen kommt. Ein Bild, eine Sequenz aus den Kriegsjahren. Andere Autos halten, Helfer eilen zum verunglückten Fahrzeug. Die Insassen, zwei Männer, Kopf nach unten, suchen und finden ihre Zigaretten, bitten die Umstehenden um Feuer und einen kleinen Gefallen. Den Wagen wieder auf die Räder zu stellen. So geschieht es. Das Dach ist eingebeult, die Fensterscheiben sind kaputt – die beiden bedanken sich und rasen davon, ohne auch nur auf die Idee zu kommen, kurz auszusteigen und den Schaden zu besehen. Nicht die Eile hat sie daran gehindert, sondern ihr kaum noch nachvollziehbarer Stoizismus.

In Beirut empfiehlt sich das Hotel Carlton, ein Etablissement wie aus einem Technicolor-Film. Die Inneneinrichtung stammt original aus den sechziger Jahren, Plakate neben der Rezeption werben für das ehemals berühmte Musikfestival in Baalbek, das vor etwa einem Vierteljahrhundert das letzte Mal stattfand. Die Atmosphäre ist gedämpft, die weiß livrierten Bediensteten reden leise und bewegen sich mit angemessener Muße. Der riesige Empfangssaal ist menschenleer, ohnehin verirrt sich selten ein Gast in dieses Hotel, an dem die Zeit offenbar spurlos vorübergegangen ist. Auch ich beginne, bedächtig über die Flure zu wandeln, um dem Ambiente des Hauses gerecht zu werden. Möglichst kein lautes Wort, das die Erinnerung an bessere Tage vertreiben könnte. Eine stille Sehnsucht nach unbeschwerter Vergangenheit, in der alles möglich schien und die Frauen Wasserski fuhren, wenn sie nicht angeregt plauderten mit Pfeife rauchenden Herren im Smoking, die zwischen zwei Drinks ihre Geschäfte regelten, vornehmlich in den schweren Sesseln der unendlich großen Lobby. Wie in der Sektwerbung einer alten deutschen Illustrierten, die einen gezeichneten Mann und eine gezeichnete Frau zeigt, beide voller Bewunderung für ein exzessiv perlendes Glas gelblichen Schaumweines. Daneben eine Lufthansa-Werbung: von Frankfurt nach Beirut in zehn Stunden, über Rom und Istanbul. Damals, als das Fliegen eine in die Lüfte verlagerte Kreuzfahrt verhieß, bequem und exklusiv. Ein Angebot an Flaneure von Welt, denen Geld, Stil und Macht wenig mehr bedeuteten als selbstverständliche Accessoires, die man im ehemals mondänen Carlton beiläufig mehrte.

»Wir wußten, daß der Krieg kommen würde«, erinnert sich Antoine Médawar, der Besitzer des Hotels. »Er war von langer Hand vorbereitet. Die Kommunisten, die Palästinenser, sie alle wollten das Land zerstören. Wir wußten das und haben die Gefahren verdrängt. Das Leben hier war wie im Paradies, wissen Sie. Wir hatten alles. Geld, Dynamik und ein unbegrenztes Vertrauen in die Zukunft. Wir wollten glauben, daß sich die Probleme von selber lösen.«

Antoine Médawar redet selten mit Blickkontakt, meist wendet er sich an ein imaginäres Publikum im Nirgendwo. Seine Erscheinung ist durch und durch distinguiert, ein Aristokrat französischer Schule, der nur schlecht arabisch spricht. Er hat ein leichtes Habichtgesicht und neigt zu kleinen Boshaftigkeiten. »Kirche? Ja, warum nicht. Ich zeige mich gerne bei Beerdigungen.« Ein klassischer Geschäftsmann ist der Mittsiebziger nicht, auch die größten Summen lassen ihn kalt. Neunzig Millionen Dollar hat man ihm für sein Hotel geboten. Nicht das Gebäude interessierte die Spekulanten, sondern die exklusive Lage direkt an der Uferpromenade, mit weitem Blick aufs Mittelmeer. In den angrenzenden Neubauten ist eine Etagenwohnung nicht unter einer Million Dollar zu haben.

Antoine Médawar hat abgelehnt. Was erstaunlich ist, denn niemand weiß, wie er das Carlton am Leben erhält. Seit mindestens zwanzig Jahren hat es keine Gewinne mehr abgeworfen. Über dergleichen Nebensächlichkeiten jedoch mag Antoine Médawar öffentlich keine Gedanken verschwenden. Lieber erzählt er von seinem Spezialgebiet, der Geschichte des islamischen Orients im 13. Jahrhundert, worüber er bis zum Kriegsausbruch an der Libanesischen Universität dozierte. »Ich bin ein unabhängiger Christ. Die Unterteilung des Landes in Konfessionen interessiert mich nicht. Ich habe immer unter den Muslimen im Westen Beiruts gelebt und gearbeitet. Während des gesamten Krieges bin ich hier geblieben, was für Christen immer gefährlicher wurde. Sie wissen, daß der Ostteil der Stadt mehrheitlich christlich war und ist, während im Westteil überwiegend Muslime leben. Aber ich wollte nicht weg. Ich habe an der Fiktion festgehalten, daß dieses Hotel geöffnet sei. Wann immer die Kämpfe nachließen, haben wir die Schäden repariert, bis die nächsten Granaten einschlugen. Hätte ich das Hotel geschlossen, wäre es mit Sicherheit von syrischen Soldaten oder Flüchtlingen besetzt worden, wie so viele Gebäude in der Stadt. Aus einem Reflex heraus bin ich geblieben. Empirisch gesehen wurde ich zum Helden, obwohl ich daran nicht das geringste Interesse hatte.«

Antoine Médawar schnorrt eine Zigarette von einem Angestellten und verspricht, die nächste Lohnabrechnung aufzurunden. »Oberflächlich betrachtet kämpften im Bürgerkrieg Muslime gegen Christen, am Ende jeder gegen jeden. Das Erstaunliche war, daß es hier in der Gegend unter den Muslimen und den wenigen verbliebenen Christen eine ausgeprägte Nachbarschaftshilfe gab, den ganzen Krieg hindurch. Selbst in den schwärzesten Momenten konnte ich mit der Solidarität und dem Zuspruch meiner muslimischen Nachbarn rechnen. Diese Erfahrung war einzigartig, und sie ist typisch libanesisch. Man arrangiert sich mit den Dingen. Und irgendwie, irgendwie regelt sich alles.

Wie hätte ich emigrieren sollen. Es wäre ein leichtes gewesen, nach Frankreich zu gehen. Viele haben es getan. Aber dieses Hotel ist mein Leben. Ich hätte es nicht mitnehmen können.

Am schlimmsten war die Herrschaft der Milizen, in den letzten Jahren des Krieges. Jeder konnte kommen und machen, was er wollte. Es war die nackte Anarchie, ein bodenloser Abgrund. Was bleibt, ist eine unbändige Lust zu leben. Aber das Ende des Krieges brachte keine Friedensdividende. Das Leid ist dem Land erhalten geblieben, die sozialen Probleme werden explodieren. Im Grunde gibt es nur zwei Sorten Libanesen: die einen, die alles haben, und die anderen – sagen wir: achtzig bis neunzig Prozent –, die nichts haben.«

Unter denen, die alles haben und noch viel mehr, gilt Habgier als ehrenwertes Motiv. Henry Pharaoun ist im Libanon Legende. Der millionenschwere Geschäftsmann und Politiker schaffte es, seine mit sagenhaften Kunstschätzen ausgestattete Villa durch die Wirren des Bürgerkrieges zu retten. Sie lag unmittelbar an der Frontlinie zwischen West- und Ostbeirut. Henry Pharaoun, ein erprobter Mäzen, schmierte sämtliche Milizen und hatte Glück. Nicht eine Granate traf sein Haus. Im Sommer 1993 jedoch wurde er ermordet, im Hotel Carlton, Zimmer 318. Er war fünfundneunzig Jahre alt. Die Ermittlungen ergaben, daß ein syrischer Offizier an der Tat beteiligt war. Der Fall kam somit zu den Akten – niemand in Beirut wird Streit suchen mit der syrischen Schutzmacht (oder Besatzungsmacht, je nach Perspektive). Es heißt, daß Henry Pharaouns Sohn den Mord in Auftrag gegeben habe. Er brauchte das Erbe, um seine Schulden zu begleichen. Kurz zuvor hatte die Banque Libano-Française in Paris Konkurs angemeldet. Der Sohn war einer der Hauptaktionäre.

Im Juni 1995 starb Charles Médawar im Hotel Carlton, ein Neffe von Antoine. In der Zeitung war zu lesen: Charles Médawar lag ausgestreckt auf dem Rücken, die Beine hingen über den Bettrand, der Kopf war bedeckt mit einem Handtuch und einem Kopfkissen. Seinem Mörder fehlte es nicht an Phantasie. Er hatte die Hände und Beine des Unglücklichen mit dem Kabel der Stereoanlage zusammengebunden. Auch das Handtuch und das Kopfkissen band er mit diesem Kabel fest um den Kopf seines Opfers. Nur den Mund ließ der Täter zunächst frei, um dem Unglückseligen Luft zum Atmen zu lassen. Dann füllte er den Mund des Opfers mit Papiertaschentüchern.

Möglicherweise, so ist zu hören, war der Mord eine Vergeltung dafür, daß Antoine Médawar sein Hotel nicht verkaufte.

Der Krieg ist vorüber, und doch liegt er noch immer unsichtbar über der Stadt, wie ein dichter Nebel, in dem sich die Wirklichkeit verliert. Es gibt keine Normalität, Gegensätze prägen den Alltag und Absurditäten. Sodeco war während des Krieges einer der wenigen Übergänge zwischen West- und Ostbeirut. Eine Straße unmittelbar an der ehemaligen Grenze. In den zerschossenen Ruinen wachsen Bäume und Kletterpflanzen. Einige Häuserreste wurden von Flüchtlingen besetzt, überwiegend Schiiten aus dem Süden. Pappkartons ersetzen Fenster und Wände. Ein Junge sitzt auf einem Balkon und starrt ins Leere. In den Zeiten des Krieges fuhren die Autos mit Höchstgeschwindigkeit von Barrikade zu Barrikade. Sodeco war lebensgefährlich, überall lauerten Heckenschützen. Noch heute explodiert manchmal eine Mine in den Ruinen.

Riesige Plakate werben mit futuristischen Motiven für das Beirut von morgen: eine Skyline aus Beton und Glas, ohne Seele und Atmosphäre. Die zerstörte Innenstadt wird vollständig abgerissen und neu entstehen. »Beirut ist für euch. Zögert nicht, danach zu fragen«, heißt es auf den Plakaten. Mit Milliardenaufwand wieder aufgebaut wird allein das Zentrum, das Gebiet zwischen Hafen und dem Platz der Märtyrer. Historische Photos zeigen pulsierendes Leben, eine orientalische Piazza. Nur das Denkmal für die Märtyrer, die Opfer des Unabhängigkeitskampfes gegen Frankreich, ist geblieben. Dieses Innenstadt-Karree mit seinen einzigartigen klassizistischen Bauten wurde schon in den ersten Kriegswochen zerstört. Heute zeigt es sich als weites, von Trümmern geräumtes Areal. Brachland bis zum Aufbruch in die Zukunft. Die zentrale Lage ist profitabel, der Staat investiert und bedient sich selber, die alten Clans und Milizionäre. Es gibt keinen Gemeinsinn, nur einen sicheren Instinkt für gute Geschäfte. Den übrigen Stadtteilen, den Mittellosen und Entwurzelten, bleibt nur, sich selber zu sanieren. Gott mit euch. Zögert nicht, danach zu fragen.

Noch finden sich letzte Reste der alten Innenstadt unweit vom Hafen. Straßenbahnschienen, die in aufgerissenem Asphalt enden. Fassaden im Jugendstil inmitten von Geröll und Stacheldraht. Inschriften wie »K. Manoukian Meubles

Décors Sculptes Maison fondée 1921«. Viele Häuser hier gehörten armenischen Händlern, Überlebenden der türkischen Massaker im Ersten Weltkrieg. Einige Gebäude spotten jeder Statik, tragende Wände fehlen oder eine ganze Etage – nicht oben, sondern in der Mitte. Aber sie stehen. Eine Ruine ist in der Mitte halbiert. Man sieht noch den Eßtisch der Küche und zwei Stühle, die nackte Glühbirne dreht sich mit dem Kabel seit Jahren im Wind. In einer anderen Ruine fehlt die linke Hälfte der ersten Etage. Nach den Gesetzen der Schwerkraft hätte das Haus längst auseinanderfallen müssen. Doch es wird bewohnt von einer vielköpfigen Familie, die den Hohlraum als Abfallhalde nutzt, seit langer Zeit schon, dem Volumen nach zu urteilen. Noch ein paar Monate, und der bestialisch stinkende Müllberg dürfte endgültig das fehlende Gebäudeteil ersetzen. An eine freistehende Wand inmitten der Ruinenlandschaft hat jemand in weißer Farbe den Spruch gepinselt: United Colors of Lebanon. Ein Mythos der Warenwelt, der in die Realität zurückgeführt wird und dort zerrinnt. Die Sehnsucht nach dem Big Easy ist allerdings noch ganz unten zu spüren. Der alte Friseur, der seinen hellblau gestrichenen Salon im einzigen unzerstörten Raum eines alten Handelskontors eingerichtet hat und lautstark Techno hört, offenbar in der Hoffnung auf junge, dynamische, zahlungswillige Kundschaft. Der Eiswagen, der sich seinen Weg bahnt durch die zerstörten Gassen und Straßen und dabei ein monotones Kinderlied spielt. »Dillyshus« ist in leuchtendem Rot zu lesen, das Ypsilon hat die Form einer Eistüte.

Am stärksten sind die Eindrücke an einem Sonntag, wenn selbst der Wahnsinn einen Ruhetag genießt. Eine kriegszerstörte Stadt ist erschreckend und faszinierend zugleich, denn Lebenslügen und Konventionen haben keine Bedeutung mehr. Allein das Gegebene, das unmittelbar Sichtbare zählt, die großen Entwürfe liegen unter den Trümmern begraben. Zunächst mußte man den Kugelhagel überleben, jetzt gelten die Gesetze des Marktes, die vernichten können wie eine Granate. United Colors of Lebanon. In gewisser Weise ist Beirut ehrlicher als Berlin oder Boston, wo die Fassade einen falschen Schein erweckt.

Auch an der Corniche, der Küstenstraße, entsteht neues Leben in gewohnter Pracht. Noch ist das St. George, ehemals das legendärste Hotel im Nahen Osten, eine ausgebrannte Ruine. Von hier entschwand 1963 der britische KGB-Spion Kim Philby in die Sowjetunion, unter den Augen amerikanischer Agenten. Hierhin entsandte Jordaniens König Hussein 1970 seinen engsten Vertrauten, um den Gerüchten von einem geplanten Staatsstreich nachzugehen. Hier trafen sich Paul Getty, David Rockefeller und Russ Smith aus dem Öl- und Bankengeschäft, Nassers panarabische Intriganten, irakische Putschisten, arabische Minister und berühmte Bauchtänzerinnen. Heute sonnt sich die Jeunesse dorée wieder im St. George Yacht Motorclub, während kuweitische Investoren den Wiederaufbau dieses und anderer Hotels vorbereiten. Mondän wird Beirut vermutlich nicht mehr werden, eher teuer und provinziell, eine Drehscheibe für den Arabischen Golf. Attraktiv ist die Nähe zu den Bars, Bordellen und Vergnügungsstätten im nahen Jounieh, die traditionalistische Golfaraber naturgemäß ablehnen, um so mehr aber zu genießen verstehen. Nichts ist beständig. Nach dem Zweiten Weltkrieg wurde ausgerechnet die traditionsreiche und konservative Amerikanische Universität Beirut zur Geburtsstätte linksrevolutionärer arabischer Bewegungen. Während des Bürgerkrieges verübten schiitische Gewalttäter wiederholt Anschläge auf die AUB. Heute erhalten begabte Schiiten von der fundamentalistischen Hizbullah Fördergelder zum Studium an ebendieser Universität.

Nur gelegentlich dringen vage Silhouetten in den Fond des schwarzen Mercedes. Die ringsum angelegten Sichtblenden aus dickem, grauem Stoff sorgen für eine Fahrt wie in der Geisterbahn. Auch der Fahrer und sein Begleiter sind unsichtbar. Beide reden kein Wort und reagieren nicht auf Fragen. Die Türen sind verriegelt, die Außenwelt reduziert sich auf die Geräusche des Motors. Die Fahrweise signalisiert Routine im Umgang mit Gefahren: wann immer möglich, läuft der Wagen auf Hochtouren, plötzlich abruptes Bremsen, offenbar ein Stau, dann wieder rasante Beschleunigung. Gerade so, als rechne der Mann am Steuer jederzeit mit einem möglichen Anschlag. Eine Rallye irgendwo in den südlichen Vororten von Beirut, unweit des Flughafens – die Hochburg der radikalen schiitischen Bewegung »Hizbullah«, der »Partei Gottes«. Nach etwa zehnminütiger Fahrt halten wir in einer Tiefgarage, von dort führt ein schmaler Gang in das Treppenhaus einer Apartment-Anlage. Hier, im zweiten Stock, liegt die politische Zentrale der libanesischen Fundamentalisten, die sich in den achtziger Jahren einen blutigen Ruf erwarben mit Selbstmordangriffen auf das französische und amerikanische Hauptquartier der damaligen multinationalen Eingreiftruppe in Beirut. Sie sind verantwortlich für die Geiselnahme westlicher Ausländer, und sie führen seit Jahren einen Guerillakrieg gegen die israelische Armee im Südlibanon.

Um so erstaunlicher der erste Eindruck. Die beinahe jugendlichen Aktivisten in den Büros – kaum einer ist älter als Mitte dreißig – tragen Jeans und westliche Kleidung. Die Atmosphäre vermittelt hektische Betriebsamkeit; einige Männer, offenbar Leibwächter, tragen Revolver unter ihren Jakken, andere bedienen die ständig klingelnden Telefone. An den Wänden hängen Bilder des iranischen Revolutionsführers Khomeini und von Abbas Mussawi, »Herr der Märtyrer des libanesischen Widerstandes und Generalsekretär der Hizbullah«. Er starb 1992 bei einem israelischen Raketenangriff, zusammen mit seiner Frau und seiner vierjährigen Tochter. Neuer Generalsekretär wurde Hassan Nasrallah, der als einziger in der Runde die Kleidung schiitischer Geistlicher trägt – braune Schärpe und schwarzer Turban, Vollbart.

Was will die Hizbullah? Einen libanesischen Gottesstaat nach iranischem Vorbild?

»Wir unterhalten enge Beziehungen zum Iran«, betont der dreiundvierzigjährige Hassan Nasrallah, »weil die Islamische Republik der einzige Staat der Region ist, der sich den Hegemonieansprüchen der USA und Israels widersetzt. Doch wir sind keine Parteigänger Teherans, wir vertreten libanesische Interessen. Eine Islamische Republik ist im Libanon politisch nicht durchzusetzen. Wir glauben aber, daß die Gefühle der Völker langfristig die islamischen Bewegungen stärken werden, weil die Arroganz des Westens und das Unrecht, das Israel begeht, unerträglich sind.«

Je länger man Hassan Nasrallah zuhört, um so mehr entsteht der Eindruck, ein Tonband laufe ab. Der Mann ist als Person schwer zu fassen, mehr Sprachrohr denn Vordenker. Das Individuum verschwindet hinter dem religiös geprägten Diskurs, der bei ihm wie bei anderen schiitischen Klerikern, ob im Iran, Irak oder Libanon, geprägt ist von einem ebenso schlichten wie emotional wirksamen Weltbild. Zwei Kräfte stehen sich demnach gegenüber: Auf der einen Seite die *Mustada'ifun*, die Entrechteten und Unterdrückten. Diese wissen sich im Besitz göttlicher Wahrheit und haben daher ein Recht auf Herrschaft und ein Leben in Würde, was ihnen von ihren Gegenspielern, den *Mustakbirun*, vorenthalten wird – den Arroganten und Anmaßenden, die das Böse verkörpern und sich mit dem Teufel verbünden, allen voran die USA und Israel.

Bedeutet das Konfrontation ohne Ende mit dem jüdischen Staat?

»Wir befinden uns in einem Heiligen Krieg gegen Israel, der solange fortgeführt wird, bis der letzte israelische Besatzungssoldat den Südlibanon verlassen hat«, erklärt Hassan Nasrallah. Gleichzeitig unterstreicht er »den Realismus der Hizbullah. Wir wissen, daß die Ära des militärischen Widerstandes endet, sobald es zu einem Friedensvertrag zwischen Syrien und Israel kommt. Unsere Zukunft liegt dann auf anderem Gebiet, im politischen und sozialen Bereich.«

Also Versöhnung mit Israel?

»Nein. Wir sind gegen diesen Staat. Ein Friedensvertrag bedeutet nicht Versöhnung zwischen den Völkern. Palästina gehört den Palästinensern, nicht den Juden.«

Die Geschichte des militanten schiitischen Islam im Libanon beginnt im Jahr 1982, als die israelische Armee den Süden des Landes besetzte und bis nach Beirut vorrückte, um die PLO aus dem Nachbarland zu vertreiben. Da sich die Siedlungsgebiete der Schiiten überwiegend im Südlibanon und südlichen Beirut befinden, wurden sie von den schweren Verwüstungen der Invasion besonders hart getroffen. Die materiellen Schäden und das Gefühl von Ohnmacht und Unrecht führten zu einer Radikalisierung der Schiiten, die vor der Invasion politisch eher moderate Positionen vertreten hatten. Ihr wichtigstes Forum war die Amal (Hoffnung), eine Sammlungsbewegung, die sozialreformerische und überwiegend säkulare Inhalte vertrat und noch immer vertritt. Ihr Führer, Nabih Berri, ein in Frankreich ausgebildeter Rechtsanwalt, ist heute libanesischer Parlamentspräsident.

Hizbullah, die radikale Antwort der Schiiten auf die Invasion, ist organisatorisch eine Abspaltung von der Amal. Iranische Revolutionsgarden, nach dem israelischen Einmarsch in die ostlibanesische Stadt Baalbek entsandt, halfen beim Aufbau der »Partei Gottes«, die zum wichtigsten Verbündeten Irans im Libanon wurde. Dennoch war sie immer eine eigenständige libanesische Kraft, nicht lediglich ein Ableger der iranischen Revolution.

Eine klare Ideologie vertritt sie allerdings nicht. Die Hizbullah sieht sich als islamischer Widerstand gegen Israel und den westlichen Imperialismus. Die Selbstmordaktionen ihrer Kommandos 1983/84 gegen amerikanische und französische Einheiten, die nach dem Abzug der Israelis aus Beirut für Sicherheit sorgen sollten, kosteten Hunderte von Menschenleben und bewirkten den Abzug der »multinationalen Friedenstruppe«. Auch die Israelis zogen sich angesichts anhaltender Angriffe beschleunigt aus dem Libanon zurück (in den Jahren 1983 bis 1985), mit Ausnahme der von Jerusalem beanspruchten »Sicherheitszone« im Süden des Landes, wo es bis heute regelmäßig zu Gefechten mit der Hizbullah kommt.

Die »Partei Gottes« hat immer bestritten, an der von 1984 bis 1992 andauernden Entführungsserie westlicher Ausländer beteiligt gewesen zu sein. Hassan Nasrallah: »Damit haben wir nichts zu tun. Das waren kleine Gruppen, nicht wir. Jeder kann entführen. Dafür braucht man zehn Leute und zwei Autos. Wir haben uns im Gegenteil bemüht, die Entführten freizubekommen.« Tatsache ist, daß die unter verschiedenen Namen auftretenden Entführerorganisationen mehrheitlich dem Umfeld der Hizbullah entstammten und vermutlich im Auftrag von Teheraner Regierungskreisen handelten. Sie suchten ein Faustpfand, um die militärische Unterstützung des Irak insbesondere durch Frankreich und die USA – im ersten Golfkrieg gegen den Iran – zu torpedieren.

Vergangenheit? »Ich glaube schon«, meint Mohammed Mashmushi, politischer Kommentator der Beiruter Tageszeitung *As-Safir*. »Die Hizbullah ist entstanden in einer Zeit großer Konfrontation, zum einen zwischen Libanon und Israel, zum anderen zwischen den Vereinigten Staaten und Iran. Der Friedensprozeß hat eine Phase der Entspannung eingeleitet, die Gewalt als Kampfmittel obsolet macht. Ohnehin ist die Unterstützung Irans für die Hizbullah militärisch nicht entscheidend. Die Nachschublinien verlaufen sämtlich über Syrien. Und für Damaskus ist die ›Partei Gottes‹ nicht viel mehr als eine strategische Größe bei den Friedensverhandlungen mit Israel.«

Innerhalb der Hizbullah, so Mashmushi, finden sich verschiedene Fraktionen, die ein getreues Spiegelbild der Machtzentren in Teheran ergeben. Auf der einen Seite Pragmatiker, die durchaus bereit sind, sich mit dem Westen zu arrangieren, auf der anderen Seite Hardliner, die jeden Umgang etwa mit den Vereinigten Staaten ablehnen. Der Mainstream unter Hassan Nasrallah werde sich langfristig mit Israel arrangieren, eine Minderheit aber wolle ganz Palästina befreien. »Doch diese ideologischen Dispute sind für die soziale Basis der Hizbullah ohne jede Bedeutung«, betont Mohammed Mashmushi. »Ihr Erfolg steht und fällt mit den sozialen Dienstleistungen, die sie anbietet.«

Die südlichen Vororte, die Hochburg der Hizbullah, sind

unter Beiruts Taxifahrern ähnlich beliebt wie bei ihren New Yorker Kollegen die Bronx. Nicht, daß man dort Gewaltverbrechen fürchten müßte, wenngleich der Pulsschlag angesichts früherer Entführungen durchaus steigt. Doch die Gegend könnte trostloser kaum sein, die Straßen sind nicht viel mehr als ein Flickwerk aus Schlaglöchern und schlechtem Asphalt. In endlosen Kolonnen quält sich der Verkehr durch die viel zu wenigen und engen Straßen. Siebenhunderttausend Menschen leben hier dichtgedrängt auf wenigen Quadratkilometern; ein Gebiet ohne Namen, die Libanesen sagen schlichtweg »Dahiya« – Vorort. Hochhäuser allenthalben, einige Stadtviertel zeigen bescheidenen Wohlstand, der nicht zuletzt an intakten Fassaden abzulesen ist. Dort wohnen vor allem schiitische Händler, die in Westafrika oder den Golfstaaten zu Geld gekommen sind. Je ärmer, desto kriegszerstörter oder demolierter die Häuserwände. An einigen Straßen stehen ausgebrannte Ruinen, Skelette aus Mauern, in denen sich Flüchtlinge aus dem Süden mit Pappe und Plastik einzurichten versuchen.

Hara Harayk heißt das Straßengeflecht, in dem sich die meisten Büros der Hizbullah befinden. Ein kleines Geschäft reiht sich an das nächste: Boutique Chic Femme, Family Shop, Travel & Tourism. Neben dem Computer Research Shop ein Laden, der auf Tschador und Hidjab spezialisiert ist – islamische Schleier in allen Variationen. Zu kaufen gibt es aber auch Dessous, überwiegend in schwarz. Die verschleierte Verkäuferin grinst. »Nehmen sie doch eins mit, für Ihre Freundin.«

Im Hintergrund läuft Radio Switch FM, ein im breitesten amerikanischen Englisch moderierter Sender, spezialisiert auf Funk, Techno, Hip Hop. Draußen, an den Häuserwänden, hängen Khomeini-Poster neben Coca-Cola-Werbung. Keine Spur von Gottesstaat. Die wenigsten Frauen im »Vorort« sind verschleiert, nicht einmal jede fünfte. Häufig sind es Frauen aus armen Familien, die von der Hizbullah dafür bezahlt werden, den Tschador zu tragen. Vor zehn Jahren wollte sie den Schleier zwangsweise einführen. Geschäfte, die Alkohol verkauften, wurden zerstört. Die Reaktionen in der Bevölkerung waren dermaßen heftig, daß die Hizbullah nie wieder versuchte, den Iran im Alltag zu kopieren.

»Wir legen keinen Wert auf Äußerlichkeiten«, behauptet Hadj Hussein, ein Mittvierziger mit Lederjacke und Vollbart, verantwortlich für die sozialen Dienste der Hizbullah. »Wir haben ganz andere Sorgen. Obwohl wir Steuern zahlen, tut die Regierung nichts für die Schiiten. Das Zentrum Beiruts wird mit Milliardenbeträgen wieder aufgebaut, aber für die südlichen Vororte wird nichts getan. Der Staat ist nicht präsent. Es gibt bei uns nicht einmal eine Stadtverwaltung. Bis vor kurzem hatten wir kein Trinkwasser. Die Leute mußten in andere Stadtteile fahren und sich dort versorgen. Dann haben wir Zisternen aufgestellt, die täglich neu gefüllt werden.« Die Hizbullah engagiere sich im Gesundheitswesen sowie im Häuserbau und versorge insgesamt zweitausend Familien von gefallenen »Märtyrern«. Die erforderlichen Geldbeträge stammten überwiegend aus freiwilligen Spenden der schiitischen Bevölkerung.

Wie alle anderen Büros der Hizbullah liegen auch die Arbeitszimmer Hadj Husseins in einer normalen Wohnsiedlung, wie andernorts fehlt auch hier jeder Hinweis auf eine Niederlassung der Hizbullah. Offenbar sitzt die Angst vor Anschlägen tief. Der Eingang zu Hadj Husseins Amtsstube ist zusätzlich mit einer Stahltür gesichert. Junge Männer sitzen und warten auf einen Termin. Hadj Hussein winkt einen zu sich herein. Er soll den ausländischen Besucher zu Umm Hassan fahren, der Witwe eines gefallenen Kämpfers.

Ali fährt einen Mazda, auf dem Armaturenbrett klebt der Sticker »I love you«. Die Auswahl seiner Musikkassetten reicht von Abba bis zu Kampfgesängen: »Kolonne der Märtyrer« heißt ein Lied. Oder »Vorwärts, ihr Helden des Widerstands«. Ali macht man nichts vor in Sachen Bundesliga. Er kennt alle deutschen Klubs, die meisten bekannten Spieler. Das Thema sei doch viel spannender als die sechs Jahre, die er in einem israelischen Gefangenenlager im Südlibanon verbrachte. »Die Israelis waren der Meinung, ich gehöre zur Hizbullah.«

Und? Stimmte das?

»Als sie mich verhafteten, nein. Als sie mich entließen, ja.« Umm Hassan empfängt uns, wie es sich geziemt für eine

Witwe, die von der Hizbullah alimentiert wird; in einem schwarzen Tschador, der sie bis auf Gesicht und Hände verhüllt. Sie lebt mit ihren fünf Kindern im Alter von fünfzehn, dreizehn, elf, neun und sieben Jahren in einer geräumigen, aber schlicht eingerichteten Wohnung. Auf der Anrichte im Wohnzimmer steht ein Bild ihres Mannes. Ein strahlender Sportler, so der erste Eindruck. Erst bei näherem Hinsehen erkennt man, daß er nicht Skier, sondern eine Kalaschnikow schultert. Auf seiner roten Stirnbinde steht das islamische Glaubensbekenntnis: Es gibt keine Gottheit neben Gott, und Mohammed ist sein Prophet. Die iranischen Kindersoldaten haben ähnliche Stirnbinden getragen, bevor sie auf irakische Minenfelder geschickt wurden.

»Mein Mann fand 1987 den Märtyrertod, mit achtunddreißig Jahren«, berichtet Umm Hassan. »Er war Militärkommandant im Bekaa-Tal. Er starb bei einer Aktion im besetzten Süden.«

Die Menschen hier haben ein anderes Verhältnis zum Tod. Wahrscheinlich, weil er im Libanon jahrelang zum Alltag gehörte. Umm Hassan erzählt mit einer Beiläufigkeit, als ginge es um einen Einkaufsbummel.

Was für einen Sinn macht das Sterben?

»Unsere Heimat wird bedroht, wir müssen uns wehren. Ich habe meinen Mann geliebt, aber noch mehr seine Mission. Ich erzähle den Kindern von ihrem Vater. Sie sind stolz auf ihn. Ich erziehe sie im Geiste des Widerstandes. Ich will, daß sie eines Tages als Ärzte oder Ingenieure dasselbe für ihre Heimat leisten wie ihr Vater mit der Waffe.«

Und wenn Umm Hassan eines Tages einem israelischen Touristen in Beirut begegnen würde?

»Ich würde ihn umbringen. So wie sie meinen Mann umgebracht haben.«

Geschichte und Werdegang der »Partei Gottes« sind charakteristisch für islamisch-fundamentalistische Bewegungen im Nahen Osten. Sie entstehen als Reaktion auf eine politische Krise, besitzen aber kein klares Konzept über die Krise hinaus. Der Einfluß der Hizbullah ist das Ergebnis jahrelanger israelischer Präsenz im Libanon – die Tatsache, daß die israelische

Regierung die »Partei Gottes« öffentlich zu ihrem Hauptgegner erklärt hat, stärkt ihren Nimbus, nicht nur unter Schiiten. Gewiß kann die Hizbullah mit ihren drei- bis viertausend Guerilla-Kämpfern den Süden des Landes unmöglich befreien. Aber sie rettet gewissermaßen die nationale Ehre, zumal die israelische Armee ihrerseits nicht in der Lage ist, des Widerstandes Herr zu werden.

Gleichwohl hat die Hizbullah ihren Zenit bereits hinter sich. Ein Friedensabkommen zwischen Syrien und Israel ist nur noch eine Frage der Zeit. Damit werden die Waffenlieferungen an die Schiiten enden. In nicht allzu ferner Zukunft wird sich Israel aus dem Südlibanon zurückziehen, andernfalls könnte Beirut keinem Friedensvertrag mit Jerusalem zustimmen. Die »Partei Gottes« wird somit ihre Geschäftsgrundlage verlieren und vermutlich mutieren, von einer Widerstandsorganisation mit terroristischem Umfeld zu einer politischen Partei, die sich im Parlament zu bewähren hat. Innerhalb des schiitischen Establishments dominiert längst die gemäßigte Amal. Die Klientel der Hizbullah sind die sozial Deklassierten, die sie wegen ihrer Sozialprogramme wählen. Je mehr Perspektiven sich den Schiiten vor allem in den südlichen Vororten bieten, um so nachhaltiger dürfte die »Partei Gottes« an Rückhalt verlieren.

Zugute kommt ihr allerdings ein bemerkenswerter Pragmatismus, der weniger aus Toleranz geboren scheint, sondern den politischen und kulturellen Realitäten des Landes Rechnung trägt. Zwar arbeitet die Führung der Hizbullah ähnlich konspirativ wie frühere marxistisch-leninistische Kaderparteien – Entscheidungen werden von einem siebenköpfigen »Politbüro« gefällt, als erweiterter Ideenlieferant dient ein siebzehn Personen umfassender »Konsultativrat«. Dennoch hat sie nie versucht, ihre Vorstellungen um jeden Preis an der Basis durchzusetzen. Wo die Partei die Machtprobe versuchte, hat sie verloren – wie in der Frage des Tschadors.

Trotz des langjährigen Bürgerkrieges ist Beirut eine kosmopolitische Stadt geblieben, westlicher als jede andere arabische Metropole. Ein rückwärts gewandter Islam verträgt sich nicht mit dem kulturellen Selbstverständnis der meisten Libanesen, die Orient und Okzident gleichermaßen in sich tragen. Das weiß auch die Hizbullah. Mit ihrem Fernsehsender »Der Leuchtturm« jedenfalls setzt sie eindeutig auf Einschaltquote (Leuchtturm deswegen, weil dieser das »Licht der Märtyrer« in die Ferne trägt). Das Kinderprogramm zeigt »Woody Woodpecker«, »Donald Duck« oder »Die Schlümpfe«. Die Nachrichtensendungen sind professionell gemacht, das Bildmaterial stammt von Reuters und BBC. Im Anschluß laufen Spots des Gesundheitsministeriums: Aids und wie man sich davor schützt. Statt Werbesendungen gibt es Einblendungen der Photos gefallener »Märtyrer« mit der Bitte, ihnen ein ehrendes Andenken zu bewahren. Und eine verschleierte Moderatorin wünscht »spannende Unterhaltung bei dem amerikanischen Spielfilm ›Flammendes Inferno‹«.

Willkommen in Bagdad.
Bilder aus einem belagerten Land

I

Bagdad ist hektisch und staubig, ewig staut sich der Verkehr, der Smog gehört zum Alltag. Im Café mustern mich die Gäste neugierig, oder sie sehen durch mich hindurch, als bedrohe der Ausländer die eigene brüchige Identität. Menschen mit alltäglichen Sorgen, Mienen wie in Frankfurt oder Berlin. Aber nicht Bankentürme, Märtyrer-Monumente setzen die Akzente. Eines zeigt zwei Schwerter, die sich in etwa hundert Meter Höhe kreuzen, getragen von zwei Fäusten, exakt nachmodelliert den Händen Saddam Husseins. Daran hängen Füllhörner, aus denen sich Hunderte von Soldatenhelmen ergießen – die Helme von gefallenen Iranern.

Alle Wege in Bagdad führen zu Saadun Dawud, in das moderne Bürogebäude des Informationsministeriums direkt am Tigris. Kein Journalist, Autor, Filmemacher kommt an seinem Pressebüro vorbei. Hier wird höflich, aber bestimmt verwaltet und kassiert (für Bemühungen, in US-Dollar), vor allem aber klargestellt, daß eigenständiges Fragen nur in Maßen erwünscht ist.

»Wir leben im Kriegszustand. Wir bitten unsere ausländischen Kollegen, das zu berücksichtigen. Für die Kurdengebiete bekommen Sie keine Genehmigung. Für die Sumpfgebiete an der iranischen Grenze auch nicht. Es gibt zu viele Banditen unter den Schiiten da. Die kuweitische Grenze ist tabu. Alle militärischen Anlagen.« Er macht eine Pause. »Auch die Friedhöfe.«

Saadun Dawud redet mit ausladender Geste, bestimmt und nach Möglichkeit ohne Blickkontakt. Er wirkt etwas verloren in seinem ultramodernen Büro, vielleicht deswegen, weil das funktionale Ambiente sich nicht verträgt mit seiner archaischen, kalifischen Funktion. Sein Stil ist die Verlautbarung, Einwände sind möglich, aber sinnlos.

»Könnte ich Funktionäre der Baath-Partei sprechen?«

»Schwierig. Wir haben im Moment andere Prioritäten als Diskussionen über Politik.«

Saadun Dawud greift zu den Akten, die Audienz ist beendet. Das Telefon klingelt. Er redet mit Nachdruck, aber beflissen. Im Laufschritt geht es alsdann in eine »wichtige Sitzung«.

Überall in Bagdad hängen Portraits des Präsidenten, an allen bedeutenden Gebäuden, an jeder größeren Straßenkreuzung. Saddam Hussein mal als Dichter, als Bauarbeiter, als Lehrer, als Beduine, als Staatsmann, je nach Standort. Eine aufdringliche, aber schlichte Propaganda, die im Unterbewußtsein ähnlich wirkt wie, sagen wir, der Marlboro-Mann. Gleichsam spiegelverkehrt allerdings: Konsumwerbung produziert Sehnsüchte, die hiesige politische Bildwelt suggeriert ein erfülltes Versprechen – Saddam der Heilsbringer.

Ich notiere die allgegenwärtigen Sprüche, unweit der Rashid-Brücke: *Alle Liebe und Zuneigung dem Führer – Es lebe der Führer des Sieges und des Friedens – Saddam: Säule der Standhaftigkeit.*

Es dauert keine dreißig Sekunden, bis ein Mann in beigefarbenem Acryl-Anzug sich neben mich stellt und mir völlig ungeniert über die Schulter schaut. Er wartet, bis ich fertig bin, und signalisiert mit einer gelangweilten Kopfbewegung: Mitkommen. Er führt mich in eine Außenstelle des Innenministeriums und dirigiert mich, ohne ein Wort zu sagen, in ein hinten gelegenes Büro, dessen Einrichtung sich beschränkt auf einen metallenen Tisch, ein Telefon, zwei hölzerne Stühle und ein Photo Saddam Husseins. Mein Begleiter geht vor zu dem wachhabenden Soldaten, der an dem Tisch sitzt und keine Notiz von uns genommen hat; man könnte meinen, er hielte seinen Mittagsschlaf. Mit gewichtiger Miene erhebt er sich, während der Aufpasser ihm etwas zuflüstert und auf mich zeigt. Dabei merke ich, daß ihm sämtliche Fingernägel fehlen.

Der Soldat, eine Kaiser-Wilhelm-Erscheinung um die vierzig, glättet seine olivgrüne Uniform und fragt mit heiser-donnernder Stimme: »Warum hast du aufgeschrieben, was wir über unseren Präsidenten denken?«

»Ich? Wieso? Ja ... ich will die frohe Botschaft auch in Deutschland verkünden ...«

Er läuft rot an im Gesicht. »Erzähl uns keine Scheiße, Mann! Wir können auch anders!«

Auf den Schrecken setzen wir uns erst mal.

»Gib mir dein Heft.«

Er blättert, und wirklich: nichts Subversives. Was tun? Es geht um Autorität. Er greift zum Telefon, ein Uralt-Apparat mit Kordschnur.

»Allooo ... Alloo ... hier ist ein Ausländer, der hat notiert, was wir über Saddam denken, Gott segne ihn.«

Eine lange Pause. Eine sehr lange Pause. Ich bin mir nicht mal sicher, ob der Apparat überhaupt angeschlossen war.

»Gut ... aber selbstverständlich.«

Er setzt ein breites Grinsen auf, lehnt sich zufrieden zurück, wartet und wartet, er hat alle Zeit der Welt, nimmt mein Notizheft und wirft es mir mit lässiger Geste vor die Füße.

»Herzlich willkommen im Irak.«

Bagdad ist eine moderne, auf den ersten Blick sehr westliche Stadt, deren orientalische Atmosphäre sich am schönsten noch rings um die Rashid-Straße im Stadtteil Mustansiriyah erhalten hat. Entlang der alten, im Kolonialstil erbauten Geschäfts- und ehemaligen Lagerhäuser erstreckt sich, in einem Gewirr von Gassen, das Milieu der Volksviertel und Basare, von morgens bis abends lärmt das Leben. Hier finden sich die Billigmärkte, auf die immer mehr Iraker angewiesen sind.

Die Preise sind seit dem UN-Embargo, das nach dem Einmarsch in Kuweit verhängt wurde, stetig gestiegen. Mein offizieller irakischer Begleiter führt mich in einen alten Khan, eine ehemalige Karawanserei, wo sein Onkel ein kleines Geschäft für Modeschmuck betreibt. Es ist ein stetes Kommen und Gehen, jeder verkauft, was er entbehren kann, und der Onkel zahlt gute Preise für gebrauchten Schmuck. Ein Lehrer bietet Haarspangen, ein Taxifahrer Lippenstift, ein Polizist Ohrringe. Die Tonlage ist gedämpft, über den Preis wird kurz und verbindlich verhandelt; die Kunden sind sichtlich beschämt.

»Das monatliche Durchschnittseinkommen«, sagt mein Begleiter, »liegt bei 150 bis 200 Dinar – zum Sterben zuviel, zum Leben zuwenig. Wer nicht hungern will, muß verkaufen, was ihm lieb ist. Die Preise haben sich im vergangenen Jahr mindestens verzehnfacht, aber die Löhne sind eingefroren. Was willst du machen, wenn du eine Familie hast und der Sack Mehl 250 Dinar kostet, eine Dose Trockenmilch 300? Vor Kuweit gab es Mehl für drei Dinar. Das Volk zahlt den Preis für den Boykott. Niemand sonst.«

Wir geraten in ein Auktionshaus unweit des Basars, eine riesige Lagerhalle in zwei Etagen, wo sich Hunderte von Menschen drängen. Zweimal die Woche werden hier Haushaltsgegenstände versteigert, von kitschigen Plastikbechern bis hin zu erlesenen Teppichen aus Isfahan. Wer Geld hat oder etwas Glück, kann hier, auf Kosten derer, die zu überleben versuchen, sehr günstig einkaufen, und in der Tat sind die Profis längst zur Stelle, Herren in makellosen Anzügen mit elektronischen Taschenrechnern in der Hand.

Mir fällt auf, daß die meisten Besucher westlich gekleidet sind, nicht anders als bei uns; ich höre Familien über Kindererziehung diskutieren, Frauen über Mode, Männer über Frauen. Die Gespräche sind so alltäglich, so banal, so heimisch, daß mir einmal mehr klar wird, welchen Fehler »der Westen« begeht, wenn er die Regierung im Irak unentwegt mit den Regierten gleichsetzt.

»Sagen Sie«, frage ich später einen Händler, »sind die Leute nicht sauer auf Saddam, der ihnen die ganze Misere beschert hat?«

Er gibt sich diplomatisch: »Wir sind sauer auf die Verhältnisse, in denen wir leben müssen.«

Und die sind offenbar so, daß man Politik im Alltag ignoriert. Wie jener freundliche Auktionator, den ich darauf hinweise, daß ja im ganzen Auktionshaus kein einziges Portrait von Saddam aushängt. »Oh, wirklich nicht? Wahrscheinlich sind sie alle verkauft.«

Kriegsschäden muß man in Bagdad suchen – anders als im übrigen Irak. Es gibt noch einige zerstörte Gebäude und Industrieanlagen, aber der Wiederaufbau geht rasend schnell voran. Für das Regime eine Frage des Prestiges und der Legitimation. Man will zeigen, daß »die imperialistisch-zionistisch-atlantische Verschwörung am Widerstand des irakischen Volkes scheitert«, wie der Bauminister bei der Einweihung der Jumhuriyya-Brücke, der »Brücke der Republik«, betont, einer von drei kriegszerstörten Brücken in Bagdad.

Es ist ein Happening mit großem Medienspektakel, gleichzeitig aber eine aufschlußreiche Inszenierung. Machtbeziehungen werden im islamischen Sprachgebrauch traditionell weniger mit »oben« und »unten« als mit »nah« und »fern« beschrieben. Schon zu Zeiten des Kalifats galt: Die höchste Herrschergewalt befindet sich im Zentrum. Je näher man dem Zentrum ist, desto größer die Macht. Die Architektur osmanischer Paläste folgte diesem Herrschaftsprinzip und unterteilte die Gebäudekomplexe in die Bereiche Innen, Dazwischen und Außen. Wobei rein äußerlich der Eindruck einer gewissen Egalität entsteht, befinden sich doch Herrscher und Beherrschte auf gleicher Ebene.

Das Zentrum der Brücke, das Zentrum der Veranstaltung ist ein Bild, ein hölzernes Relief von Saddam Hussein, der selber öffentliche Auftritte scheut. Vor diesem Bildnis steht das Rednerpult, schräg daneben sitzt aufgereiht, in olivgrünen Militäruniformen, das gesamte Kabinett, hierarchisch klar abgestuft. Dem Relief am nächsten findet sich Izzat Ibrahim ad-Duri, der stellvertretende Ministerpräsident, der mit seinen roten Haaren und Sommersprossen entfernt an einen Engländer erinnert, der die Sonne unterschätzt hat. Links von ihm der Verteidigungs-, dann der Innenminister, bis hin, ganz links außen, zum Tourismusminister. Sie alle sitzen in einem zur Brücke hin geöffneten Beduinenzelt, und auch dieses Bühnenbild soll wohl Einfachheit und Bescheidenheit, ja Egalität suggerieren.

Auf der anderen Seite der Brücke steht, vom Festzelt getrennt durch eine Phalanx »Republikanischer Garden«, eine Gruppe Kinder in ihren militärischen Schuluniformen und

47

singt »Mit unserem Blut, mit unserer Seele, wir folgen dir, Saddam«.

Beduinen schneiden einigen Schafen die Kehle durch, um die Brücke mit dem Blut des Lebens zu weihen. Die Gemeinschaft signalisiert ihre Bereitschaft zum Opfer, zum Martyrium. Es ist ein uraltes Ritual der Wüste, das hier, in modernem Gewand, kriegerisch zelebriert wird, um die Verbundenheit von Herrschern und Beherrschten zu bekräftigen.

Doch die Realität verrät das Ritual. Abgesehen von einigen Claqueuren ist kein Volk auf der Brücke zugelassen, und da, wo es sich staut, um endlich auf die andere Seite zu gelangen, sorgen Panzerwagen, Flakgeschütze und ein Dutzend Scharfschützen in befestigten Stellungen für die beschworene »Verbundenheit«.

Die junge Layla lerne ich eher zufällig im Hotel Rashid kennen, während des Krieges Hauptquartier von CNN und schon immer Salon des irakischen Geldadels. Zum Sehen und Gesehenwerden reist man an, aus den luxuriösen Villenvororten, und nicht zuletzt, um hier die Kinder untereinander zu verheiraten. Die Hochzeit ist im Orient noch immer (wie auch bei uns früher) ein sozialer Höhepunkt, und in den großen, fast leerstehenden Hotels Bagdads wird sie pompös zelebriert.

Mich fasziniert der bizarre Geschmack dieser *happy few*: Profiteure, politische Kader, Grundbesitzer, die westlichen Lebensstil pflegen, indem sie Disneyland importieren. Die Brautpaare sehen aus wie frisch aus Orlando oder aus einer Las-Vegas-Show, in silbernen Anzügen die Herren, in rosa Plüsch die Damen.

Immer am Donnerstag, der nach islamischem Kalender unserem Samstag entspricht, wird die Lobby des Rashid zum Laufsteg. Auf die Brautpaare folgt die Hochzeitsgesellschaft, deren Größe sich nach dem Einkommen der Brauteltern bemißt, hundert Gäste gelten als Minimum. Das anschließende Galadiner – französische Küche, mehrstöckige Zuckertorten, Bauchtanz und andere Aufmerksamkeiten – beläuft sich auf zwölf- bis zwanzigtausend Dinar, was fünf durchschnittlichen Jahreseinkommen entspricht.

Aber das Essen ist offenbar Nebensache. Viel wichtiger ist der lautstarke Aperitif um Preise und Profite in der Empfangshalle. Hier lernt man sich kennen oder kommt sich näher, Geschäfte werden besprochen und immer wieder ein Thema: Import-Export, wo einkaufen, wie importieren. Das Embargo scheint eher eine sportliche Herausforderung, hier debattieren Profis, darunter viele Großhändler, denen die wachsende Not die Kasse klingeln läßt.

Auch im Krieg blieben die Privilegien erhalten. Man traf sich weiterhin im Hotel Rashid, der atomsichere Bunker und die Anwesenheit ausländischer Journalisten galten als Überlebensgarantie. Allerdings durften nur zahlende Hotelgäste in den Bunker, das Rashid war folglich restlos ausgebucht.

Layla zeigt mir den Bunker, der aussieht wie ein großer Kinosaal. Layla ist eine der über tausend Angestellten im Hotel. Sie war mir aufgefallen, da sich wiederholt einflußreiche Gäste aus Politik und Wirtschaft lange und sehr freundlich mit ihr unterhalten hatten.

»Bunkerfreundschaft«, kommentiert Layla. »Wir waren ja eine große Familie. Niemand durfte während der alliierten Bombenangriffe im Hotelzimmer bleiben, jede Nacht waren wir im Bunker, und da lernt man sich kennen, im Guten wie im Bösen.« Ihre ganze Familie hatte sich im Rashid einquartiert, einen Monat lang, 1200 Dinar, ein Vermögen für Angestellte. Ihre Mutter ging tagsüber zurück in die Wohnung, um dort das Essen zu kochen.

»Am Anfang konnte sie mit dem Auto fahren, aber dann gab es kein Benzin mehr. Sie mußte zu Fuß gehen. Es war schlimm, wenn dann ein Angriff kam. Wir sind gestorben vor Angst. Die meisten Frauen sind täglich nach Hause gegangen, um zu kochen. Wir haben eine Tiefkühltruhe, aber der Strom fiel aus, und wir mußten tagelang Hähnchen essen. Danach gab es zeitweise gar keine Lebensmittel mehr. Meine Mutter hat dann angefangen, auf traditionelle Weise Fladenbrot zu backen.«

Die Bunkergemeinschaft sei sehr gut gewesen, man habe sich mit Lebensmitteln ausgeholfen und sich gegenseitig Mut gemacht. »Wir haben von einem Augenblick auf den nächsten gelebt. Keiner hat an die Zukunft gedacht. Die Luft im Bunker war schlecht, die Kinder haben geschrien. Mit jeder Kriegswoche wurden die Lebensbedingungen schlechter. Andererseits hat sich eine gewisse Routine eingestellt: Alarm, Bunker, wieder raus, den Alltag organisieren. Als dann der Bunker in Amiriya bombardiert wurde, sind wir zu Hause geblieben. Meine Mutter meinte: Lieber sterbe ich daheim als bei fremden Leuten.«

Layla ist eine warmherzige, offene Frau Mitte zwanzig, deren Freundlichkeit mich irritiert. Empfindet sie keinen Haß auf Ausländer aus dem Westen?

»Nein. Was geschehen ist, ist geschehen. Der Krieg ist Vergangenheit. Ich denke an die Zukunft. Was wird aus meinem Vater, der alt ist und krank? Es gibt keine Medikamente mehr. Der Boykott zermürbt uns. Die Preise steigen und steigen. Nachbarn und Freunde reden immer weniger miteinander. Wir schämen uns, weil wir nicht wissen, wie wir unsere Familien ernähren sollen. Wenn ich heiraten wollte – es ginge nicht. Mein Bruder und seine Frau sind ins Ausland gegangen ... Ich will nicht weg. Ich will im Irak bleiben. Es ist meine Heimat.«

Amiriya ist ein ruhiger, bürgerlicher Stadtteil im Norden von Bagdad. Die Vorgärten der kleinen, freistehenden Häuser sind gepflegt und sorgsam angelegt, gelegentlich sieht man Schilder: Haus zu verkaufen, Haus zu vermieten. Aus einigen Fenstern hängen schwarze Tücher, auf denen ganze Lebensläufe stehen, und schaut man genau hin, so sind es vor allem die von Frauen und Kindern, die alle am selben Tag zur selben Stunde getötet wurden: am 13. Februar 1991, gegen 4 Uhr 20 morgens, im Bunker von Amiriya. Die erste Bombe riß ein Loch in den Beton, es gab zahlreiche Tote und eine Panik, aber aus irgendeinem Grund klemmten die Bunkertüren, die Leute konnten nicht raus, und dann, einige Minuten später, eine zweite Bombe, aus zehntausend Metern exakt in das Loch der ersten plaziert, ein Wunder der Lasertechnik.

Es muß ein unvorstellbares Massaker gewesen sein. Über tausend Menschen sind verbrannt, niemand kennt ihre genaue

Zahl. Viele sind in der Hitze der Explosion verdampft, ohne Spuren zu hinterlassen.

Khalid gehört zu den wenigen Überlebenden, er wurde gerettet, weil er zufällig in der Nähe einer Bunkertür schlief. Er zeigt mir ein Photo, wie er gerade ins Krankenhaus eingeliefert wird: Er hat schwere Brandverletzungen am ganzen Körper, an einigen Stellen liegen die Knochen frei. Seine Mutter, sein sechsjähriger Bruder und seine zwölfjährige Schwester sind vollständig verbrannt.

Khalid erzählt ruhig und ohne Verbitterung. »Wir sind jeden Abend in den Bunker gegangen. Nur unser Vater ist immer zu Hause geblieben. Wie die meisten Väter. Sie hatten Angst vor Plünderungen. Der Bunker war wie ein kleines Dorf, man konnte fernsehen, es gab Video, Tischtennis, alles. Wir haben dort Abendbrot gegessen, manchmal habe ich meine Schularbeiten gemacht, mit Freunden geredet ... es war wie immer in der Nacht. Ich bin dann schlafen gegangen. Als ich wach wurde, sah ich grelle Blitze und Rauch, ich hatte wahnsinnige Schmerzen. Es ging alles sehr schnell.«

Khalid macht gerade sein Abitur, doch es gibt nicht mehr viele Schüler in Amiriya. Ich frage ihn, wie man eine solche Tragödie verarbeitet. Ohne zu zögern und ohne jedes falsche Pathos sagt er: »Es steht alles geschrieben im Buch der Offenbarung. Jedes einzelne Schicksal. Ich lebe, weil meine Zeit noch nicht gekommen ist.«

Khalid lächelt die meiste Zeit, und seine Herzlichkeit macht sprachlos. Er ist nicht naiv, er ist nicht dumm, er ist schlicht und einfach ein grundehrlicher Mensch, der sein Schicksal annimmt, weil er keine andere Wahl hat und zutiefst religiös ist. Aber nicht deswegen trägt er einen Vollbart wie üblicherweise islamische Fundamentalisten. Der Bart hat einen praktischen Nutzen: Er verdeckt die Brandnarben.

Khalid in die Augen schauen, ihm sagen: Pech, Junge, daß es dich erwischt hat, aber der Golfkrieg mußte nun mal sein – ich brächte das nicht fertig.

Ich schaue mal wieder im Pressebüro vorbei, wo die Mitarbeiter wie an jedem Abend vor dem Fernseher sitzen. Es laufen amerikanische Trickfilme, und ich will wissen, warum das irakische Fernsehen ausgerechnet ein Programm des Feindes zeigt. »Unser Problem«, meint mein Nachbar Muhsin entspannt, »ist nicht Hollywood. Die Amerikaner sind ja nicht generell unsere Feinde. Nur ihre Politik ist gegen den Irak gerichtet. George Bush erträgt es nicht, wenn die Araber zu selbstbewußt werden. Er will nicht, daß der Irak ein modernes, industriell und militärisch führendes Land wird.«

Ich frage Muhsin, der in Paris studiert hat, was denn an militärischer Vorherrschaft so erstrebenswert sei. Der Irak habe mit seinen Feldzügen gegen den Iran und in Kuweit doch nichts, aber auch gar nichts gewonnen.

»Beide Kriege waren ein großer Fehler«, räumt Muhsin ein, was mich angesichts der Lokalität – de facto eine Zensurbehörde – sehr wundert. »Kuweit hat allerdings systematisch versucht, den Irak wirtschaftlich zu destabilisieren, durch die Aufkündigung zugesagter Kredite und die einseitige Ausbeutung von Ölfeldern im Grenzgebiet. Das war nicht fair. Und da hat Saddam – zack! – den Kuweitern die Visage in den Sand gedrückt.«

Breites Grinsen und allgemeine Zustimmung der übrigen Mitarbeiter. Es geht der Runde nicht nur um Kuweit. Sie will wissen, wer ich bin. Ich spüre die latente Kampfstimmung. Ein Wort, eine Geste der Überheblichkeit, und sie würden diesen westlichen Klugscheißer rhetorisch fertigmachen. Aus arabischer Sicht war der Golfkrieg ein kolonialer Akt, ein moderner Kreuzzug, und jeder, der da aus dem Westen herkommt und große Worte wie »Demokratie« oder »Menschenrechte« im Mund führt, bekommt erst mal eins zurück: Und wie hältst du es mit Israel, das seit vierzig Jahren die Rechte der Palästinenser mit Füßen tritt, ohne daß der Westen dem jemals Einhalt geboten hätte?

In der Regel enden Debatten dieser Art in einem sinnlosen Schlagabtausch. Auch die Frage nach Saddam Hussein verspricht keine neuen Antworten. In einer geschlossenen Gesellschaft, in der die Interessen des herrschenden politischen Clans ungleich mehr zählen als die Rechte des einzelnen, läuft der Begriff »Despot« ins Leere. Muhsin und seine Freunde sind Saddam Hussein treu ergeben. Ein visionärer Staatsmann sei er, ein Vorkämpfer des Fortschritts und der arabischen Einheit, und natürlich habe er das Recht, die Gegner seines redlichen Bemühens – zack! – zu »neutralisieren«.

Was sagen?

Und so finden wir uns wieder friedlich vor dem Fernseher und verfolgen Bugs Bunnys tolldreiste Abenteuer.

II

Kamal ist ein untersetzter, narbengesichtiger Mensch, nicht unsympathisch, meistens aber wirkt er mürrisch. Eine Weile wiegt er das Foto in den Händen, dann legt er es auf den Tisch, wie eine ausgelesene Zeitung.

»Das wird schwierig.«

Kamal kennt die meisten Leute auf dem Foto. Eine Aufnahme aus dem Bunker des »Hotel Rashid«. Drei Frauen sitzen verängstigt auf dem Boden, Schulter an Schulter, ein alter Mann raucht eine Zigarette. Am rechten Bildrand zwei jugendliche Europäer mit Gitarre, die aus Gründen der Solidarität in den Irak gereist waren und in diesen Bombennächten lernen mußten, daß Kriege, mit Musik begleitet, nicht leichter zu ertragen sind. Das Foto ist verzerrt, eine schlechte Kopie, der Bruchteil einer Sekunde aus einem Nachrichtenfilm von CNN. Ein Dokument der Ausweglosigkeit. Nur dem alten Mann scheint der Tod nichts zu bedeuten, in seiner Haltung liegt vollkommener Gleichmut.

»Schwierig, weil du in alten Wunden gräbst.«

Kamal ist nicht sehr angetan von der Idee: Mit diesem Bild auf die Suche zu gehen nach Augenzeugen, die vom Krieg erzählen; Begegnungen mit der Vergangenheit aus der Perspektive einer wenig verheißungsvollen Gegenwart. Warum unbedingt Leute aus jener Bombennacht, von diesem Foto? Jeder in Bagdad hat den Krieg erlebt. Jeden könnte ich befragen. Das ist wohl wahr, aber ich glaube an die Macht von Bildern. Kamal streicht sich über den Hinterkopf. Er kennt die drei Frauen, aus gemeinsamen Bunkerzeiten. Sie zu finden wäre nicht unmöglich. Ob sie mit mir reden werden? Kamal ist unsicher, er will sich nicht festlegen, der bloße Gedanke an ein Wiedersehen bereitet ihm Unbehagen. Niemand wird sagen, was er wirklich denkt – Kamal kennt die Rituale solcher Begegnungen. Seit Jahren arbeitet er im Informationsministerium, ein Laufbursche für ausländische Besucher wie mich, ohne Aussicht auf Beförderung.

Bei unseren ersten Begegnungen fragte er mich immer wieder beiläufig: Warst du schon mal im Irak? Kennst du hier Leute? Erst später erkenne ich den Sinn dieser Fragen, als mich Kamal in die Geheimnisse des Schwarzmarktes und die Macht des Dollars einweiht. Vorsichtig gibt er zu erkennen, daß er gerne Geld tauschen würde. Ich bin wenig begeistert, illegaler Geldwechsel wird hart bestraft und hätte meine sofortige Ausweisung zur Folge, wenn man mich erwischen würde.

»Du verstehst das System nicht«, bemerkt Kamal bitter. »Die Sache ist ganz einfach. Du hast Angst vor mir, weil ich dich verraten könnte und du das Land verlassen müßtest. Ich aber habe sehr viel größere Angst vor dir. Wenn du mich verrätst, verliere ich meine Arbeit und lande im Gefängnis. Du sitzt am längeren Hebel. Du gehst das geringere Risiko ein.«

Von dem Tag an tauschte ich nur noch bei Kamal, zu einem für ihn sehr günstigen Kurs. Sobald ich keine Dinare mehr hatte, begleitete er mich ins Hotel. Erst ging er auf die Toilette in der Lobby, ich folgte ihm einige Minuten später. Kamal nahm die Dollars am Pissoir entgegen und reichte mir blitzschnell Dinare, anschließend verstaute er sein Westgeld in der Unterwäsche. War er nicht allein, benutzte ich grußlos das Waschbecken und verschwand wieder in der Lobby; das Geschäft war verschoben auf einen anderen Tag.

Kamal hält ein Taxi an und redet mit dem Fahrer. »Du tust der Partei einen großen Gefallen, wenn du uns mitnimmst.« Der Fahrer reagiert mit einem kurzen Nicken, er weiß, daß er uns schlimmstenfalls kostenlos befördern muß – Dienst an Partei und Vaterland. Wir fahren nach Ad-Dor, einem Vorort von Bagdad, wo Kamal eine der drei Frauen auf dem Foto vermutet. Sie heißt Fatma, soweit er sich erinnert. Unsere erste

Station ist das lokale Hauptquartier der Baath-Partei. Wir passieren eine kleine Pförtnerloge mit Bett und Schreibtisch sowie einigen Kalaschnikows, die auf dem Boden verstreut liegen; in der Mitte des Raumes kocht Teewasser auf einem Gaskocher. Der stellvertretende Parteileiter des Bezirkes, ein hochgewachsener Mann Ende vierzig, die Haare nach hinten gescheitelt, reagiert kühl auf unser Anliegen. Gewiß, es gibt eine, es gibt viele Fatmas in Ad-Dor, aber, so raunt er in Richtung Kamal, eine Suche nach Fatma komme nicht in Frage – es sei denn mit ausdrücklicher Genehmigung seines Vorgesetzten, des Parteileiters. Der sei jedoch momentan nicht zu erreichen, wir sollten es »irgendwann später« noch einmal versuchen. Was für einen Sinn hätte es, mit einem Funktionär zu streiten, der einen hellblauen Anzug mit ockerfarbenen Streifen trägt.

Kamal gibt sich glücklicherweise nicht geschlagen. Wir fahren zurück nach Bagdad, ins Hauptquartier der »Zivilverteidigung«, einer Kreuzung aus Feuerwehr und Geheimdienst. Dort verhandelt Kamal mit irgendwelchen Verantwortlichen, während ich in einem geräumigen Empfangszimmer den weiteren Verlauf der Dinge abwarte. Ich bin nicht allein, auf den mit Plastikfolien bezogenen Bänken entlang der Wände sitzen mehrere olivgrün gekleidete Männer, Soldaten oder Polizisten, jedenfalls Hofschranzen des Regimes. Ihre Gesichtszüge verraten eine bäuerliche Herkunft, vermutlich würden sie lieber heute als morgen in ihre Heimatdörfer zurückkehren und die Felder bestellen. Die Ästhetik des Raumes ist eigenartig, die Tapeten sind gemustert mit Schwarzwald-Motiven, darunter ein röhrender Hirsch. Die Krönung aber ist eine wirkliche Kuckucksuhr, defekt und aus Plastik. Eine Wandtafel enthält Hinweise auf erstrebenswerte Tugenden irakischer Beamter, darunter die Fragen:

– Was hast du deinem Vaterland heute für nützliche Dienste geleistet?
– Besitzt du zusätzliche Fähigkeiten, die du morgen in deine Arbeit einbringen wirst?
– Kannst du deinem Vaterland mit gutem Gewissen begegnen, wenn du dein Tagwerk verrichtet hast?

Kamal hat kein Glück, niemand in diesem Land mag Verantwortung übernehmen oder eine Entscheidung fällen. Wir haben keine Wahl. Wir brauchen das Einverständnis des Parteichefs von Ad-Dor, ohne ihn werden wir Fatma nicht finden. Tage später treffen wir ihn tatsächlich in seinem Büro, ein wundersamer Zufall. Mechanisch, eine lästige Pflicht, sind wir immer wieder nach Ad-Dor gefahren, in der stillen Hoffnung auf die rechte Fügung. Und da sitzt er nun, überrascht von unserem Besuch, ein nervöser Parteisoldat, Anfang sechzig, mit einem buschigen Saddam-Oberlippenbart und beachtlichem Bauchvolumen. Er trägt die olivgrüne Militärkluft der Herrschenden – allzeit zum Einsatz bereit. Und einen breiten Gürtel, behangen mit Patronen und zwei Pistolen. Es fehlte nur noch der Sombrero, und er wäre die ideale Besetzung des mexikanischen Rebellengenerals Zapata, jedenfalls in mittelmäßigen Western.

»Herzlich willkommen. Herzlich willkommen. Willkommen.«

Zapata klatscht in die Hände, und ein Laufbursche bringt Kaffee. Das Ritual verrät beduinische Traditionen. Aus einer schnabelförmigen Kanne wird Kaffee in eine Tasse gegossen, in hohem Bogen und aus größtmöglicher Entfernung. Man trinkt, und nach einigen Schlucken bewegt man die Tasse zwischen Daumen und Zeigefinger, danach wird sie dem Nachbarn gereicht, bis die gesamte Runde aus demselben Gefäß »Bruderschaft« getrunken hat.

»Willkommen. Herzlich willkommen.«

Zapata gehört zu jenen Politkadern, die ihren Freunden ins Gesicht lächeln, bevor sie den Abzug ihres Revolvers betätigen. Und er weiß, daß seine Freunde denken wie er. Das macht ihn nervös, seine Hände zittern, seine Haltung verrät Anspannung.

»Fatma. Ich verstehe.«

Hinter ihm hängt einer dieser Sprüche: Der Mensch ist reich durch sich und seine Arbeit. Der Allgewaltige überlegt. Das verheißt nichts Gutes, bei diesen Mentalitäten.

»Kommen Sie.« Der Parteileiter erhebt sich unvermittelt und verläßt den Raum, ein Dutzend Parteileute und Militärs im Gefolge; Kamal und ich trotten hinterher. Wir begeben uns auf die Straße, eine merkwürdige Prozession schweigsamer Pilger im Gleichschritt, niemand weiß, wohin wir gehen, mit Ausnahme von Zapata natürlich. Er winkt mich nach vorne, ich folge beflissen seiner Weisung, ein kurzer, kräftiger Sprint, und ich liege mit dem Saddam-Statthalter auf gleicher Höhe.

»Haben Sie Dollar?« fragt er mich.

»Nicht bei mir«, entgegne ich.

»Sie sollten bei mir wechseln. Vergeuden Sie Ihr Geld nicht bei den Banken. Und tauschen Sie nicht mit Fremden. Sie sollten kein Risiko eingehen.«

Er sieht mich an mit seinen kalten, durchdringenden Augen. Ich versuche zu lächeln. Glücklicherweise muß er sich orientieren, wir verlassen die Straße und marschieren über einen Feldweg in Richtung auf ein zerstörtes Fabrikgelände, das sich aus größerer Nähe als zerbombtes Elektrizitätswerk erweist. Die Ruine liegt am Rande eines Wohnviertels, das durch die alliierten Luftangriffe ebenfalls schwer beschädigt wurde. Viele Häuser sind abgebrannt, ohne Dächer oder nur noch kahle Mauerreste.

»Sie sehen also, was die Mutter der Schlachten angerichtet hat«, bemerkt Zapata, der Doppeldeutigkeit seiner Aussage nicht bewußt. Wir sammeln uns an einem Bombentrichter, der mit Regenwasser gefüllt ist. Die Parteikader zünden Zigaretten an und wirken verloren, Blickkontakte werden nach Möglichkeit vermieden. Wie stehen da und warten, der Allmächtige begibt sich an eine Wand und entleert seine Blase. Es ist ruhig und friedlich, aus der Ferne sind einige Kinderstimmen zu hören, Vögel zwitschern, und die Sonne beginnt zu stechen. Niemand stellt Fragen, jeder vertraut dem Lauf der Dinge, und sei er ohne erkennbaren Sinn, wie unser Warten. Zapata vertieft sich in ein Gespräch mit einem Adjutanten, leise und lebhaft, Entwürfe vielleicht für Visionen von morgen, Unrecht in immer neuen Variationen.

»Der amerikanische Pilot sollte sich schämen«, ruft ein Parteigänger in die Runde, offenbar um Wohlgefallen bemüht. »Wenn er das hier sehen könnte, würde er sich beim irakischen Volk entschuldigen.« Allgemeine Zustimmung und Kopfnikken. Zapata zupft an seiner olivgrünen Jacke und scheint verärgert, daß nicht er selbst diesen sinnigen Einwurf formulierte. »Die Amerikaner sind feige«, ergänzt er, »sie haben Angst vor einem fairen Kampf, Mann gegen Mann. Sie drehen doch diese Wildwestfilme. Wenn sich da die Gegner gegenüberstehen, herrscht Gleichheit der Waffen. Also sollten uns die Amerikaner die gleichen Waffen geben, die sie selber haben. Die gleichen Laserwaffen.« Er holt Luft und blickt triumphierend in die Runde. »Dann sind wir bereit, gegen sie zu kämpfen. Von Angesicht zu Angesicht.«

Mittlerweile sind die kühnen Recken umgeben von einer Kinderschar, die neugierig die Welt der Erwachsenen in Augenschein nimmt. Eine Frau geht auf mich zu, in ihren Armen hält sie ein geistesgestörtes Mädchen im Alter von etwa zwei Jahren. Als wäre das Kind vom Schicksal nicht genug geschlagen, hat es zu allem Unglück rechts am Hals eine gewaltige Schwellung, verursacht durch den Splitter einer Bombe und mangelnde medizinische Versorgung. Die Schwellung, sagt die Mutter ohne Emotionen, ist nicht mehr zu heilen. Ein anderer Splitter unter dem rechten Knie hat den Unterschenkel aufgebläht wie einen Ballon, das Kind wird nie laufen können. Die Frau sieht mich an, ihre Augen eine stumme Klage. Ich schäme mich und rede von Gott, der richten werde; wohl wissend, daß dies eine Lüge ist.

»Wie heißt dein Kind?« fragt der Saddam-Statthalter befehlend.

»Fatma. Es heißt Fatma«, erwidert die Mutter. Der Funktionär lächelt, sein Grinsen ist breit und selbstgefällig. »Siehst du, es heißt Fatma«, sagt er, an mich gewandt. »Das hast du doch gesucht, nicht wahr. Eine Fatma.«

Nach Ende des Krieges gab die irakische Armee bekannt, daß sie für jede aus dem kuweitischen Grenzgebiet entfernte Mine einen hohen Geldbetrag zahlen werde. Väter und Söhne zogen in die Wüste, um Minen aufzulesen und ihre Familien zu ernähren. Doch kaum jemand wußte, wie man Minen entschärft. Innerhalb einer Woche waren die Krankenhäuser im Süden überfüllt mit verstümmelten Patienten. Hubschrauber des Roten Kreuzes flogen Einsätze, um die Verletzten zu bergen. Ein Mann ohne Beine trug unter seinem Hemd noch fünf scharfe Minen, wie die Sanitäter auf dem Rückflug entdeckten. Es war die sanfteste Landung seines Lebens, erzählt der norwegische Pilot an der Hotelbar, Schweiß auf der Stirn.

Nachts werde ich wach, in dem Zimmer über mir liebt sich ein Paar. Die Frau stöhnt und schreit, minutenlang ruft sie »Allah«, in immer neuen Variationen. Ganz allmählich färbt sich draußen der Himmel über Bagdad rot.

Begzad ist Kurde, ein Händler der Jahreszeiten und des Windes, verschlagen, hinterhältig, von gefährlicher Intelligenz. Noch in ausweglosen Situationen würde er Nischen für seine Geschäfte finden. Seit Tagen hält er uns hin, seit Tagen versuchen wir, mit seiner Frau zu reden. Sie sei in Mossul, im Norden, erklärte Begzad gestern. Heute nun ist sie in Kirkuk. Und morgen? Gott weiß es am besten. Selbstverständlich könnten wir seine Frau sehen, er werde sich persönlich für uns verwenden. Unsere Fragen mögen wir vorab schriftlich niederlegen.

Kamal setzt sich hin und schreibt. Wie hat Ihre Frau die Nächte im Bunker erlebt? Wie war das Verhältnis der Eingeschlossenen untereinander? Hat sie Angst vor einem neuen Krieg? Begzad betrachtet zufrieden den Zettel und bittet, das Foto aus jener Bombennacht im Hotel Rashid behalten zu dürfen, in der Mitte seine Frau, die Arme um Fatma und Rim geschlungen.

Begzad gibt sich frohgelaunt und versichert, er werde umgehend die Rückkehr seiner Frau nach Bagdad veranlassen und stehe uneingeschränkt zu unserer weiteren Verfügung. Aufgrund einer unerklärlichen Fehlleistung nenne ich Begzad zum Abschied »Hadj«, »Mekka-Pilger«; ein Ehrentitel, den er verdient hat wie Al Capone den Nobelpreis. Der unerwartet Geehrte bricht aus in schallendes Gelächter, das sich steigert bis zur Atemnot und schließlich abrupt endet mit einem Hustenanfall.

Am folgenden Tag besuchen wir wieder Begzads Villa in einem der teuersten Viertel Bagdads. In dem riesigen Vorhof stapelt sich teures Gerümpel, Kitsch in allen Farben und Formen. Möbel in Barock-Design, geschwungen und aus Plastik (oder Plüsch), Kronleuchter aus Glas, elektrische Schaukelpferde und ein Delphin zum Reiten. Begzad ist nicht da, statt dessen empfangen uns seine Brüder Hassan und Hussein. Hassan, gekleidet wie ein Sheikh, mit Kopftuch und weißem Gewand, erzählt vom gerechten irakischen Krieg gegen Kuweit, wo ein korrupter Familienclan die Ölquellen an den Westen verkauft habe. Der Kettenraucher gefällt sich mit seinen anti-imperialistischen Anekdoten. Hinter der Einfahrt zur Villa allerdings stehen dutzendweise Kartons mit Haushaltsgeräten, unter anderem von Bosch und Siemens. Alle tragen die Aufschrift »Kuweit«.

»Kriegsbeute, Hassan, was?« Ich grinse ihn an und mache auf Kumpel. Hassan grinst zurück. »You want a whisky?« fragt er auf englisch. Auch Hussein stößt mit uns an, ein charmanter Bursche wie sein Bruder. Hussein trägt eine Art Hawaii-Hemd, braun und mit goldfarbenen Rüschen besetzt. Bevor er anheben kann, Kuweit zu kritisieren, klingelt das Telefon.

»Halloo ... Ah! ... Wie geht es dir? ... Der Familie geht es gut? ... Gott sei gepriesen. Hör zu, hast du Interesse an einem Cadillac, Baujahr '89, mit allen Extras, weiß, gut in Schuß, wie neu? ... Aa ... Aaha ... Ahja ... Einen roten Jaguar ...? Mmh ... Also, im Moment geht das nicht ... Aber wir bleiben dran ... Natürlich! Wir sind doch Freunde! ... Nicht der Rede wert ... Wie wär's mit ein paar Flaschen Johnnie Walker, Black Label? ... Mmh ... Aha ... Soso ... Wir bleiben am Ball, selbstredend. Gott verlängere dein Leben. Bis bald.«

Unweit des »Bab ash-Sharqi«, des »östlichen Tors« im Zentrum von Bagdad, wo sich mehrere Verkehrsadern kreuzen, findet sich unerwartet eine Oase der Ruhe. Ein Friedhof, von der Außenwelt abgeschirmt durch eine Mauer aus Lehm. Es sind etwa sechzig Gräber deutscher Soldaten, Diplomaten und Geschäftsleute, 1966 angelegt und seither gepflegt von einer Beduinenfamilie, die am Rande des Friedhofs in einer Hütte lebt. Auf den Gräbern kurze Biographien:

Kraftfahrer Alois Fuchsius
geb. am 3.4.1878 zu Köln. Starb für sein Vaterland am
16.7.1917 zu Mossul
Wilhelm Ohms, Schiffszimmermann
geb. am 15.3.1877 zu Owschlag Kr. Eckernförde. Starb für
sein Vaterland am 21.7.1916 zu Bagdad
Vizewachtmeister Paul Kolbe
geb. am 16.9.1891 zu Merseburg. Starb für sein Vaterland am
18.9.1916 zu Suleimanie
W.F. Niemeyer
Oberleutnant
Osman Feld F.L. Abt. 2. Starb für sein Vaterland am
17.1.1917
Axel von Blomberg
Major
geb. 22.12.1908 zu Berlin. Starb für sein Vaterland am
12.5.1941 den Fliegertod zu Bagdad
Namen, die niemand mehr kennt. Wer war Alois Fuchsius?
Was empfand Axel von Blomberg in der Sekunde, die über
sein Schicksal entschied?

Das Entsetzen an jenem Sommerabend, als die Depesche
mit der kurzen Botschaft eintraf: Wilhelm Ohms, gestorben
für sein Vaterland; eine bittere Lüge. Was mag geworden sein
aus den Schiffen, deren Planken er verlegte? Welche Frau hat
seinen Tod beweint? Geblieben ist das Geheimnis der Poesie,
der Name auf ihren Gräbern.

Wir fanden Rim in Vorlesungsraum E 4 der Universität Bagdad. Die Suche hatte mehrere Tage gedauert. Kamal wußte,
daß sie Studentin war: die schöne Palästinenserin auf dem
Bunker-Foto, neben Fatma und der Frau Begzads, des windi-
gen Händlers.
Wie es war, damals, im Krieg? Rim überlegt und lächelt verlegen, sie steht in der Tür und wartet unruhig auf das Ende der
Pause. Es ist ihr unangenehm, an die Vergangenheit erinnert
zu werden. Der Zwiespalt der Gefühle. Sie studiert Ingenieur-
wesen, will in die USA. Sie kommt aus einflußreicher Familie,
ihre Eltern sind Ärzte in Amman, ihre Brüder lebten in Kuwait

und wurden vertrieben. Bagdad ist Transit, doch vorerst muß sie bleiben, weil ihre Familie viel Geld verlor in Kuweit, beschlagnahmt von den Behörden. Sie hofft auf ein Wunder: Ein Dukaten-Regen, und sie ist weg, in Amerika, trotz ihrer Ängste in den Zeiten des Bunkers.

Wir trinken einen Tee in der Cafeteria. Viele der Studenten warten auf Visa und warten. Eine Atmosphäre wie auf einem westlichen Campus. Keine Spur von Saddam Hussein, nicht sichtbar. Die meisten sind westlich gekleidet und lesen englische Bücher: *Electronic Systems and Their Meaning* und dergleichen. Rim ist höflich und noch immer verlegen. Sie will reden, aber sie darf nicht sagen, was sie denkt. Wir unterhalten uns über das Wetter, die Preise, ob man verheiratet ist. Rim sieht auf die Uhr, entschuldigt sich für ihre Zerfahrenheit.

Wir werden uns wiedersehen, sagt sie, auf ihrem Gesicht liegt eine leichte Röte. Wir sollten uns in Ruhe unterhalten, aber im Moment, sie bittet um Verständnis, sei ihr nicht der Sinn nach Gesprächen mit Fremden, so sehr sie sich für Deutschland interessiere. Ihre Zigarette zerdrückt sie nach einigen Zügen auf dem Boden einer leeren Tasse und sieht uns fragend an. Sie verabschiedet sich auf englisch und eilt zum Ausgang, nicht ohne einen letzten Blick zurück, ein freundliches Lächeln.

Wir fahren in einem überfüllten Stadtbus, mir gegenüber sitzt eine alte Frau um die siebzig, die an eine polnische oder russische Bäuerin erinnert, mit roten Backen und einem geblümten Kopftuch. Ihrem linken Daumen fehlt das obere Glied, sie trägt ein orangefarbenes Kleid aus Polyester. Laut und leidenschaftslos klagt sie über die Hitze, den Lärm, das Gedränge. Unsere Blicke treffen sich, und nach einem unmerklichen Moment des Innehaltens fährt sie leise fort zu schimpfen, als wäre ich ihr lange verlorener Sohn.

Kamal und Zayyad kennen sich aus dem Krieg gegen Iran. Sie verbrachten Jahre in denselben Unterständen und spielten Karten, wenn nicht geschossen wurde. Zayyad hat in Germersheim Deutsch gelernt, er ist verheiratet mit drei Frauen und schwärmt von chinesischer Küche. Zayyad redet, während Kamal schweigt und zuhört – so verdrängten sie den Krieg, die manchmal mehreren hundert Toten am Tag, vor allem Iraner, langsam auf den Minenfeldern verblutend. Kamals Gegenwart wirkt beruhigend, er hat die Beständigkeit einer Säule, an die sich Zayyad lehnt, um das Gleichgewicht nicht zu verlieren.

»Ich habe gelebt wie ein König und gelebt wie ein Bettler«, sagt Zayyad. »Alles verändert sich ständig. Ich habe gelernt, mit Niederlagen zu rechnen, ohne zu verzweifeln.« Wir sitzen in einem kleinen Restaurant und erzählen, vor allem Zayyad. »Drei Frauen wegen der Einsamkeit. Eine ist immer da, wenn ich sie brauche.« Aber was machst du, wenn die drei *dich* brauchen, gleichzeitig?

»Das kommt nie vor. Frauen sind selbständiger.«

Kamal ißt und schweigt, gelegentlich macht er Einwürfe. Fragt etwas oder verlangt das Salz. Äußerlich scheint er die Ruhe selbst, aber der Schein trügt. Er ist ein Vulkan, der jeden Augenblick explodieren könnte, alles mit sich reißend und am Ende sich selbst zerstörend. Wie ein Schlafwandler vermeidet er das Erwachen, die unerbittliche Konfrontation mit der Wirklichkeit.

»Ich habe«, erzählt er, »häufig denselben Traum. Ich versuche, einer Straße zu folgen, die einen Steilhang hinaufführt. Der Weg ist so steil, daß ich nur selten das Haus auf dem Hügel erreiche. Dort ist es kalt und düster, in der Luft hängt ein modriger Geruch. Die Tür des Hauses ist nur schwer zu öffnen, eine Leiter führt in die obere Etage.« Kamal legt das Besteck beiseite. »Und das einzige, was mich da oben erwartet, ist Chaos. Möbel, Gegenstände und Erinnerungen, die in der Luft kreisen, als wären sie Gefangene einer Windhose.« Er streicht mit dem Zeigefinger über die Augenbrauen. »Andererseits sind mir diese Träume noch das liebste.«

Zayyad hat die Idee, mit seinem Wagen durch die Gegend zu fahren. Es ist gerade dunkel geworden, auf den Straßen flanieren die Menschen, vorbei an kleinen, exklusiven Geschäften mit wenigen Kunden; Kleidung, Schuhe, Süßigkeiten zu astronomischen Preisen. Wir hören Radio Bagdad, das englische Programm. Rock und Pop, dazwischen ein professioneller Moderator, der die üblichen Belanglosigkeiten erzählt, nicht anders als in Berlin oder Boston. Am »Bab ash-Sharqi«, dem »östlichen Tor« im Zentrum von Bagdad, bleiben wir im Verkehr hängen. Auf einer digitalen Leuchttafel vor uns bauen sich immer wieder dieselben Buchstaben auf, um allmählich zu verlöschen, ein elektrischer Impuls: Saddam! Das Volk liebt dich.

Teil II
Fata Morgana

Kuweit.
Die Macht der Diwaniyas

Ein kleines Wunder geschieht, wenn sich zwei Fiktionen auf der Straße begegnen. Man reist in ein unbekanntes Land auf der Suche nach Bildern, die das Imaginäre mit der Wirklichkeit versöhnen. Im Idealfall wird der Reisende eins mit den Bildern seiner Sehnsucht, um derentwillen er sich auf die Reise begibt. Die Fiktion der Fremde ist ihre Andersartigkeit, die Fiktion des eigenen Ichs dagegen die Beharrlichkeit des Glaubens, man könne der realen Gegenwart entfliehen. Die Sehnsucht nach Authentizität verträgt sich nicht mit der Allgewalt der Warenwelt, die in den Golfstaaten präsent ist wie in den Metropolen des Westens, wenigstens äußerlich. Die beduinische Gelassenheit Katars und die subversiven Momente der Moderne wie in Abu Dhabi oder Dubai erschließen sich in Kuweit nur am Rande. Kuweit ist eine Tankstelle, befreit von den Amerikanern, erniedrigt von den Irakern, ohne Glaubwürdigkeit und Selbstbewußtsein. Nicht allein die Erfahrungen des Golfkrieges machen Kuweit zu einem Abziehbild der Moderne, auch die Zeitläufte. Unmittelbar nach dem Zweiten Weltkrieg begann in Kuweit die Ölförderung – als erstem der kleinen Golfstaaten. Dementsprechend früh stellte sich dort die Mutter der Fragen, Menetekel der gesamten Golfregion: Neigen wir immer stärker zu westlichen Werten, mit einem mehr oder minder geheuchelten Überhang an Islamismus und Arabismus, oder sind wir in unseren Wesenszügen islamisch mit einem Schuß Westlichkeit?

Immerhin, Kuweit ist liberaler als alle anderen Staaten am Golf. Es gibt – einzigartig – ein Parlament, wenn auch mit wenig Befugnissen. Frauen sind sehr viel emanzipierter als in den Nachbarstaaten. So dürfen sie beispielsweise im Fernsehen als Moderatorinnen auftreten. Anderswo am Golf wäre das undenkbar.

»Was halten Sie von der Demokratie in Kuweit?« Nadja hat eine warmherzige, anheimelnde Stimme, sie ist schlank und makellos und trägt ein hellblaues Kleid. Eine mandeläugige Schönheit mit olivenfarbener Haut und glänzenden, pechschwarzen Haaren, die ihr bis zur Hüfte reichen. Wir sind live auf Sendung, im beliebten Fernseh-Magazin »Guten Morgen, Kuweit«. Ich muß mich stark konzentrieren, die richtigen arabischen Worte zu finden. Am liebsten würde ich mich ihr zu Füßen werfen, ihre Hand ergreifen und mit Küssen bedecken. Vermutlich wäre ich damit in die kuweitische Filmgeschichte eingegangen, aber Romantik zur Prime Time ist nicht jedermanns Sache, unser Publikum bekanntermaßen konservativ.

»Nun, die Demokratie in Kuweit – also, wie soll ich sagen.« Ich bin dem Schicksal noch heute dankbar, daß ich mich wieder fing und vergleichsweise nüchtern analysierte. Natürlich, die Errungenschaften seien bemerkenswert. Allerdings sei es für einen Europäer verwunderlich, daß bei den Wahlen in Kuweit nur Männer über einundzwanzig Jahre stimmberechtigt seien, deren Familien bereits im Stichjahr 1920 im Emirat ansässig waren. Damit werden 85 Prozent der Bevölkerung vom aktiven und passiven Wahlrecht ausgeschlossen, allen voran die Frauen. »Konservative Muslime«, so fahre ich fort, »sehen in der Frau eine Bedrohung, eine ständige Versuchung des Teufels, sie haben Angst vor Sinnlichkeit und verdrängen das Weibliche ins Private. Ich persönlich sehe Frauen anders, ich halte sie für Vorboten des Paradieses, für ein Versprechen, das sich denjenigen erfüllt, die Augen haben zu sehen. Sie sind ein Gewinn für Kuweit, sie gehören in die Öffentlichkeit und vor allem ins Parlament.« Eine gewagte Dialektik, aber in der Wirkung eine Bombe. Nadja sieht mich an mit glühenden Augen und sagt: »Ich bin mir sicher, daß kuweitische Frauen bald schon ins Parlament einziehen werden. Ihre Ansichten gefallen mir. Gefallen mir sehr gut, lieber Freund.« Mein Gott. Die Erotik arabischer Frauen ist bisweilen kaum zu ertragen.

Ich muß in der Tat einen Nerv getroffen haben, denn nach der Sendung kamen alle, mir zu gratulieren, vom Kabelträger bis zum Intendanten. Zunächst war ich mir nicht sicher, ob diese Herzlichkeit eine subtile Variante intellektueller Ausgrenzung sein könnte, ein mit Höflichkeit versüßter Hinauswurf. Aber ich hatte offenbar etwas gesagt, was vielen auf der Seele liegt. Allerdings mag sich in den konsensorientierten Golfgesellschaften niemand exponieren. Das Gesicht wahren gilt als höchste Tugend, auch wenn die erfahrbare Wirklichkeit der offiziellen Rhetorik längst vorauseilt und jeder weiß, daß Wahlen in Kuweit nur symbolisch gemeint sind. Dieser Nerv liegt blank, aus der Sicht des Kabelträgers wie des Intendanten. Was ich dagegen über Frauen gesagt habe, gilt ihnen, abgesehen von Nadja, als pure Poesie, eine rein private Äußerung.

Die Spuren des Krieges sind längst beseitigt, aber die Erinnerung an die irakische Invasion vom August 1990 bis zum Februar 1991 bleibt in Kuweit lebendig, vermutlich noch in hundert Jahren. Im Nationalen Komitee für die Angelegenheiten von Vermißten und Kriegsgefangenen empfängt mich Duaij al-Anzi, der sich selbst als »erfolgreichen Technokraten« bezeichnet. Der Besuch ist moralische Pflicht für jeden geladenen Ausländer, ob er will oder nicht. Das Komitee ist untergebracht in einem ehemaligen Palast. An den Wänden eines gewaltigen Rondells hängen Fotos aller 625 Kuweiter, die von den Invasionstruppen in den Irak verschleppt wurden. Tragische Schicksale eines Krieges, die von der kuweitischen Regierung überhöht werden zum Mythos einer unschuldigen Idylle, die von mörderischen Raubrittern brutal und unversehens zerstört wurde. Grundlegend falsch ist diese Perspektive nicht, doch ihre politische Instrumentalisierung enthält ein hohes Maß an Selbstgefälligkeit. Kein Wort über die Feigheit und Unfähigkeit der herrschenden Sabah-Dynastie, die Hals über Kopf das Land verließ und im saudischen Exil verharrte wie das Kaninchen im Angesicht der Schlange. Politische Eunuchen, die den Alliierten die Arbeit überließen. Je größer die Stilisierung des erlittenen Unrechts, desto weniger stellt sich die Frage nach dem eigenen Versagen, der Legitimation des hiesigen Regimes.

Diese »Erfahrung der Invasion« sei unvergleichlich, bemerkt Duaij al-Anzi, ein rhetorisch begabter Endfünfziger.

»Keinem anderen Volk auf der Welt ist jemals ein solches Unrecht zugefügt worden.« Nein, Auschwitz war gewiß ein Kinderspiel gemessen an der irakischen Besatzung Kuweits. »Die ersten Monate der Invasion habe ich hier verbracht. Dann bin ich durch die Wüste nach Saudi-Arabien geflohen.« Geflüchtet sei er nur, um »zwölf unschuldige Frauen und Kinder, eines davon schwer krank, in Sicherheit zu bringen«. Liebend gerne hätte er sein Vaterland mit der Waffe in der Hand verteidigt, aber, einmal in Saudi-Arabien, wurde er sogleich zum Leiter der kuweitischen Presseabteilung in Ankara ernannt. Im übrigen war die Besatzung »hart, sehr hart. Überall Unrecht. Es war schlimm. Schlimm.« Nur nicht konkret werden, sonst verflüchtigt sich der Mythos der historisch einmaligen Leidensgeschichte. Gemessen an solcher Selbstinszenierung wäre vermutlich nichts tragischer als eine tatsächliche Heimkehr der 625 verschleppten Kuweiter – der Mythos hätte sich überlebt.

Bevor die irakischen Truppen aus Kuweit vertrieben wurden, zerstörten und plünderten sie nach Kräften, vor allem setzten sie die Ölquellen in Brand. Das Verhalten des Aggressors wie auch seines Opfers offenbart beduinische Mentalitäten: Gewalt und Irrationalität überspielen die Angst vor einem Gesichtsverlust. Als die Iraker erkannten, daß sie ihre Beute nicht würden behalten können, hinterließen sie verbrannte Erde. Diese bewußte Demütigung der Kuweiter sollte die eigene bevorstehende Erniedrigung, die irakische Vertreibung durch die Alliierten, relativieren. Das kuweitische Gefühl der Genugtuung nach der Befreiung wurde sogleich aufgehoben durch das Ausmaß der hinterlassenen Zerstörung. Aus irakischer Sicht hatte man eine »historische Tat« vollbracht, nämlich »dem Imperialismus die Stirn geboten«. Die Befreiung Kuweits war für den Stammesführer Saddam Hussein keine mit Gesichtsverlust verbundene Niederlage, denn er hatte sich »ehrenvoll geschlagen«. Ganz anders die Sabah-Dynastie in Kuweit, ein Clan von Amerikas Gnaden. Sie ist der moralische Verlierer dieses Krieges – die beduinische Führung des Landes hatte sich gewissermaßen widerstandslos die Kamele stehlen und den Brunnen vergiften lassen. Als Reaktion blieb wenig mehr als Selbstinszenierung und Symbolik. So ließ die kuweitische Führung entlang der Grenze zum Irak einen meterhohen Sandwall aufschütten, die alten Wasserpipelines aus dem benachbarten irakischen Basra wurden zerstört, die bloße Erwähnung des Wortes Irak gilt als ungehörig.

»Die meisten Kuweiter neigen dazu, den Irak und die Iraker zu dämonisieren«, meint Mahdi as-Sayyigh. »Letztendlich sind aber beide Völker, das irakische und das kuweitische, ein Opfer desselben Diktators geworden. Was sollen die Iraker denn tun, um Saddam Hussein loszuwerden. Wir dürfen ihn nicht gleichsetzen mit dem irakischen Volk. Genau das geschieht aber in Kuweit, obwohl es unsinnig ist. Vor dem Überfall sind viele Kuweiter regelmäßig nach Basra gefahren, es gab private Kontakte und politische wie kulturelle Impulse über die Grenze hinweg.« Mahdi as-Sayyigh redet mit gedämpfter Stimme und achtet darauf, daß ihn niemand am Nachbartisch versteht. Der vierzigjährige Autor erfolgreicher Theaterstücke macht einen sympathischen, wenngleich hypernervösen Eindruck, was wahrscheinlich mit der Schizophrenie seiner Lebenssituation zusammenhängt. Sein Vater kam vor fünfzig Jahren aus Bagdad nach Kuweit, er selbst wurde hier geboren. Dennoch gilt Mahdi as-Sayyigh nach den beduinisch geprägten Rechtsvorschriften Kuweits als Ausländer, als Angehöriger eines fremden Stammes, und wird niemals einen hiesigen Paß erhalten. Seine irakischen Papiere läßt er sich wenn nötig in Bahrein oder Katar verlängern. Obwohl er mit einer Kuweiterin verheiratet ist, erhält er eine Aufenthaltsgenehmigung nur für jeweils ein Jahr. Um nach der Befreiung nicht ausgewiesen zu werden, brauchten alle in Kuweit geborenen Iraker – es sind mehrere tausend – ein »Sicherheitspapier«. Dieses erhielten sie, wenn mindestens fünf Kuweiter schriftlich bezeugten, daß man nicht mit der irakischen Besatzungsmacht kollaboriert habe.

»Alle in Kuweit lebenden Araber«, erzählt Mahdi as-Sayyigh, »wurden sehr genau geprüft, die meisten ausgewiesen, vor allem die Palästinenser. Obwohl ich bleiben durfte, verlor ich meinen Job beim kuweitischen Fernsehen. Ich gelte als Sicherheitsrisiko.« Danach habe er sich als Theaterautor selbständig gemacht. Seine Stücke sind in Damaskus, Kairo, Bagdad und

Kuweit aufgeführt worden, sein größter Erfolg war *Der Flug des Elefanten.* Darin setzt er sich kritisch mit der kuweitischen Haltung gegenüber dem Irak auseinander. Eine Minderheit immerhin interessiere sich für dieses Thema. »Es ist schwer, als Intellektueller in Kuweit zu bestehen, vor allem mit irakischem Paß. Die Zensur ist ein Problem, aber auch die vorherrschende Mentalität: möglichst die Dinge nicht beim Namen nennen. Ein anderes Problem ist die wachsende Lust an seichter Unterhaltung, an Komödien, möglichst in Serienform. Das Fernsehen läßt uns immer weniger Luft zum Atmen.«

In der Tat wäre es folgerichtig, »Dallas« eines Tages in Kuweit fortzusetzen. In der Hauptrolle das Pentagon, als Statisten die Emire. Mahdi as-Sayyigh bliebe dann wenig mehr als die wohlwollende Filmkritik. Nach dem Flug des Elefanten der Flug übers Kuckucksnest.

Es fing an im Jahr 1890, mit zwei Brüdern: Ali in Bombay und Mohammed in Kuweit. Aus Indien kamen Textilien und Gewürze, die Mohammed in Kuweit verkaufte oder nach Syrien exportierte. Wochenlang waren damals die Kamelkarawanen unterwegs. Ali wiederum verkaufte Datteln und Perlen aus Kuweit in Indien. In den vierziger Jahren begann die Ölzeit in Kuweit, und die Firma der Familie Shaya expandierte. Zunächst in die Bau- und Ölindustrie, dann, in den Siebzigern und Achtzigern, erwarb der Clan Beteiligungen an Peugeot und Mazda, an Mobil Oil und Michelin, Sheraton, Commerzbank und so weiter.

»Wir hatten immer enge Beziehungen zur herrschenden Familie Sabah«, erzählt Salih Ali ash-Shaya, der Patriarch des milliardenschweren Imperiums. Er mag Ende siebzig sein und strahlt eine Würde aus, die man in seiner Branche nicht vermutet. »Für einen Europäer ist das wahrscheinlich schwer zu verstehen. Die Struktur unserer Gesellschaft. Obwohl sie sehr einfach ist. Es gibt das Herrscherhaus, und es gibt uns, die Händler. Politik in Kuweit ist im wesentlichen das Wechselspiel dieser beiden Pole. Eine Frage von Konkurrenz und Kompromiß.«

Ein Raunen geht durch die Menge, sobald ein neuer Besu-

cher die *Diwaniya* betritt. Die Begrüßungen sind Teil eines
eingespielten Rituals und lassen Hierarchien erkennen. Je höher das Alter oder der soziale Status des Neuankömmlings,
desto herzlicher das Willkommen. Einige gehen reihum und
schütteln jedem die Hand, andere grüßen lässig in die Runde,
und fast jede Wendung beginnt mit Gott. Gott erhalte dein Leben, deine Gesundheit, deine Familie, der Friede sei mit euch,
Gott ist gnädig, Gott schenkt Gnade. Onkel Salih, so nennen
ihn alle, lächelt und ist zufrieden. Die Ältesten und Ranghöch-
sten sitzen in seiner Nähe, die Jungen weit entfernt gegenüber.
Ein Mundschenk bringt hellen Kaffee, gebraut aus Kaffee-
schalen. Alte Sitte unter Beduinen.

Sobald Onkel Salih redet, schweigt die Runde. »Wie es an-
fing? Also, die ersten waren wohl die Händler. Dann kamen
andere: die Schiffsbauer, die Kamelzüchter. Vor hundert Jahren etwa. Diwaniyas waren immer öffentlich. Eine Nachrich-
tenbörse für jedermann. Damals fanden sie vormittags statt,
nach dem Frühgebet und vor den Geschäften. Heute trifft
man sich abends.«

»Darf ich etwas sagen, Onkelchen?« fragt ein Greis.

»Nein, darfst du nicht, sonst vergesse ich das Wichtigste.
Kuweit vor dem Öl war eine große Familie. Es gab fast keine
Kriminalität, Mord und Totschlag waren unbekannt. Die
Geldwechsler legten ihr Geld – britische Pfund oder türkische
Lira – öffentlich in flachen Glasvitrinen aus, die sie allabendlich in einer großen Holztruhe verwahrten. Das war die Bank,
und häufig wurde sie nicht einmal abgeschlossen. Allgemein
zeigten sich die Menschen großherzig. So hatten wir damals
keine Apotheken. Wohltätige Händler verteilten Medikamente, die sie aus Indien mitbrachten. Großzügigkeit und Solidarität waren die höchsten Tugenden – ohne sie gibt es kein
Überleben in der Wüste. Diese Solidarität und gegenseitige
Anteilnahme zu festigen wurde eine der wichtigsten Aufgaben
der Diwaniyas. Ihre Bedeutung wuchs folglich im Laufe der
Zeit. Sie entwickelten sich zu einer Institution. Heute sind
hochstehende Persönlichkeiten verpflichtet, mehrere Diwaniyas am Tag zu besuchen. Sie sind so wichtig wie das Parlament, hier wie dort fallen Entscheidungen von Bedeutung.«

Räumlich sind Diwaniyas gewissermaßen in die Öffentlichkeit verlagerte Wohnzimmer. Sie bieten Privatsphäre, ohne Teil des eigentlichen familiären Bereichs zu sein. In der Regel handelt es sich um abgegrenzte Vorräume der jeweiligen Residenz. Die Diwaniya der Familie Shaya allerdings ähnelt eher einem Palast. Kurz hinter dem Eingangsportal zum Anwesen teilt sich der mit marmornen Platten ausgelegte Weg: rechts ein säulenverziertes Gebäude in den Ausmaßen einer Turnhalle. Mehrere hundert Menschen haben hier Platz. Diese Diwaniya wird ausschließlich im Fastenmonat Ramadan genutzt. Allein der gewaltige, handgeknüpfte Teppich aus Isfahan, der fast den gesamten Saal ausfüllt, ist ein Vermögen wert.

Gegenüber findet sich die zweite, geringfügig bescheidenere Diwaniya – sinngemäß übersetzt ein Sitzungssaal. Wir sitzen auf harten Kissen, die entlang der Wände verteilt sind. Nicht ebenerdig, sondern auf einem Vorsprung aus Beton. Landesweit gibt es Hunderte solcher Diwaniyas, jeweils architektonische Gradmesser gesellschaftlichen Ansehens. Auch in den übrigen Golfstaaten gibt es dergleichen Sitzungssäle, die dort Maglis heißen. Aber nur in Kuwait sind sie eine politische Institution.

»Die Diwaniyas sind sehr effizient«, betont Onkel Salih. »Hier zwingen wir die Regierung, auf unsere Ansichten zu hören.« Nach der Befreiung Kuweits von irakischer Besatzung waren die meisten Regierungsgebäude zerstört. Der Emir und sein Kabinett tagten häufig in der Diwaniya Onkel Salihs. Auch der damalige amerikanische Außenminister James Baker saß in dieser Runde.

Ein Raunen, alle stehen auf, eine minutenlange Zeremonie folgt, Begrüßungen und Gottesformeln in endlosen Variationen. Gekommen ist Nasir Mohammed Al-Sabah, Minister des *Diwan amiri*, die rechte Hand des Emirs Djabir al-Ahmad al-Djabir Al-Sabah. Der Mann mit dem Körperumfang eines Sumo-Ringers, gut vierzig Jahre alt, nimmt Platz an der Seite Onkel Salihs, und bald schon sind sie vertieft in ein diskret geführtes Gespräch.

Bis heute setzt sich die Vergangenheit in den gesellschaftlichen und politischen Strukturen Kuweits fort, nicht nur in den

Diwaniyas. Die ultramoderne Skyline Kuwait-Citys ändert nichts an der Lebendigkeit beduinischer Traditionen, die fast ungebrochen den Alltag prägen. Wohl auch deswegen, weil die Geschichte des Landes keine dreihundert Jahre zurückreicht. Vor dem Jahr 1700 gab es kaum dauerhafte Siedlungen auf dem Gebiet des heutigen Kuwait. Der Übergang von einer nomadischen Lebensweise zur Seßhaftigkeit vollzog sich im 18. Jahrhundert. Eine maßgebliche Rolle spielte dabei der Bani Utub-Stamm, der aus dem heutigen Saudi-Arabien zuwanderte, eine »kleine Festung« gründete (arabisch »kut«) und bald schon die Perlenfischerei, den Schiffsbau und den Seehandel dominierte. Eine Handelselite entstand, die sich gegen Angriffe räuberischer Beduinen aus der Wüste zur Wehr setzen mußte. Dafür brauchte es einen einflußreichen Clan mit guten Kontakten zu den Beduinenstämmen der Region. Als Friedensstifter bestimmten die Handelsfamilien der Bani Utub den einflußreichen Stammesführer Bin Jabir Al-Sabah. Das war im Jahr 1756, und diese Wahl legte den Grundstein für die Herrschaft der Sabah-Dynastie.

Bis zum Beginn der Öl-Ära nach dem Zweiten Weltkrieg war kuweitische Politik bestimmt von den Allianzen und Rivalitäten zwischen den Sabahs, den Händlern und lokalen Beduinengruppen. Die Herrscherfamilie verfügte nur über begrenzte wirtschaftliche Macht und war angewiesen auf finanzielle Zuwendungen der Händler. Das änderte sich mit den Öleinnahmen – der Staat hatte nunmehr Zugriff auf Milliardenbeträge, deren Verteilung den Sabahs oblag. Sie stärkten ihre Position gegenüber den Händlern, indem sie ihnen immensen Wohlstand als Gegenleistung für politische Abstinenz boten. Nach der Unabhängigkeit Kuweits von Großbritannien aber, 1961, wuchs der Druck auf die Sabahs, die Bevölkerung an politischen Entscheidungen zu beteiligen. Die Herrscherfamilie reagierte, indem sie ein Parlament einrichtete, dieses jedoch nach Gutdünken auflöste, sobald ihr eigener Machtanspruch gefährdet schien – insgesamt dreimal, zuletzt 1986.

»Politik in Kuwait ist ein sehr subtiles Wechselspiel«, betont Yussuf an-Nussuf. Seine Familie, eine der reichsten

Händler-Dynastien in Kuwait, ist ein Ableger der Bani Utub. Dementsprechend eng sind seit alten Zeiten die Kontakte zu den Sabahs, und dementsprechend groß ist ihr Reichtum. »Der beduinische Ehrenkodex spielt eine wichtige Rolle. Das schlimmste ist, sein Gesicht zu verlieren. Deswegen vermeiden wir Eklats. Unser Ideal ist der Konsens«, sagt er. Wir sitzen in einem bescheidenen Hinterzimmer der Familien-Diwaniya, »dem Geburtsort der demokratischen Bewegung in der Zeit der irakischen Besatzung«. Während die Sabahs im saudischen Exil die Befreiung Kuweits abwarteten, trafen sich hier »vierzig führende Persönlichkeiten, Konservative und Liberale. Wir entwarfen eine Charta, ›Vision für die Zukunft‹. Darin forderten wir: mehr Gerechtigkeit, mehr Freiheit, eine angemessene Verteilung der Macht innerhalb der Regierung, die von den Sabahs dominiert wird.«

Traditionell besetzen Angehörige der Sabah-Familie mindestens die Schlüsselministerien Innen- und Außenpolitik, Verteidigung und Finanzen. Aber auch die übrigen Minister wurden – bis auf einen – von den Sabahs ernannt, nicht vom Parlament. »Wir verlangten, daß fünf oder sechs Minister künftig vom Parlament gewählt werden. Sheikh Saad, der Kronprinz und Premierminister, lehnte das ab. Soll ich mich etwa von den Abgeordneten unter Druck setzen lassen, fragte er. Soll ich Abstimmungsniederlagen riskieren und mich öffentlich blamieren?«

Nach der Befreiung sei die Stimmung im Land gegen die Sabahs gewesen. Man habe ihnen politische Kopflosigkeit im Exil sowie Unterschlagungen in Milliardenhöhe vorgeworfen. Der Druck war so groß, daß die Sabahs ihre Kritiker – vor allem Händlerfamilien – großzügig mit finanziellen Entschädigungen für die Zerstörungen im Golfkrieg bedachten und für das Jahr 1992 Neuwahlen ausschrieben.

Warum aber hat man die Sabahs nach der Befreiung nicht schlichtweg entmachtet?

Yussuf an-Nussuf, ein drahtiger Mann Mitte fünfzig, lächelt hintersinnig. »Warum hätten wir das tun sollen. Dann wäre ein Machtvakuum entstanden. Niemand in Kuweit würde gegen die Sabahs auf die Barrikaden gehen. Das wäre nicht unser Stil. Wir bevorzugen Reformen und behutsamen Wandel. Gerade deswegen sind wir ja enttäuscht von den Sabahs. Sie machen Versprechungen, aber sie blockieren die demokratische Erneuerung.«

Nach der Befreiung Kuweits im Februar 1991 richtete sich die erlittene Demütigung vor allem gegen Ausländer. Nichtkuweitische Araber, Asiaten und staatenlose Beduinen, letztere oft seit Generationen in Kuweit ansässig, wurden pauschal der Kollaboration mit dem Irak beschuldigt, willkürlich verhaftet, geschlagen, manchmal ermordet und zu Hunderttausenden – allen voran die Palästinenser – aus dem Land gejagt. Angeblich gab es auch Schlägertrupps jugendlicher Familienmitglieder der Sabah, die Jagd machten auf Oppositionelle.

Ein führender Kritiker der Herrscherfamilie wurde Anfang März 1991 von zwei Kugeln niedergestreckt, als er sein Haus verließ. Seither sitzt der liberale Parlamentsabgeordnete Hamad al-Jouan im Rollstuhl. »Wer immer auf mich geschossen hat – er wird sich vor Gott verantworten müssen. Wenn die Täter nicht zu Lebzeiten bereuen, erwartet sie ewiges Höllenfeuer.« Hamad al-Jouan legt jedes Wort auf die Goldwaage, als fürchte er Mißverständnisse. Als einziger Abgeordneter trägt er einen Anzug, nicht die Dishdasha, das weiße Gewand der Beduinen. »Es würde sich im Rollstuhl verheddern«, bemerkt er bitter.

Wir nutzen eine Sitzungspause des Parlaments, das architektonisch einem Beduinenzelt nachempfunden wurde, und diskutieren die Frage, was denn Liberalismus in Kuweit bedeute. »Es ist ein Wort, nicht viel mehr. Wir haben keine Parteien, keine Wahllisten, nichts dergleichen. Was zählt, ist die Reputation des einzelnen. Seine Fähigkeit, Kompromisse zu finden. Ein Begriff wie ›liberal‹ ist mir nicht wichtig. Für mich zählt in erster Linie der Glaube an Gott.«

Ein Außenstehender braucht eine Weile, bis er das Innenleben kuweitischer Politik begreift – ein subtiles, aber im Rahmen des Möglichen durchaus effizientes System aus *checks and balances* zwischen Herrscherhaus und Opposition. Die Sitzordnung im Parlament ist mangels Parteien alphabetisch geregelt, insgesamt gibt es fünfzig Abgeordnete plus sechzehn Minister, die bis auf vier Ausnahmen entweder von den Sabahs gestellt oder von ihnen ernannt werden. Zur Wahl stellen sich die Sabahs allerdings nicht. Der Stammbaum muß reichen.

Vier Gruppierungen lassen sich unterscheiden. Die größte Fraktion stellen die »Unabhängigen«: Vor allem Angehörige von Händlerfamilien, aber auch Vertreter der schiitischen Minderheit sind hier zu finden. Die »Liberalen« vertreten gemäßigt arabisch-nationalistische Positionen und sind entschiedene Gegner der islamischen Fundamentalisten, zu denen etwa zwölf Abgeordnete rechnen, aufgeteilt in zwei »Bündnisse«. Zum einen die Muslimbrüder, die stark an Rückhalt verloren haben, weil sie Sympathien für die irakische Invasion erkennen ließen. Und zum anderen die *Salafiya*, sinngemäß *Bewegung der frommen Ahnen*. Ihre soziale Basis haben sie vor allem unter Beduinen, die traditionell konservativ sind und am wenigsten vom Ölreichtum profitieren. Ideologisch vertreten sie die üblichen Positionen von Islamisten: Geschlechtertrennung an Schulen und Universitäten, Verschleierung der Frau, Einführung der Scharia, Verbot von Alkohol etc. Bezeichnenderweise verfügen sie über keinerlei soziale Reformprogramme und tasten weder die Macht- noch die Wirtschaftsstrukturen an – und schon gar nicht die Verteilung der Ölgelder. Auch die Amerikaner werden hochgeschätzt. »Sie haben uns befreit. Wir haben keine Probleme mit den USA«, betont Ahmad Baqir, ein einflußreicher Abgeordneter der Salafiya.

Islamische Fundamentalisten sind in der Regel ideologisch biegsam wie eine Weide. Der islamische Diskurs endet, wo er deren ureigene Interessen berührt. Es ist daher wenig hilfreich, islamistische Rhetorik zum Nennwert zu lesen. Antiwestlich wird sie erst, wenn ihre Anhänger nichts mehr zu verlieren haben. Ein Krisensymptom, keineswegs aber ein Modell zur Überwindung dieser Krise.

»Die Fundamentalisten? Heuchler, wenn du mich fragst.« Qaiz ash-Shati schaltet den Landrover ärgerlich einen Gang höher. Kuweit-City ist keine Stadt für Flaneure, meistens fährt man auf einer der Ringstraßen, die zu den vornehmen Villen-

Vororten führen — unterwegs von einer Sitzung zur nächsten. Poesie stellt sich nicht ein: Hitze und Beton, der amerikanische Soldatensender spielt »Juke Box Junkie«. Wie die meisten Kuweiter hat auch der zweiunddreißigjährige Qaiz einen Verwaltungsjob und betätigt sich nebenher als Unternehmer. »Ich bin selber sehr konservativ und religiös. Ich trinke nicht, ich laufe keinen Frauen hinterher, und ich lege Wert auf Integrität. Ich versuche bewußt, ein tugendhaftes Leben zu führen, wenn du so willst. Nicht, weil ich mich für einen Helden hielte. Aber ich möchte die Mitte nicht verlieren, so wie die Menschen in Amerika oder in Europa, denen nichts mehr heilig ist. Gerade deswegen sind mir Leute unsympathisch, die von Religion reden und eigene Machtinteressen meinen.«

Qaiz parkt den Wagen vor dem Eingang der Familienvilla. Acht Autos stehen hier, zusammen mindestens eine halbe Million wert. Der private Wagenpark. Hinter dem Tor erstreckt sich ein kleiner Vorhof, links und rechts die Wohnungen der Bediensteten: des Kochs, der Fahrer, der Dienstmädchen aus Fernost, insgesamt zehn Personen. Qaiz' Vater, Ibrahim ash-Shati, ist Büroleiter des Emirs, dessen rechte Hand sozusagen. Ein sehr alerter, intelligenter Mann von Ende fünfzig mit subtilem Humor. Er ist gesprächig, freundlich und interessiert, bleibt aber unnahbar und unergründlich. Ich spüre sein leises Unbehagen in der Gegenwart dieses Europäers, aus welchen Gründen auch immer. Vielleicht ahnt er, daß sein aus Traditionen gespeistes Weltbild mehr und mehr in die Vergangenheit entgleitet und die Zukunft wie eine bedrohliche Wüste vor ihm liegt. Vor ihm und vor seinem Land.

Wir kommen auf die Rolle der Ausländer zu sprechen, immerhin sechzig Prozent der 1,7 Millionen Einwohner Kuweits. Die meisten kommen aus dem Fernen Osten. Teilweise leben sie seit Generationen hier, haben aber keinerlei Rechte. Politisch dürfen sie sich nicht betätigen, ihre Aufenthaltsgenehmigung ist abhängig vom Wohlwollen des jeweiligen Arbeitgebers. Privilegien und Beteiligung am Ölreichtum gibt es allein für Kuweiter.

»Was sollen wir machen«, meint Ibrahim ash-Shati. »Unsere Ressourcen sind begrenzt. Wir können nicht jedem einen kuweitischen Paß geben. Und die Erfahrung der irakischen Besatzung hat uns sehr mißtrauisch gemacht.« Damals hätten vor allem Palästinenser und Jordanier Kuweiter denunziert und das Land ausgeplündert. »Das werden wir ihnen niemals vergessen. Niemals.«

»Das Öl ist ein Geschenk des Schicksals«, ergänzt seine westlich gekleidete und überaus selbstbewußte Frau. »Wir haben früher selber sehr arm und bescheiden gelebt. Jetzt geht es uns gut, und wir danken Gott dafür.«

Und die Zukunft?

»Wir müssen unsere Gesellschaft öffnen«, verlangt Qaiz. »Wir sind zu sehr mit uns selbst beschäftigt, wir legen zuviel Wert auf Höflichkeit und Etikette. Uns fehlt die Bereitschaft, Probleme beim Namen zu nennen und anzupacken, einen Konflikt oder Meinungsstreit offen auszutragen. Lieber berauschen wir uns an großen Worten.«

Katar.
Ein großer Baum mit vielen Ästen

Mohammed kann es einfach nicht fassen. Immer wieder stellt er mitleidsvoll dieselbe Frage, aber es liegt nicht etwa an einem Gehörfehler. Mohammed befördert tatsächlich einen säkularen Analphabeten.

»Und du weißt wirklich nicht, wie das Böse in die Welt kam?«

Ich weiß es wirklich nicht.

»Der Teufel ist doch das Böse«, flüstert Mohammed. »Er ist der gefallene Engel, der sich über Gott erheben wollte. Ein verruchter Ungläubiger ist er.«

Mohammed nimmt den Fuß vom Gaspedal und läßt den schwarzen Buick mit den getönten Fensterscheiben langsam ausrollen. Mohammed ist Fahrer, ein Drivel, wie er sagt, mein persönlicher Drivel für die nächsten Tage. So wollte es das Informationsministerium, und für mich war es ein seltener Glücksfall.

»Der Satan war es, der Adam und seine Frau verführte, einen Fehltritt zu tun, und deswegen verloren sie das Paradies. Wehe denen, die sich gegen Gott erheben! Aber Gott ist gütig, er verzeiht denen, die zu ihm finden und bereuen.«

Es gibt Dinge, die sind Mohammed so wichtig, daß er die Welt um sich herum vergißt. Dann fährt er seinen Fünf-Meter-Straßenkreuzer auf einen Seitenstreifen und rezitiert den Koran. Oder er hält mitten in der Wüste und erzählt vom kargen Leben der Beduinen in den Zeiten vor dem Öl. Wie er Kamele hütete und Weideplätze suchte, es nie genügend Wasser gab. Aber nicht zu wissen, wie das Böse in die Welt kam — Mohammed merkt nicht einmal, daß sein Wagen quer zum fließenden Verkehr ausgerollt ist und zwei der drei Fahrspuren blockiert. Mitten in Doha, der Hauptstadt Katars, auf der mondänen Küstenstraße, an der Einmündung zu einem Kreisverkehr, der ein gewaltiges Monument umrundet: die in Beton gegossene Nachbildung einer traditionellen arabischen Kaffeekanne.

Hinter uns hat sich in Windeseile ein größerer Stau gebildet, Autos hupen oder blenden ihr Licht auf. Mohammed interessiert das alles nicht. Er redet und gestikuliert: die sieben Himmel, die sieben Erdschichten, das ewige Höllenfeuer. Die ersten Autofahrer steigen aus, klopfen an die Scheiben von Mohammeds Limousine.

»Bruder, was stehst du hier. Das ist nicht gut.«

»Einen deutschen Freund habe ich. Und er kennt nicht die Farbe des Teufels.«

»Bei Gott, wie ist das möglich.«

Das Wort vom ahnungslosen Europäer macht die Runde, mehr und mehr gestrandete Fahrer gesellen sich zu uns, an die zwanzig sind es schließlich, darunter zwei Verkehrspolizisten. Eine Debatte entwickelt sich über Gott und die Welt: Warum glauben Christen an die Dreifaltigkeit von Vater, Sohn und Heiligem Geist? Wo doch Gott einzigartig ist, weder zeugte noch gezeugt wurde, vielmehr sagte: »Sei! Und es ward.« Ist es wahr, daß in Europa Kinder ohne Familie aufwachsen? Warum gibt es in Deutschland Fremdenhaß? Was unternimmt die Regierung dagegen? Wie würde ich Schnee beschreiben?

Ich saß mittlerweile auf der Motorhaube von Mohammeds Buick und konnte gar nicht so schnell antworten, wie ich gefragt wurde. Ich war völlig verblüfft über die Ernsthaftigkeit und das aufrichtige Interesse meiner Gesprächspartner, die sich in keiner Weise von dem mittlerweile zusammengebrochenen Verkehr beeindrucken ließen. Eine leicht surreale Begegnung, nicht allein wegen der ungewöhnlichen Örtlichkeit. Ich hatte das Gefühl, daß den Passanten ein gutes Gespräch allemal wichtiger ist als die laufenden Geschäfte oder die geordnete Routine, und dieser erste Eindruck sollte sich immer wieder bestätigen. Bereitschaft zum Dialog und Glaubwürdigkeit sind die Kriterien, nach denen die katarische Gesellschaft Fremde wie Einheimische beurteilt; Hierarchie oder Statusdenken spielen eine sichtlich untergeordnete Rolle. Ein überzeugendes Argument wird in der Regel akzeptiert – von einem Minister ebenso wie von einem Verkehrspolizisten.

Der Name »Doha« bedeutet »großer Baum mit vielen Ästen«, aber das heutige Stadtbild läßt wenig Raum für beduinische Poesie. Doha ist eine eher gesichtslose Metropole mit der allseits geläufigen Skyline der Moderne: Hochhäuser, Straßenschluchten, ein endlos fließender Verkehr. Halbkreisförmig wächst die Hafenstadt in die Wüste hinein, folgerichtig heißen die Hauptverkehrsadern Erste Ringstraße, Zweite Ringstraße, Dritte Ringstraße – ähnlich wie in Kuweit-City. Und doch unterscheidet sich Doha, unterscheiden sich die meisten Städte am Golf ganz wesentlich von ihren westlichen Vorbildern. Dreihunderttausend Menschen leben in Doha, aber man hat keineswegs das Gefühl, in einer Großstadt zu sein, eher in einem zu groß geratenen Dorf. Was wohl vor allem daran liegt, daß die Anonymität der westlichen Großstadt hier unvorstellbar ist. Es reicht, mit Mohammed durch den Basar zu streifen, um davon eine Vorstellung zu bekommen. Ich wollte nur etwas Geld tauschen, aber es wurde ein Ausflug in Mohammeds Stammbaum. Hier ein Onkel, dort ein Cousin, ein Schwager, ein Bruder oder »einer aus der weitläufigeren Sippe«, wie Mohammed sagt. Jedesmal große Gesten und Palaver, meistens geht es um irgendwelche Hochzeiten und daraus sich ergebende Festessen, um Fragen der Gesundheit und des allgemeinen Wohlbefindens, und nie vergißt man, Gott zu preisen und dem Propheten Segen und Heil zu wünschen. Diese »Kommunikations-Rallyes« sind recht anstrengend, bei den meisten Händlern gibt es Kaffee und Tee, was in Verbindung mit der großen Hitze und dem unablässigen Reden eine ähnlich berauschende Wirkung auslöst wie zuviel Alkohol: Ich werde euphorisch und stelle ungebührliche Fragen.

»Mohammed, bist du eigentlich verheiratet? Hast du Kinder?«

Mohammed hat, in der von ihm gewählten Reihenfolge: zehn Söhne, sieben Töchter, acht Hausangestellte (aus Pakistan, Indien und Bangladesch), vier Autos (amerikanische Straßenkreuzer und japanische Landrover), einen kleinen Bauernhof und zwei Frauen.

»Gott segne deine Rute«, entfährt es mir, und ich will mich gerade für den vermeintlichen Fauxpas entschuldigen, doch

Mohammeds Schwager, Brüder und weitläufige Verwandte, insgesamt acht in einem kleinen Stoffgeschäft, bestätigen fast einhellig: »Mächtig ist sie, Gott sei Dank.«

Mohammed sitzt da, glücklich und verlegen. Für mich war es der Durchbruch. Von nun an darf ich ihn alles fragen und dabei auch Tabus verletzen. Mich zum Beispiel nach seinen beiden Frauen erkundigen.

»Das erste Mal habe ich geheiratet, da war ich zwanzig. Und sie war siebzehn. Oder achtzehn. In dem Alter ungefähr. Die zweite Frau, da war ich vierzig. Und sie war achtzehn. Die erste hat zehn Kinder, die andere sieben.«

»Und ihr lebt alle unter einem Dach?«

»Nein, jede Frau hat ihr eigenes Haus. Das ist ja das Verrückte. Hat die eine einen Diener, will die andere einen Diener. Bekommt die eine neue Möbel, will die andere neue Möbel. Nehme ich eine mit nach Teheran, will die andere mit nach London.«

»Warum nimmst du nicht beide mit nach Teheran?«

»Das geht nicht. Das ist unmöglich. Sie reden nicht miteinander. Es wäre eine Katastrophe.«

Die Kinder beider Frauen kommen gut miteinander aus, sagt Mohammed. Sie besuchen sich gegenseitig und respektieren die jeweilige Zweitgattin als »Ziehmutter«. Mohammed selber wechselt jeden Tag den Haushalt, so verlangt es das islamische Gesetz. Beide Frauen haben ein Recht auf absolute Gleichbehandlung. Mir persönlich wäre dieses tägliche Hin und Her zu anstrengend und zu oberflächlich. Ich habe Mohammed gefragt, wie er darüber denkt. Und wie seine Frauen ihre Ehe sehen. Aber damit bin ich wohl doch zu weit gegangen.

»Gott sei gepriesen«, sagt Mohammed nur.

Immer wieder habe ich mich in Doha ertappt, wie ich mit offenem Mund Objekte der Begierde musterte, überwältigt von einem sprachlosen Staunen. Allein die Parkplätze: Kompositionen aus Chrom und Stahl, internationale Baureihen der teuersten Wagenklasse, häufig in dunklen Farben, im Fond diskrete Sichtblenden. Oder das Nationaltheater. Ein Traum aus

Marmor, Licht und Farben, ein Wasserschloß aus High-Tech und Fantasia, monumental wie alles in diesem Land.

Nicht anders das Büro von Abd al-Hadi al-Hagiri, des stellvertretenden Ministers für Information und Kultur, früher Botschafter Katars in Syrien. Ein Büro wie eine filmische Kulisse, ein abrupter Zeitenwechsel, Ästhetik in den Farben viktorianischer Macht. Die Wände sind mahagonigetäfelt, zwei goldgefaßte Gemälde zeigen den gütig lächelnden Herrscher des Landes, Emir Khalifa Bin Hamad Al Thani, und den nicht minder gütigen Sohn und Thronfolger, Sheikh Hamad Bin Khalifa Al Thani. In der Mitte steht ein gewaltiger Schreibtisch aus Mahagoni, sicher vier Meter breit, imposant, aber verdächtig aufgeräumt. Aus unsichtbaren Lautsprechern ist klassische Musik zu hören, dezent und wohlig, sanft wie der beigefarbene, samtweiche Teppichboden. Zwei Sitzgruppen viktorianischer Möbel scheinen wie beiläufig arrangiert, ein Herrenzimmer im Teatime-Dekor, gut sechzig Quadratmeter groß. Exklusiv, aber nicht aufdringlich.

»Doha ist eine moderne, sehr westliche Stadt«, betont Abd al-Hadi al-Hagiri. »Aber die Tradition ist lebendig. Die meisten Katarer fahren hinaus in die Wüste. Oder ans Meer. Donnerstag, nach der Arbeit. Dann bauen sie ihre Beduinenzelte auf und leben einen Tag wie die Vorfahren. Zelt an Zelt, die Familien unter sich, ohne Strom und fließend Wasser. Wir haben alles, aber im Grunde sehnen wir uns nach diesem einfachen Leben. Sie müssen das verstehen, sonst begreifen Sie die Golfgesellschaften nicht.«

Abd al-Hadi al-Hagiri trägt die beduinische Einheitstracht fast aller Golfaraber: ein vom Hals bis zu den Füßen reichendes weißes Gewand und ein über die Schulter fallendes weißes Kopftuch, das von einer schwarzen Kordel gehalten wird. Beduinen begegnen sich als Gleiche unter Gleichen, und rein äußerlich fällt es schwer, einen Millionär von einem Laufburschen zu unterscheiden. Aber nicht allein die Kleidung, auch die gesellschaftlichen Umgangsformen, die Wertvorstellungen oder die religiös gefärbte Alltagssprache sind in den einzelnen sozialen Schichten zum Verwechseln ähnlich.

Der Minister redet ohne Punkt und Komma oder gedankliche Zäsuren, er zeichnet Skizzen und Entwürfe einer visionären Gesellschaft zwischen Islam und High-Tech, ab und zu wirft er unruhige Blicke auf das häufig klingelnde schnurlose Telefon. »Wir wollen«, sagt er, »eine moderne Gesellschaft, die vom Westen lernt, seine Technologie übernimmt, ohne unsere kulturellen Wurzeln zu verlieren. Unsere arabische, unsere beduinische Seele.«

Ich halte dagegen, daß man Technologie nicht einfach importieren könne, ohne gleichzeitig das eigene Denken zu verändern. Ein Ingenieur, der in Computersprache rechnet, werde den religiösen Diskurs über kurz oder lang verlernen. Rationalität vertrage sich nicht mit traditionellen Formen der Religion.

Abd al-Hadi al-Hagiri widerspricht energisch. Entscheidend sei die moralische Qualität des Menschen, sein inneres Verhältnis zu Gott, das ihm die seelische Kraft verleihe, den Herausforderungen der Zeit zu begegnen. »Technologie ist wertfrei, Technik ist ohne Ideologie«, meint er. »Technologie verlangt nach einer Seele, nach dem Odem Gottes, wenn Sie so wollen, weil Technik ohne Moral Katastrophen produziert. Tschernobyl wäre nicht passiert, wenn die Verantwortlichen keine Atheisten gewesen wären.«

Katars moderne Geschichte beginnt im Jahr 1766, als Teile des Bani Utub-Stammes aus Kuwait, nämlich die Al Khalifa und die Al Jalahima, ihre Heimat verließen und im Nordwesten der katarischen Halbinsel die Siedlung Zubara gründeten, heute ein weitläufiges Ruinenfeld. Katars Geschichte vor der Ankunft dieser mächtigen Clans ist weitgehend unbekannt. Die Wüste im Landesinnern war damals unbewohnt, abgesehen von einigen nomadisierenden Stämmen, die sie gelegentlich durchstreiften, immer auf der Suche nach Weide und Wasser. Entlang der Küste siedelten einige Großfamilien in ärmlichen Fischerdörfern, nicht selten auf der Flucht vor blutigen Stammesfehden. Im Augenblick neuer Gefahr zogen sie weiter, die wenigen Habseligkeiten in die Boote verladen oder auf die Kamele, über das Meer flüchtend oder durch die Wüste.

Zwei kleinere Städte gab es, das heute bedeutungslose Fuweirat und Doha, beide an der Ostküste gelegen, bewohnt von mehreren Stammesgruppen, darunter der Clan der Al Thani, die heutige Herrscherdynastie Katars. Es heißt, sie sei im späten 17. oder frühen 18. Jahrhundert aus Zentralarabien nach Katar emigriert – im Zuge einer umfassenden Wanderbewegung arabischer Stämme in Richtung Golfküste.

Das wirtschaftliche und politische Zentrum Katars war aber zunächst nicht Doha, sondern Zubara, das sich schnell zu einer Handelsmetropole entwickelte, dank der reichhaltigen Perlenbänke. Vor der Entdeckung des Erdöls war die Perlenfischerei der wichtigste Wirtschaftszweig am Golf – der Wohlstand Zubaras weckte dementsprechend die Begehrlichkeit der Nachbarn. Es kam zu kriegerischen Auseinandersetzungen mit Persien und Muscat im heutigen Oman, und im Verlauf dieser Kämpfe eroberten die Bani Utub aus Zubara mit Hilfe ihrer Clanbrüder in Kuweit 1783 die Nachbarinsel Bahrein. Die meisten Bani Utub verließen daraufhin Katar und zogen auf die Nachbarinsel, unter Führung der Al Khalifa, der heutigen Herrscherdynastie in Bahrein. Katar verlor damit seine zentralstaatliche Autorität und die wichtigsten Handelspartner. Politische Anarchie war die Folge, und bis in die Mitte des 19. Jahrhunderts lag die Macht allein in den Händen rivalisierender lokaler Sheikhs, die zum Teil recht eigensinnige Vorstellungen von Recht und Ordnung hatten. Der berühmteste dieser Sheikhs war Rahma Ibn Jabir Al Jalahama, dessen Geschichte auch heute noch jeder in Katar gerne erzählt, die Jungen wie die Alten.

Nach der Eroberung Bahreins hatte der Clan der Al Khalifa den Clan der Al Jalahama ausgebootet und um die versprochene Beteiligung an der Macht betrogen. Die meisten Al Jalahama verließen daraufhin Bahrein, auch Rahma Ibn Jabir – aber der sann auf Rache. Er verlegte sich auf Seeräuberei, ein damals durchaus anerkanntes Gewerbe entlang der Golfküste. Rahma war allerdings nicht irgendein Pirat, er war der erfolgreichste Freibeuter seiner Zeit, der sein Handwerk ebenso beherrschte wie die Spielregeln der Politik – indem er die Feinde der Al Khalifa zu seinen Freunden machte. Mit Vorliebe jagte er die hölzernen Dhaus der Al Khalifa, deren Seehandel er fast ruinierte. Ein ausgesprochener Feingeist war dieser katarische Klaus Störtebeker nicht, seinem Äußeren nach zu urteilen, das der britische Reisende Buckingham (*Travels in Assyria*) anschaulich beschrieb: »Seine Figur ähnelt einem schlanken Stamm, seine Gliedmaßen sind ausgesprochen dünn und übersät mit Stichen und Narben. An seinem Körper finden sich insgesamt etwa zwanzig Wunden, Verletzungen von Säbeln, Speeren und Kugeln. Sein Gesicht ist wild und häßlich und wird durch die zahlreichen Narben und den Verlust des einen Auges nicht eben schöner.«

Sein Ende im Jahr 1826 war nicht ohne Stil. Umzingelt von einer Flotte der Al Khalifa, sprengte sich Rahma mit seinem achtjährigen Sohn in die Luft.

Mohammed, mein unentbehrlicher Drivel und Geschichtenerzähler, ist verärgert. Wir waren um acht Uhr in der Lobby des Hotels verabredet, aber ich habe mich gut eine Stunde verspätet. Kavaliersdelikt. Unter Arabern. Dachte ich.

»Hör mal, wenn ich sage acht Uhr, dann meine ich auch acht Uhr. Und zwar die englischen acht Uhr, nicht die arabischen.«

Mohammed weiß nicht genau, wann er geboren wurde. Er hält sich für Anfang fünfzig, aber ich glaube, er ist Ende fünfzig und zählt seit einigen Jahren rückwärts. Er ist schlank wie eine Gerte, seine Nase allerdings schlägt alle Rekorde, eine gewaltige Knolle, die gut ein Drittel seines Gesichtes umschließt. Mohammed ist nie zur Schule gegangen, irgendwie hat er sich das Schreiben selber beigebracht. Der Kugelschreiber kreist über dem Blatt wie ein Falke über seinem Jagdrevier, dann erst setzt er an. Jeder einzelne Buchstabe wird auf Papier geschwungen, langsam, in Zeitlupe, Strich um Strich. Mohammeds Zunge massiert die Oberlippe, die Feder liegt spitz in seiner Hand, und wieder ein neues Wort, gemeißelt, gebogen, korrigiert, vollendet. Wort für Wort, Zeile um Zeile. Das Ergebnis ist Kalligraphie. Kaum lesbar, aber inspiriert.

»So. Meine Adressen und die Telefonnummern. Das eine Zuhause, das andere Zuhause, und im Büro. Melde dich, wenn du wieder zu spät kommst.«

Mich wundert, wie wenig Mohammeds Denken von der Moderne überrollt wurde. Sein Zugang zur Wirklichkeit ist sinnlich und direkt, ohne jede Abstraktion oder Subjektivität. Wenn wir mit seinem Buick durch Doha kreuzen, zeigt er mir unentwegt das Offensichtliche. »Schau, der Flughafen. Ein Flughafen ist das. Da bist du gelandet. Auf dem Flughafen. Gott sei gepriesen.« Oder er sagt: »Sieh nur, ein Haus. Schön ist es. Da wohnt mein Bruder. Mein Bruder wohnt da. In diesem Haus. Gepriesen sei der Herr der Welten.«

Mohammed war in Teheran, Kairo und London. Ich frage ihn nach seinen Eindrücken von diesen Städten.

»Also, wenn wir verreisen, dann machen wir das nicht wie du. Du willst uns kennenlernen und so weiter. Wir wollen der Hitze entfliehen.«

»Hat dir Teheran gefallen?«

»Die Leute sind gut. Ehrlich und vom rechten Glauben beseelt.«

»Was hältst du denn von Kairo?«

»Die Leute sind gut. Ehrlich und vom rechten Glauben geleitet.«

»Und wie findest du London?«

»Die Ärzte waren gut. Gott gebe ihnen ein langes Leben.«

Mohammed unterteilt die Menschen in gute und böse. Böse, das sind die vom Teufel Beseelten. Die das eine sagen und das andere meinen. Die hinterhältig sind und voller Niedertracht, die anderen Menschen Schaden zufügen, nur an ihren Vorteil denken, hartherzig sind und geizig, gierig und gemein. Aber solchen Menschen »werden dereinst die Tore des Himmels nicht geöffnet, und sie werden solange nicht in das Paradies eingehen, bis ein Kamel in ein Nadelöhr eingeht«. Gut sind hingegen Menschen, deren Taten und Worte keine Kluft erkennen lassen. Die sagen, was sie meinen, und danach handeln. Die als Freunde kommen und als Brüder gehen.

»So wie du. Ich wußte gleich: du bist gut. Ich sehe das sofort. Wenn du ein schlechter Mensch wärest, würde ich dich nicht fahren. Nur in die Wüste. Um zu sehen, ob du zurückfindest. Und niemand in Doha würde dich empfangen. Aber Gott sei gepriesen: in der Seele bist du gut.«

»Istaghfurullah«, sage ich, der im Arabischen geläufige Ausdruck zur Abwehr von Lob. Man erbittet Unsichtbarkeit vor Gott. Denn Gott richtet die Menschen nach ihren guten und schlechten Taten; *Istaghfurullah* ist die Bitte an Gott, das soeben Gelobte zu überhören und keinesfalls auf das Konto der guten Taten anzurechnen – ist doch das Gelobte selbstverständlich und der Erwähnung nicht wert, erst recht unwürdig einer Aufzeichnung vor dem Herrn.

»Keinen Haß trage ich im Herzen«, entgegnet Mohammed, und auch diese Bemerkung ist nicht ohne Hintersinn. Er sagt damit, daß seine Rede aufrichtig gemeint ist, er folglich nicht zu jenen Heuchlern gehört, die ihre Mitmenschen bewußt mit Lob überschütten und ihnen vordergründig schmeicheln – in der Hoffnung, sie würden nun in Selbstgefälligkeit versinken und darin den Zorn Gottes erregen. Fähig zu solchermaßen Heuchelei wäre nur ein Mensch mit Haß im Herzen, schadet er doch nicht allein dem Geschmeichelten, viel mehr noch sich selbst. Denn Gott straft die niedere Gesinnung des Heuchlers ungleich härter als die Eitelkeit des Selbstverliebten.

Das also ist beduinische Philosophie: die unentwegte Zwiesprache mit Gott, noch in den alltäglichsten Redewendungen. Inmitten einer Häuserlandschaft, die Houston sein könnte oder La Défense. Sprache als poetische Erhöhung irdischer Realität, der Mohammed im übrigen nicht viel mehr abgewinnt als ihren unmittelbaren Nennwert: dies ist ein Flughafen, das hier ein Haus. Nach diesem Weltbild gibt es Gott und gibt es ein Nichts, das Paradies und das Profane begegnen sich wie schwarz und weiß. Der Mensch ist Teil des Profanen, wie die ihn umgebende Wirklichkeit der Rede nicht wert. Fast schon ist das Wort »ich« eine Anmaßung, weil es ablenkt vom Wesentlichen: eine untadelige Moralität, deren Maßstab die Religion ist. Allein die gute Tat weist den Weg ins Paradies, nicht die subjektive Deutung einer ohnehin vergänglichen Welt. Wenn ich Mohammed etwa frage: »Wie geht es dir?«, so entgegnet er nie: Mir geht es gut oder schlecht oder soundso. Seine Antwort lautet einheitlich: Gott sei gepriesen, Herr beider Welten ist er – nämlich des sichtbaren Diesseits und des verborgenen Jenseits.

Gelegentlich konfrontiere ich Mohammed mit den Engpässen säkularen Denkens und gestehe Ratlosigkeit. So gelingt es mir tagelang nicht, Doha zu ergründen, die Atmosphäre dieser Stadt zu finden, ihre Seele zu entdecken.

»Gott ist mit den Geduldigen«, sagt Mohammed. »Du wirst noch vielen Menschen begegnen.«

Aber das meine ich nicht. Ich habe das zunächst sehr unbestimmte Gefühl, daß mir in Doha etwas fehlt. Orte der Begegnung, eine öffentliche Sphäre des Privaten. Die Cafés, Restaurants, Galerien. Die Arkaden, die Piazza, das Licht und die Farben der mediterranen Stadt. Die Gerüche des Orients, die Anarchie der Volksviertel, die engen, verwinkelten Gassen, die schreienden Kinder, die dampfenden Garküchen. Nichts davon ist Doha. Eine Stadt ohne Fußgänger und Flaneure, eine Stadt der großen Autos und breiten Straßen, in der sich die Menschen die meiste Zeit im Sitzen begegnen. Öffentlichkeit versteht sich als Summe familiärer Kontakte, die sich beruflich und privat in »Sitzungsräumen« organisieren. »Maglis ash-Shura«, Sitzungsrat, heißt die höchste beratende politische Instanz in Katar, und auch jedes Privathaus verfügt über einen Maglis, wörtlich: »ein Ort, an dem man sitzt«, ein Sitzungsraum. Der nicht zu verwechseln wäre mit einem europäischen »Wohnzimmer«, dem Inbegriff familiärer Intimität. Ein Maglis ist grundsätzlich öffentlich, hier werden Gäste und Besucher empfangen, ohne die eigene Privatsphäre preiszugeben. Meist ist der Maglis der dem Hauseingang nächstgelegene Raum, in den Villen der Superreichen nicht selten ein exklusives Separée mit importierten Möbeln in vornehmlich viktorianischem Design. Oder es ist einfach nur eine auf Betonsäulen ruhende freie Fläche im Vorhof, ebenfalls aus Beton, ausgelegt mit Teppichen. Genaugenommen hat jedes Haus zwei Sitzungsräume, einen für Männer und einen für Frauen. Hier trifft man sich abends zum Palaver, zum Geschichtenerzählen und Meinungsaustausch, eine Fortführung des beruflichen Alltags in den Behörden und der Verwaltung, wo die große Mehrheit der Katarer angestellt ist. Und sich vor allem damit befaßt, bestehende Probleme solange innerhalb der familiären Seilschaften zu erörtern, bis ein allgemein akzeptierter Konsens gefunden ist. Wahrscheinlich ist in diesem Verfahren das gesellschaftliche Ideal der beduinisch geprägten Golfstaaten zu sehen: im Privaten das Öffentliche zu legitimieren – keine Handlung ohne Konsens.

So gesehen macht es wenig Sinn, die Atmosphäre einer Stadt wie Doha ergründen zu wollen. Die meisten Städte am Golf sind Betonsiedlungen in der Wüste, gleichförmig und gesichtslos, nicht unterwandert von »Subkulturen« oder nonkonformen Milieus – und sei es ein Café. Der gesellschaftliche Maßstab ist die Familie, der Clan, die Religion, und gemeinsam prägen sie das öffentliche Leben bis in die Alltagskultur. Das Bedürfnis nach Konsens verhindert »atmosphärische Differenzen« – individualisierte Lebensformen jenseits des Maglis sind nicht erwünscht. Gleichzeitig verringert der Ölreichtum soziale Unterschiede und verlagert die Lebendigkeit arabischer Volksviertel einmal mehr ins Private, in den Bereich des Maglis: Doha ist mondän, aber auch steril.

Hinter diesen modernen Fassaden hat sich die Tradition fast ungebrochen erhalten, ist die »Sitzkultur« allemal beständiger als die »richtungslose Dynamik« westlicher Prägung. Ein Bild hat mir diesen Gegensatz dauerhaft eingeprägt. Entlang der Küstenstraße, der sechs Kilometer langen begrünten Corniche, sitzen allabendlich, in der Stunde des Sonnenuntergangs, unzählige Gruppen Einheimischer im Gras, meistens Männer, die reden, träumen, Trick Track spielen. Die Uferpromenade entlang jagen einige Jogger, sicher Ölexperten aus Europa oder den USA, ohne Sinn für die Abendstimmung, vor sich die Straße im Visier. Einer der Läufer rast in einen Mann, der friedlich dasitzt und Zeitung liest. Sorry, sagt der Araber. Watch out, entgegnet der Europäer.

Mohammed ist betrübt, wenn ich ihm solche Geschichten erzähle. Er fühlt sich persönlich betroffen und glaubt, ich leide an *qalaq*, einem diffusen Gefühl inneren Unbehagens, das die Seele befällt und das Herz beengt. »Warum grübelst du? Welchen Sinn macht es? Wessen Probleme löst du?« Mohammed überlegt angestrengt, wie er mich aufmuntern kann. Selbstverständlich haben wir längst unseren privaten Sitzungsraum gefunden. Unser Maglis ist sein Buick, und wenn Mohammed eine Sache wichtig ist, läßt er schon mal einen offiziellen Termin sausen, den ich eigentlich dringend wahrnehmen sollte. Ein Staatssekretär und der Außenminister sind mir durch Mohammeds Fürsorge entgangen.

»Jetzt zeige ich dir mal Doha. Damit du einen richtigen Eindruck bekommst. Vor allem meinen Bauernhof mußt du sehen.«

Mohammed legt eine Kassette ein. Die Musik ist sehr schrill und übersteuert. Eine Art Hausmusik, aufgenommen in seiner Wohnung. Ein Liebeslied, begleitet auf Laute und kleinen Trommeln. Es geht um unsterbliche Gefühle, den Verlust der Geliebten, das Leben, das jetzt keinen Sinn mehr habe. »Das ist mein Neffe. Mein Neffe ist das, Gott sei gepriesen. Er singt, weil er traurig war. Er ist doch aus Sharjah in den Arabischen Emiraten. Er hat geheiratet und seine Frau nicht gut behandelt. Er war immer in Doha oder Bahrein, aber kaum in Sharjah. Da sagte sie: Ich werde dich verlassen und zurückgehen zu meinen Eltern, weil es so nicht geht. Dann wurde der Kadi bestellt und die Scheidung betrieben. Und ihm war, als würde sein Herz zerrissen und der Tag würde zur Nacht. Denn er wußte nun, daß er sie liebte. Und ich sagte mir: Er ist doch der Sohn meines Bruders. Also ging ich zur Sippe der Frau und schlug vor, wir sollten uns versöhnen. Gott ist gütig, die Familie war einverstanden, und es gab ein großes Fest. Und jetzt geht er nicht mehr weg aus Sharjah, und sie ist schwanger jedes Jahr.«

Hinter dem Flughafen, am Stadtrand von Doha, steuert Mohammed den Wagen in die Wüste. Wir fahren über einen kleinen Hügel, vor uns liegt eine flache, weite Landschaft aus geriffeltem Sand, hart und uneben wie ein Waschbrett. Dornige Büsche und kleingewachsene, knorrige Bäume sind die einzige sichtbare Vegetation. Nach einigen Kilometern finden sich unvermittelt Mauern in der Wüste, graue Linien aus unverputztem Beton, die mehrere weitläufige Vierecke bilden. Auf den freien Flächen zwischen den Karrees stehen Hütten aus Wellblech und grob gezimmertem Holz, wie sich herausstellt die Unterkünfte von Hausangestellten sowie Lagerräume. Wüßte man nicht, in welchem Land die Szene spielt –

es könnten die Ausläufer eines südamerikanischen Slums sein. Oder die trübe Kulisse eines eher mittelmäßigen Western. Tatsächlich aber sind es Bauernhöfe, die hinter den Mauern liegen. Landwirtschaftliche Nutzflächen, genauer gesagt. Und mitten drin Mohammeds Ranch. Mit einer Vollbremsung hält er vor dem vergitterten Portal und hupt. Fast eine Minute vergeht, bis die Staubwolke sich legt und ein kleinwüchsiger, dunkelhäutiger Mensch zu erkennen ist, der sich auf zwei Krücken stützt und das Tor aufschließt. Ali aus Bangladesh.

»Was machst du. Hast du wieder geschlafen.«

Mohammed fragt nicht unhöflich, eher sorgenvoll und resigniert, wie ein Lehrer, der längst keine Illusionen mehr hegt. Ali lächelt weise und humpelt zurück in seine Baracke. Mohammed sieht mich an und zeichnet mit der Hand einen gewaltigen Bogen in die Luft, der über dem Portal endet. »Da. Der Bauernhof.«

Der Bauernhof, wiederhole ich bedächtig, als wäre es ein geheimes Losungswort. Wundersam ist allerdings, was sich hier den Augen offenbart – mitten im Nichts eine landwirtschaftliche Fläche von der Größe eines Fußballfeldes. Kürbisse, gewaltige Kürbisse fallen mir auf, daneben lange Reihen Paprika. Tomaten und Gurken gibt es, Auberginen und Zucchini. Vor allem aber wächst hohes, wildes Gras, Futter für die Hühner, Gänse und Ziegen, die friedlich in einer Koppel dösen. Eine ländliche Idylle, die sich allein intensiver Bewässerung verdankt. Zwei Brunnen hat Mohammed angelegt, einer fünfundzwanzig, der andere neun Meter tief. Je tiefer der Brunnen, desto geringer der Salzgehalt des Wassers. Dieselgetriebene Pumpen leiten das Wasser in zwei Auffangbecken aus Stein, in denen Frösche quaken.

Mein Bauernhof, sagt Mohammed immer wieder. In bewährt irdischer Manier stellt er mir jedes einigermaßen ernstzunehmende Gewächs und Getier persönlich vor: Das ist eine Ziege, eine Ziege ist das, Gott sei gepriesen, weswegen unser Rundgang gut zwei Stunden dauert und ich nur knapp einem Sonnenstich entgehe. Ökonomisch sind diese Schrebergärten in der Wüste nicht unbedingt sinnvoll, sie werden von der Regierung subventioniert und dienen ausschließlich dem Eigenbedarf. Aber es geht sicher nicht um Gewinne, sondern um einen uralten Traum: die Sehnsucht des Beduinen nach der ewig grünen Oase.

Endlich finden sich Schatten und Erlösung, in der Baracke Alis. Es gibt nur einen einzigen Stuhl in dieser Unterkunft, den Ali sofort für den Ehrengast freimacht — bevor Mohammed auch nur den Gedanken fassen könnte, ihn dazu aufzufordern. Allerdings sehe ich keinen Grund, dem verletzten Ali den Platz streitig zu machen. Ich bitte ihn, sich wieder zu setzen. Ali grinst verlegen und sucht nach einer Antwort in Mohammeds Gesicht. Mohammed nickt. Ali lächelt dankbar und bleibt stehen. Mohammed sieht sich um in der Baracke und stellt zufrieden fest, daß sie relativ aufgeräumt ist. Er findet die Hühnersuppe, die Ali gekocht hat, nimmt sich einen Löffel, schmatzt. Ali lächelt und steht immer noch, neben ihm der leere Stuhl. Warum setzt er sich nicht? Die Frage ging mir lange durch den Kopf, obwohl die Antwort naheliegt. Ali will kein Risiko eingehen. Er weiß, daß er der Knecht ist und jeder andere, der mit Mohammed diesen Raum betritt, sein Herr. Vermutlich ist es kein rationales Wissen, eher ein längst verinnerlichter Überlebensinstinkt. Wie kann er sicher sein, daß der Patron nicht seine Meinung ändert, wenn er sich setzt. Ihn anbrüllt wegen Faulheit womöglich. Eine der ungezählten Demütigungen mehr im Leben eines Ali aus Bangladesh.

»Ali hat Pech gehabt«, sagt Mohammed. »Er hatte einen Unfall.« Ali hebt sein Baumwolltuch, das er anstelle einer Hose trägt, und zeigt mir sein rechtes Bein: ein schlecht verheiltes Inferno aus zerfetzter Haut, deformierten Knochen und stählernen Prothesen. Er hatte in einer Autowerkstatt gearbeitet und war unter die Hebebühne geraten. Der Arbeitgeber hat ihn entlassen, noch während er im Krankenhaus lag. Eine Kündigung ist für Gastarbeiter in den Golfstaaten in der Regel gleichbedeutend mit Ausweisung, die Aufenthaltsgenehmigung erlischt mit dem Verlust des Arbeitsplatzes. Ali hätte nach Bangladesh ausreisen müssen, ohne jede Entschädigung oder Rente.

»Das wäre Unrecht gewesen«, sagt Mohammed. »Wie kann man einen Menschen so behandeln? Das wollte ich nicht. Da habe ich ihn genommen. Damit er den Bauernhof bewacht. Er macht nicht viel und schläft die meiste Zeit. Und ißt meine Hühner.«

»Mohammed ist wie Papa zu mir«, sagt Ali. »Immer gut. Wie Papa. Guter Muslim.« Er lächelt dieses asiatische Dauerlächeln mit den Zügen einer Maske.

Die Baracke ist erdrückend trostlos. Auf dem Fußboden liegen einige vertrocknete Teebeutel, eine Vitrine und ein Gaskocher dienen als Küche. Hinten im Raum steht ein Bett aus abgegriffenem Stahlrohr mit einer dünnen Matratze und grauer Decke. An der Wand ein bengalischer Kalender, auf einem kleinen Tisch neben dem Bett ein Brief und eine leere Schachtel Zigaretten. Von der Decke hängt eine nackte Glühbirne. Im Sommer muß es in dieser Hütte unerträglich heiß sein.

»Also, fahren wir. Du willst ja noch Doha sehen.« Mohammed zeigt tadelnd auf eine leere Cola-Dose am Boden, die Ali mit einem Schlag seiner Krücke aus dem Sichtfeld befördert. Draußen am Portal begegnen wir drei jungen Männern, die offenbar Richtung Hühnersuppe unterwegs sind: drei weitere der insgesamt acht Hausangestellten Mohammeds. Einer ist Alis Sohn, die anderen beiden kommen aus Kerala in Indien und dem pakistanischen Belutschistan. Keiner ist älter als zwanzig, und keiner spricht die Sprache des anderen. Untereinander verständigen sie sich in einer Art Pidgin-Arabisch. Mohammed nutzt die Begegnung, die Aufgaben der nächsten Tage zu erklären. Mit Sicherheit verstehen sie nur Teile dessen, was er sagt, und ergänzen den Rest durch Intuition. Einer ist Fahrer, einer Koch, und Alis Sohn hilft seinem Vater. Alle schütteln mir freundlich die Hand, wer ich bin, was ich mache, wie es denn so ist in Deutschland. Ihre Offenheit läßt erahnen, was sie aus ihrem Leben machen könnten, wenn sie nur eine Chance hätten. Aber ihre Geburt legt sie fest auf die Rolle des Dieners, die sie mit erstaunlicher Gelassenheit annehmen. In ihren Augen liegt keinerlei Resignation, zeigt sich keine Bereitschaft zur Revolte. Wahrscheinlich ist dieser Gleichmut eine Folge der Religion — mag der Hindu auf seine Wiedergeburt vertrauen, der Muslim deutet Wohlstand wie Armut und jedes noch so widrige Schicksal als den höheren Willen Gottes.

Insbesondere Menschen mit geringer Bildung sind häufig bereit, bestehende soziale Gegensätze als unabänderlich hinzunehmen.

In Katar leben etwa dreihundertsechzigtausend Menschen, von denen nicht einmal sechzigtausend katarische Staatsbürger sind. Die überwältigende Mehrheit der Bewohner entfällt auf Arbeitsmigranten. Den größten Anteil stellen Pakistaner, Inder und Menschen aus Bangladesh, die überwiegend niedere Dienstleistungen versehen. Die obligaten Hausmädchen kommen meistens aus den Philippinen. In der Verwaltung, im Bildungswesen, in den Krankenhäusern und Medien arbeiten einige zehntausend Ägypter, Libanesen und Palästinenser, die mindestens das Doppelte verdienen wie ostasiatische Gastarbeiter. An der sozialen Spitze der Ausländerpyramide stehen westliche Facharbeiter und Ölexperten. Genaue Zahlen über die demographische Zusammensetzung sind nicht zu haben, sie werden aus politischen Gründen unter Verschluß gehalten.

Der hohe Ausländeranteil erklärt sich zum einen aus dem Ölreichtum, der in den späten sechziger Jahren einsetzte und eine bis heute ungebrochene Wachstumseuphorie auslöste. Die gewaltigen Bauvorhaben, die Katar in weniger als einem Menschenalter äußerlich in die Moderne führten, waren ohne ausländische Hilfe nicht zu bewältigen – weder in Katar noch in den übrigen Golfstaaten, wo der Ausländeranteil kaum geringer ausfällt.

Aber es gibt noch eine andere mögliche Erklärung, auf die ich eher zufällig stieß, als ich einen indischen Taxifahrer im Nachbaremirat Abu Dhabi fragte, was er denn von den Golfarabern halte. »They just sit and eat«, sagte er trocken, und ganz falsch ist dieser Aphorismus nicht. Sehr viele, wenn nicht die meisten Araber am Golf haben eine große Abneigung gegen körperliche Arbeit und überlassen die profanen Dinge des Lebens ihren Frauen und Hausangestellten, im weiterem Sinn den ausländischen Arbeitskräften. Das war früher, vor der Ölzeit, nicht grundlegend anders. Noch bis in die Mitte dieses Jahrhunderts dienten Sklaven als zusätzliche Hilfskräfte, häufig importiert aus Belutschistan. In der Regel wurden sie gut behandelt, sie gehörten zur Familie, mehr oder weniger. Jedenfalls war ihr Status nicht zu vergleichen mit dem Schicksal amerikanischer »Negersklaven«.

Man sollte annehmen, daß der hohe Ausländeranteil in den Golfstaaten soziale Spannungen schafft. Und doch hat es bislang keine Unruhen oder Ausschreitungen der schlecht bezahlten Mehrheit gegen die wohlhabende Minderheit gegeben. Wahrscheinlich wird sich daran auch in Zukunft nichts ändern. Schon die geringste Verfehlung eines Arbeitsmigranten, und dazu gehört auch jede Form politischer Betätigung, hat die sofortige Ausweisung zur Folge. Zum anderen verhindern ethnische und sprachliche Differenzen die Ausbildung gemeinsamer Interessen. Vor allem aber stellt sich die Frage nach sozialer Gerechtigkeit in einem für Europäer ungewohnten Kontext. Mohammed zum Beispiel, mein Drivel, zahlt seinen Hausangestellten 250 bis 400 Mark im Monat, bei freier Unterkunft und Verpflegung und einem bezahlten Heimatflug alle zwei Jahre – die in Katar üblichen Konditionen. Für einen Pakistaner oder Inder ist es das Fünf- bis Zehnfache dessen, was er in seiner Heimat verdienen würde. Für einen Katarer ist es wenig mehr als die Portokasse. Die Extreme am Golf sind gewaltig, aber niemanden stört es, weil letztendlich beide Seiten profitieren, jede auf ihre Weise.

Der gemeinsame kulturelle Maßstab ist der Glaube an ein Schicksal, das jedem Menschen die ihm gebührende Bestimmung zuweist. Europäische Ideale von sozialer Gerechtigkeit oder der Wunsch nach einer eigenen Biographie spielen in den hiesigen Wertvorstellungen nur eine sehr untergeordnete Rolle. Der einzelne Mensch ist gefordert, sein Schicksal anzunehmen und die Bestimmung des anderen zu respektieren.

So hatte ich nach einigen Tagen in Doha einen guten Draht zu Mister Khan aus Pakistan, einem der Türsteher im Sheraton, die gekleidet sind wie indische Maharadschas. Seine Aufgabe ist es, den ankommenden Fahrzeugen die Tür zu öffnen und dem aussteigenden Gast ein Lächeln zu schenken, das ihn willkommen heißen soll in der schönen Welt steriler Geschäftigkeit. Einmal frage ich ihn, ob er denn nicht die Lust verspüre, einem Ölscheich die Tür ins Kreuz zu werfen.

»Aber warum? Er Muslim, ich Muslim. Wir Brüder.«

Na ja, schön. Und was spricht dagegen, einem selbstgefälligen Europäer gegen das Schienbein zu treten?

Mister Khan hat mich angesehen mit diesem merkwürdigen Blick, den tolerante Menschen für Geistesgestörte reserviert halten. Ich hätte ihm genausogut vorschlagen können, zur Abwechslung auf Lederhosen umzusteigen.

Gottes Wille als ewige Konstante menschlichen Daseins erklärt sicher auch Mohammeds neidlose Bewunderung, mit der er mir die Villen der Superreichen zeigt, die fast schon Paläste sind und in den meisten Fällen Geschäftsleuten aus der weitläufigen Herrscher-Dynastie der Al Thani gehören. Im Telefonbuch von Doha finden sich etwa 250 Eintragungen unter diesem Namen, und die Gesamtzahl der Angehörigen dieses größten Familienclans in Katar dürfte mehrere Tausend betragen. Mohammed käme es nie in den Sinn, sein Leben mit ihrem zu vergleichen und sich als Verlierer zu fühlen. Die Dinge sind nun einmal, wie sie sind, Gott sei gepriesen.

Immerhin geht es Mohammed nicht schlecht. Fünfundzwanzig Jahre hat er im Ministerium für Wasserfragen gearbeitet und bezieht dafür eine Rente von monatlich 7500 Mark. Hinzu kommt, was er als Fahrer verdient, sowie einige tausend Mark an Mieteinkünften. Für katarische Verhältnisse ist das Mittelschicht. Das Leben ist teuer am Golf, und Mohammed versichert, daß seine Einkünfte gerade reichen, um seine gewiß nicht kleine Familie zu finanzieren. Außerdem die Autos, die Hausangestellten und den einen oder anderen Spleen.

»Früher, wenn Besuch kam oder es etwas zu feiern gab, haben wir selber gekocht«, sagt Mohammed und meint in erster Linie seine Frauen. »Heute rufen wir im Sheraton an und lassen uns das Essen bringen. Das hat es doch früher nicht gegeben. Das Leben war viel einfacher und übersichtlicher. Vor dreißig Jahren bin ich in fünf Minuten durch die Stadt gefahren. Es gab drei oder vier Straßen. Gewohnt haben wir in Lehmhäusern oder Basthütten, die dicht nebeneinander standen. Wir hatten keinen Strom und kein fließendes Wasser. Getrunken haben wir aus Lehmkrügen. Mit einem Becher, der durch das eigene Gewand gefiltert wurde. Um den gröbsten

Dreck aufzufangen. Und heute trinke ich meinen Tee nicht mehr, wenn auch nur eine Fliege in der Nähe ist.«

Geblieben aus der alten Zeit sind Grundriß und Anlage der Häuser, die sich in allen sozialen Schichten und quer durch die Golfstaaten bemerkenswert ähneln. Das oberste architektonische Gebot ist die Wahrung der Privatsphäre. Um jeden Einblick zu verhindern, sind die zwei- bis viergeschossigen Häuser umgeben von einer wenigstens mannshohen Mauer. Zwischen Haus und Mauer liegt in der Regel ein weitläufiger Hof, den reiche Katarer gerne als großzügige Gartenanlage gestalten, inklusive Swimmingpool. Die Wohnviertel der Katarer sind überwiegend in den Außenbezirken Dohas angesiedelt, jenseits der dritten Ringstraße, während in den Hochhäusern im Zentrum fast ausschließlich Arbeitsmigranten leben. In ihrer weitläufigen Einförmigkeit erinnern diese Wohnviertel an die normierte Langeweile amerikanischer Vorstädte; endlos reiht sich Haus an Haus und Mauer an Mauer. Die rigorose Abgrenzung der Privatsphäre ist durchaus erstaunlich, denn häufig sind die Nachbarn Familienangehörige. Ganze Straßenzüge und sogar Stadtteile lassen sich einzelnen Clans zuordnen: Al Murrah zum Beispiel heißt ein Viertel, in dem überwiegend Angehörige der gleichnamigen Sippe wohnen – ursprünglich ein Stamm aus Saudi-Arabien. Al Nagma heißt ein anderer Stadtteil, ebenfalls benannt nach dem dominanten Clan – eine ursprünglich persische Handelsfamilie.

Im Gegensatz zur traditionellen arabischen Stadt sind in Doha – in der Golfregion allgemein – die Wohn- und Geschäftsbereiche getrennt angelegt. Anstelle von Basarstraßen gibt es Handelskontore, eine Kreuzung aus Lagerhalle und Supermarkt, die jeweils nur eine Ware anbieten: Fisch, Fleisch, Gemüse oder Obst. Diese Handelskontore liegen alle außerhalb des eigentlichen Zentrums, jenseits der ersten Ringstraße. Dadurch verringern sich die Gewerbemieten, andererseits haben die Stadtplaner bewußt das Ordnungsprinzip des Basars erhalten.

Im klassischen Basar verlaufen die Straßen sternförmig in Richtung auf eine Moschee im Zentrum, wobei mit wachsender Nähe zum Gotteshaus auch die soziale Wertschätzung der

angebotenen Waren zunimmt. In unmittelbarer Nachbar-
schaft der Moschee finden sich beispielsweise Gold- und
Tuchhändler und vor allem religiöse Buchläden, während der
Handel mit Unreinem und Profanem – Produkten aus
Schlachtung und Gerberei vor allem – in die Außenbezirke
verbannt ist.

Die Scharia Muschairab allerdings, die Hauptgeschäfts-
straße in Doha, endet nicht etwa an einer Moschee, sondern
im Banken- und Verwaltungsviertel unweit des Herrscherpalastes. Nicht Gold und Tuche, geschweige denn Bücher, be-
stimmen hier das Angebot, sondern Produkte der Unterhal-
tungsindustrie, Konsumgüter des gehobenen Bedarfs, von der
Schweizer Uhr bis zur Luxuslimousine. Die Scharia Muschairab liest sich in ihren Trademarks und Werbe-Ikonen wie ein
Who is who japanischer und amerikanischer High technology,
wobei es niemanden zu stören scheint, daß die wenigen arabischen Schriftzüge fast schon den Charakter einer kodierten
Botschaft haben, ein diskreter Service vergleichbar der Blin-
denschrift.

Vor dem Öl war die Perlenfischerei das große Geschäft am
Golf, bis japanische Zuchtperlen in den dreißiger Jahren den
Markt ruinierten. 1917 schrieb die britische Admiralität: »Der
wichtigste Berufszweig in Katar ist die Perlenfischerei, in der
fast die gesamte männliche Bevölkerung beschäftigt ist. In ei-
nigen Teilen des Landes spielt die Kamelzucht eine gewisse
Rolle. Aber im wesentlichen ist das Wirtschaftsleben maritim:
Die Männer leben vom Meer und einen großen Teil des Jahres
auf dem Meer. Die Städte und Dörfer sind dementsprechend
in Richtung Meer gebaut, mit dem Rücken zur unwirtlichen
Wüste. Landwirtschaft wird kaum betrieben, und die Palmen-
haine zur Dattelproduktion beschränken sich auf ein halbes
Dutzend Dörfer. Die Boote für die Perlenfischerei werden von
Handwerkern aus Bahrein und Persien gebaut, Perlen sind nahezu das einzige Exportgut. Allerdings war bis vor kurzem
der Waffenhandel ein profitables Geschäft.«

Die Perlensaison dauerte von Mitte April bis Mitte Okto-
ber, meistens blieben die Perlenboote wochenlang auf See, ge-

steuert von Kapitänen, die ohne Kompaß oder Karte navigierten. Dennoch fanden sie die Perlenbänke mit erstaunlicher Sicherheit, orientierten sich an der Sonne oder den Sternen, an der Farbe des Wassers, an markanten Punkten auf dem Festland.

Die Arbeit der Taucher war hart und gefährlich, viele erblindeten aufgrund des Salzwassers oder wurden taub, als Folge des Wasserdrucks. Nicht selten gab es Unfälle mit Haien, Sägefischen oder Rochen.

Die tägliche Routine begann eine Stunde nach Sonnenaufgang und endete eine Stunde vor Sonnenuntergang. Nach dem Morgengebet und vor dem ersten Tauchgang öffneten die Männer die am Vortag eingesammelten Austern. Für besonders große Perlen erhielten sie eine Prämie vom Kapitän, der als »Perlenmeister« (*nakhuda*) für den Fang verantwortlich war. Anschließend gab es ein leichtes Frühstück, Datteln und Kaffee, dann gingen die Taucher ans Werk. Ausgerüstet mit einer Baumwollbadehose, Lederhandschuhen als Fingerschutz, einer Nasenklammer aus Horn und einem kleinen Messer zum Schneiden der Austern ließen sie sich, um den Bauch ein Seil befestigt, mit Hilfe von Gewichten in die Tiefe fallen, zehn bis fünfzehn Meter in der Regel, manchmal bis zu fünfundzwanzig Meter. Am Boden angelangt, sammelten die Taucher in größter Eile so viele Austern wie nur möglich (in kleinen, eigens angefertigten Netzen) und ließen sich, nach maximal zwei Minuten, von ihren Helfern an Bord nach oben ziehen. Bei ruhigem Wetter schafften die Männer bis zu fünfzig Tauchgänge. Zwischendurch ruhten sie sich immer wieder aus, lehnten sich in charakteristischer Pose über ein Hanfseil, das an der Seite des Bootes befestigt war. An Bord gingen die Taucher tagsüber nicht mehr, abgesehen von einer kurzen Mittagspause.

Die anstrengende Arbeit wurde erleichtert durch Musik und Gesang, die rhythmischen Schläge der Handtrommeln, *ghalah* oder *tabl* genannt. Jede Schiffsbesatzung hatte einen eigenen Vorsänger (*nahham*), der den Ton angab und als Dirigent wirkte, wobei die einzelnen Arbeitsgänge ihre jeweils eigenen Gesänge hatten – das Lichten des Ankers ebenso wie etwa das Hissen der Segel. Wieder andere Melodien begleiteten den frühmorgendlichen Einstieg der Taucher ins Wasser. Die Mannschaft war in zwei Schichten eingeteilt, die sich täglich abwechselten: Während die eine Hälfte arbeitete, machte die andere Musik und sorgte für Entspannung. Auf größeren Perlenbooten war der Vorsänger von der körperlichen Arbeit freigestellt und konnte sich ganz seinen musikalischen Aufgaben widmen.

Nach dem Abendgebet gab es die Hauptmahlzeit: Fisch, Datteln und Reis. Danach entspannte die Besatzung bei Kaffee und Zigaretten oder besuchte ein in der Nähe ankerndes Boot. Zu ernsthaften Streitigkeiten kam es nur selten, in der Perlensaison galt eine Art Waffenstillstand. Es war nicht ungewöhnlich, daß normalerweise verfeindete Stämme Seite an Seite vor Anker gingen.

Die soziale Ordnung am Golf war relativ kohärent, bis der britische Kolonialismus im 19. Jahrhundert die Verhältnisse veränderte und insbesondere schwelende Stammesrivalitäten förderte. Ursprünglich gab es drei soziale Gruppen am Golf, zwei seßhafte und eine nomadische. Eine seßhafte Gruppe lebte in den vereinzelten Oasen am östlichen Rand der arabischen Halbinsel, etwa in der Buraimi-Oase im heutigen Grenzgebiet von Oman und den Vereinigten Arabischen Emiraten. Die Bewohner dieser Oasen waren weitgehend Selbstversorger; sie lebten von dem, was der Boden hergab, an Landwirtschaft und Tierhaltung ermöglichte.

Die andere seßhafte Gruppe führte ein überwiegend ärmliches Leben in kleinstädtischen Siedlungen wie Kuwait, Doha oder Dubai, wirtschaftlich abhängig von der Perlenfischerei. Obwohl die Wege der Perlenhändler bis nach Indien und Ostafrika reichten – von dort wurden in umgekehrter Richtung Stoffe und Gewürze importiert –, beschränkte sich der Handel im übrigen auf das angrenzende Hinterland. Auch der Fischfang diente überwiegend der Eigenversorgung.

Die Beduinen waren die nomadische Komponente in der damaligen Bevölkerungsstruktur. Sie führten ein hartes Leben in der Wüste, immer auf der Suche nach Weide und Wasser für ihre Kamelherden. Weil die Wüste allein sie nicht ernährte, arbeiteten die meisten Beduinen halbjährig in der Perlenfischerei, als Taucher – beheimatet in zwei extremen Elementen, die gegensätzlicher kaum denkbar wären. Nicht selten ließen sie sich in den Küstensiedlungen nieder und vermischten sich durch Heirat mit der einheimischen Bevölkerung.

Allgemein verliefen die sozialen Grenzen fließend, vor allem deswegen, weil die einzelnen Gruppen ihre gemeinsame Wurzel in der Stammesgesellschaft hatten. Der Stamm wiederum untergliedert sich in eine Vielzahl von Großfamilien – Großeltern, Eltern, Kinder und Enkel –, die ihrerseits eingebunden sind in weitläufige verwandtschaftliche Strukturen. Der Familienclan wirkte als Rückgrat der Ökonomie, er besaß die Produktionsmittel – ein Stück Land, ein Geschäft, Anteile an einem Perlenschiff –, und gleichzeitig stellten seine Angehörigen den größten Teil der benötigten Arbeitskräfte. Das Familienoberhaupt, in der Regel der erwerbstätige Vater, genoß absolute Autorität und unbeschränkte Verfügungsgewalt über die einzelnen Mitglieder seiner Familie. In den Augen der Gesellschaft war er – und ist er überwiegend noch immer – verantwortlich für den Lebensunterhalt seiner Familie und deren untadeligen Ruf, der sich insbesondere aus der Bewahrung und Beibehaltung islamischer Werte und Lebensformen ergibt. Die Herkunft des Mannes wiederum entscheidet über den sozialen Leumund und den gesellschaftlichen Status seiner Familie: Je enger die Blutsbande, die ihn mit einem angesehenen Stamm verbinden, desto größer das Ansehen, das er genießt – und mit ihm seine Familie. Stammesgenealogien und die damit einhergehenden Mythen und Legenden sind so sehr Bestandteil allgemeiner Volkskultur, daß verwandtschaftliche Beziehungen wie ein religiöses Dogma wirken. Der familiäre Stammbaum legt schon mit der Geburt den Werdegang und den künftigen Platz im Leben weitgehend fest.

Die rigorose patriarchalische Moral wies der Frau einen Platz außerhalb des öffentlichen Lebens zu. Ihre Domänen waren dementsprechend der Haushalt, die Erziehung der Kinder, die Versorgung des Mannes. In der Regel fügte sie sich in die vermeintlich gottgewollten Traditionen, in die Rolle einer

Dienerin des Mannes. Die Unabänderlichkeit ihres Lebens bewirkte häufig eine vertiefte Religiosität, und man sah es als Ausdruck höchster Tugendhaftigkeit, wenn die älteste und damit angesehenste Frau im Haus auf die Einhaltung der religiösen Gebote achtete, zum Beispiel im Fastenmonat Ramadan die Lebensmittel unzugänglich aufbewahrte. Die Familie war die kleinste gesellschaftliche Einheit, weder Mann noch Frau hatten eine individuelle Identität außerhalb der Familie, zu der sie gehörten. Und daran hat sich im Grunde nichts geändert, weder durch die Präsenz der britischen Kolonialmacht am Golf noch als Folge des Ölbooms.

Das britische Interesse am Golf beschränkte sich anfänglich auf die Sicherung des Seeweges zwischen Indien und Mesopotamien, wo die Überlandroute zum Mittelmeer begann. Außerdem suchten die Engländer neue Absatzmärkte für heimische Textilien und Kolonialwaren aus Bombay. Die Golfregion war damals, im späten 18. Jahrhundert, nicht ganz ungefährlich, zwischen Katar und dem Golf von Hormuz galt sie als Piratenküste. Die allgemeine Unsicherheit ergab sich aus den politischen Verhältnissen: Es fehlte eine starke Zentralmacht, die für Ordnung hätte sorgen können. Stammesrivalitäten führten häufig zu lang anhaltenden Kriegen, und eine Form der Kriegsführung war die Seeräuberei, mit der man den Gegner wirtschaftlich zu ruinieren versuchte. Als nun auch britische Handelsschiffe zunehmend Opfer der Piraten wurden, reagierten die Engländer mit mehreren Strafexpeditionen und zerstörten 1818 die wichtigste Fluchtburg der Freibeuter, Ras al-Khaimah, eine Stadt an der Ostküste der Vereinigten Arabischen Emirate, die zu der Zeit das wirtschaftliche Zentrum der Golfregion war. Daraufhin arrangierte Großbritannien einen zunächst befristeten Waffenstillstand, der 1853 von den beteiligten Stämmen dauerhaft verlängert wurde. Die entstehende britische Dominanz wurde in weiteren Verträgen mit den sogenannten *Trucial States*, den Scheichtümern der Piratenküste, gefestigt und erweitert, indem London die Außenpolitik und Verteidigung dieser Emirate übernahm, vor allem aber sich selber das Handelsmonopol in der gesamten Golfregion einräumen ließ. Der Handel mit anderen europäischen

Staaten wurde den Scheichtümern untersagt. Dieses Monopol sollte sich vor allem bei der Vergabe der ersten Ölkonzessionen nach dem Ersten Weltkrieg auszahlen.

Die britische Vertragspolitik, in der Regel gepaart mit militärischem Druck, erhob bewußt einzelne Stammesführer in den Rang unabhängiger Souveräne, die sie ursprünglich nicht oder doch nur in sehr viel begrenzterem Maße waren. Diese wenig subtile Variante kolonialen Teilens und Herrschens förderte bestehende Differenzen und Stammesrivalitäten; mit der Folge, daß sich einzelne Territorien von anderen abgrenzten und traditionelle Handelswege unversehens unterbrochen waren. Die ursprüngliche Bewegungsfreiheit von Menschen und Waren in der Golfregion wurde mehr und mehr eingeschränkt, vor allem nach der Entdeckung des Öls und endgültig mit der staatlichen Unabhängigkeit der Golfstaaten in den sechziger und siebziger Jahren. Großbritannien profitierte von dieser Entwicklung, weil die politische Fragmentierung und der allmähliche Zusammenbruch historisch gewachsener Wirtschaftsbeziehungen die Abhängigkeit vom kolonialen Zentrum vertiefte.

Auch in Katar wirkten die Briten als Königsmacher. Über die Herkunft der dortigen Al Thani-Dynastie ist wenig bekannt, abgesehen davon, daß der Clan im späten 17. oder frühen 18. Jahrhundert aus Zentralarabien nach Katar emigrierte. 1868 kam es zu einem Überfall katarischer Stämme auf das benachbarte Bahrein, bei dem über tausend Menschen getötet und sechshundert Schiffe zerstört wurden. Besorgt über diese flagrante Verletzung des maritimen Friedens im Golf, schickte London eine Delegation nach Katar, die mit den Stämmen einen Friedensvertrag aushandeln sollte. So geschah es, und dieser Vertrag gilt gemeinhin als Geburtsurkunde Katars, das die Briten bislang als eine Dependance Bahreins angesehen hatten. Gleichzeitig wurde der unterzeichnende Sheikh, Mohammed Al Thani, politisch aufgewertet – ein Mann nicht ohne Einfluß in Bida, heute ein Stadtteil Dohas, der aber bis zu seiner Unterschrift nur einer von mehreren Stammesführern mit vergleichbarem Einfluß war.

Allerdings währte das Glück britischer Anerkennung nicht

lange. Das politische Umfeld änderte sich einmal mehr, als das Osmanische Reich 1871 Truppen nach Katar entsandte, um den britischen Einfluß zurückzudrängen. Ohne Erfolg, doch Mohammed Al Thanis Sohn Qasim, der von 1876 bis 1913 regierte, nutzte das Kräftefeld osmanisch-britischer Divergenzen, um seine Macht in Katar auszubauen. Durch die wohlinszenierte Ausweisung indischer Händler aus Doha, allesamt lästige Konkurrenten der Al Thani im Perlen- und Dattelgeschäft, entstand ein wirtschaftliches Vakuum, das überwiegend von Angehörigen des herrschenden Clans gefüllt wurde. Der Reichtum wuchs, und mit ihm die Streitigkeiten innerhalb der Familie über die Verteilung der Gelder — eine Konstante katarischer Politik bis in die Gegenwart. Nach dem Tod Qasims wurde sein vierter Sohn Abdallah Emir von Katar, der Großvater des heutigen Herrschers Khalifa. Abdallah starb 1948, und die Legende besagt, er habe sein ganzes Leben dem Studium des Korans gewidmet. Dermaßen fromm sei er gewesen, daß er das damals einzige Auto Katars als fahrenden Gebetssalon benutzte, immerfort in die Lektüre des Heiligen Buches vertieft, mochten die Fahrten auch noch so kurz sein. Im Nationalmuseum von Doha sind einige Photographien Abdallahs aufbewahrt: ein alter Mann, der sich auf einen Stock stützt. Auffallend sind das schmale Gesicht und die wachen Augen, die runde Brille. Diese Entrücktheit von der Welt, wie sie die Haltung und der fragende Blick signalisieren. Mein erster Eindruck war, und er verflog auch nicht nach längerem Hinsehen: Abdallah sieht tatsächlich aus wie das Alter ego von John Lennon.

Vielleicht war Mohammed Nabil Zakki in einem früheren Leben Schauspieler, festgelegt auf Statistenrollen in mittelmäßigen Spielfilmen. Grenzenlos ist sein Verständnis für alles und jedes, für die irdische wie für die kosmische Ordnung, auch für sein eigenes Leben auf Abruf. Würde er nur einmal ironisch lächeln, wäre da eine einzige zweideutige Geste, man könnte ihn für einen Überlebenskünstler halten, der seine Selbstverleugnung inszeniert, um die Wirklichkeit an sich abprallen zu lassen. Aber er ist kein Künstler, er ist eine Charge, die an die Rolle glaubt, die sie spielt. Es ist eine der traurigsten Rollen, die das Leben bereithält, weil sie keinen Ausweg weiß aus ihrer selbstgewählten Unterwürfigkeit, die weder Anerkennung noch Respekt verlangt. Aus diesem Grund wirkt auch seine Kleidung schäbig – nicht wegen der anzunehmenden Mittellosigkeit des Sekretärs, die ein würdevolles Auftreten übersehen ließe. Er trägt einen schlecht genähten Anzug, ein rosafarbenes Hemd mit dem überdimensionierten Kragen der siebziger Jahre, in der Mitte geteilt von einer grellen Krawatte, die farblich zwischen gelb und grün liegen dürfte. Mir kommt es vor wie die äußere Fortschreibung eines diffusen inneren Unbehagens, das in dieser Geschmacklosigkeit um Vergebung sucht.

»Wenn ich aber aus Ägypten komme und in Doha arbeite, dann bin ich Gast in diesem Land. So ist das doch. Oder etwa nicht.«

Er mustert mich und schweigt, bis ich mich als Echo betätige.

»Katar gehört nun mal den Katarern. Es ist ihr Land. Nicht mein Land. Auch wenn ich hier seit zwanzig Jahren arbeite. Es ist ihr Land. Und wenn irgendwann ein Katarer kommt und sagt: Steh auf, ich mache jetzt deine Arbeit – nun, dann stehe ich auf und mache ihm Platz. Er kann verlangen, was er will. Es ist sein Land.«

»Und was wird aus Ihnen? Wovon wollen Sie leben?«

»Ich werde ihn fragen, ob er einen Chauffeur braucht. Oder einen Gärtner. Oder einen Koch. Irgendwas.«

Der ägyptische Sekretär rückt mit dem rechten Mittelfinger die Hornbrille zurecht und ruft nach einem Laufburschen, der uns wenig später Tee und Kaffee bringt. Wir reden über Kairo und allerlei Unverfängliches, er versucht die Zeit zu überbrükken, ohne sich eine Blöße zu geben. Mohammed Nabil Zakki ist verantwortlich für »allgemeine Beziehungen« der Universität Doha, eine vornehme Allerweltsbezeichnung, die in erster Linie Zeitungslektüre, gelegentliche Sitzungen und häufige Telefonate umschreibt, deren Dramaturgie einem festgelegten Schema folgt.

»Sie wollen einen Termin beim Rektor der Universität? Herzlich willkommen, aber Herr Ghulum ist beschäftigt.

Auch morgen noch, jawohl. Und die ganze nächste Woche. Anschließend fliegt er in die USA. Vielleicht versuchen Sie es im nächsten Monat.

Eine Nachricht hinterlegen? Unmöglich, ich bin beschäftigt.

Aber bitte sehr. Keine Ursache. Gerne doch geschehen. Gott verlängere Ihr Leben, mein Herr.«

Allgemeine Beziehungen. Ein unberechenbarer Virus arabischer Bürokratie. Leute von Bedeutung haben die Durchwahl des Rektors. Alle anderen landen bei Herrn Zakki und seinen Tausenden und Abertausenden von Kollegen in den labyrinthischen Verirrungen unergründlicher Verwaltung, Satelliten hierarchisierter Netzwerke, die im wesentlichen sich selber genügen – eine moderne Fassade, hinter der nach traditionellen Mustern Stammes- und Klientelpolitik betrieben wird. In den unteren und mittleren Etagen arbeiten in Katar und den anderen Ländern am Golf häufig Ägypter, Libanesen oder Palästinenser. Sie werden allerdings nach und nach von Einheimischen ersetzt.

Ich warte auf Mohammed Abdallah Qutba, einen der führenden Dichter des Landes, hauptberuflich Dozent für englische Literatur. Er meldet sich über Autotelefon und teilt mit, daß er sich verspäten werde. Er finde keinen Parkplatz. Die Universität von Doha verfügt über mindestens eintausend ausgewiesene Parkplätze, aber was will das heißen bei sechstausendfünfhundert Studenten, die fast ausnahmslos in Luxuslimousinen erscheinen. Die wenigen Kleinwagen auf dem Campus gehören ausländischen Dozenten aus den arabischen Armuts- und Katastrophenländern.

Mohammed Nabil Zakki sitzt kerzengerade auf seinem hölzernen Drehstuhl und löst Kreuzworträtsel. Aus dem Flur dringt ein gedämpftes Stimmengewirr in sein Totenreich, die Klimaanlage surrt, eine Fliege sucht Zucker auf dem Teelöffel. Ein Hauch von High-noon liegt in der Luft; schier unfaßbar, daß die Tür nicht aus den Angeln springt und eine göttliche Faust dieser Blasphemie ein Ende bereitet.

Die Tür springt auf, und Mohammed Abdallah Qutba entbietet den Friedensgruß. Der Mann sieht gut aus, ein arabischer Robert Redford mit Dreitagebart, die Zierde des gläubigen Muslim. Er hat eine sehr angenehme, warmherzige Stimme und kommt ohne Umschweife zur Sache. Mit acht Jahren habe er die Hälfte des Korans auswendig gelernt und seine Liebe zum geschriebenen Wort entdeckt. Gute und glaubwürdige Dichtung müsse die klare und unverfälschte Sprache des Korans in die Gegenwart übertragen und gegen die Schnelllebigkeit unserer Zeit bewahren.

»Mit acht Jahren die Hälfte des Korans!« ruft Mohammed Nabil Zakki. »Bruder Mohammed, der deutsche Kollege hat mich vorhin gefragt, ob ich meine Stellung an einen katarischen Bürger verlieren könnte, Gott segne dieses Land und seine Bewohner. Gäbe es aber eine größere Ehre, als den eigenen Schreibtisch einem gottesfürchtigen Menschen zu überlassen, der die Mutter der Bücher auswendig herzusagen versteht?«

Der Sekretär wirft triumphierende Blicke in die Runde, während er eine Zigarette aus dem Anzug zieht. Seine Strategie ist menschlich. Vorauseilender Gehorsam soll die Machtverhältnisse lindern. Wer so fromm daherredet, dem wird man schon nicht den Stuhl vor die Tür setzen.

»Gott segne deine Worte«, erwidert Mohammed Abdallah Qutba mit einem gewissen Gleichmut und fährt fort. »Die meisten Dichter am Golf befassen sich mit dem Islam und der beduinischen Tradition. Es gibt aber auch eine national gesinnte, patriotische Dichtung.«

»Und wo ist das Erneuernde, das Subversive, das Utopische?« erkundige ich mich.

»Unsere Utopie ist der Islam. Der Koran beantwortet die Fragen des Lebens. Deswegen bin ich gegen die moderne Dichtung, die Verwirrung stiftet und keine Antworten kennt.«

»Hält denn das Leben eine Antwort auf sämtliche Fragen bereit?«

»Das Leben selbst ist ohne Bedeutung, solange sich der Mensch nicht dem Willen Gottes unterwirft.« Mohammed Abdallah Qutba redet ruhig und bedächtig, er meint jedes Wort, das er sagt, und ich möchte liebend gerne wissen, ob er sich jemals existentiellen Zweifeln ausgesetzt sieht. Auch die

Gottesliebe hat bekanntlich ihre Versuchungen, wie uns schon Simeon lehrte, der Säulenheilige.

Was er denn von Adonis halte, dem größten zeitgenössischen arabischen Dichter, einem Syrer in Paris, der die Welt radikal in Frage stellt und deswegen in konservativ-islamischen Kreisen als Häretiker gilt. Aus seiner Feder stammen Aphorismen wie diese:

Ich bitte den Wolf
den Spiegel zu reinigen
der Schafe, die ihr Ebenbild verloren.

Worte in Wolken
entströmen dem Kadaver
der Propheten
und kehren zurück
in den Himmel.

»Was denkt sich der Mann bloß?« bemerkt der ägyptische Sekretär ärgerlich und versenkt seine Zigarette in einer kalt gewordenen Tasse Tee. »Einfach irgendwas schreiben, so geht das doch nicht.«

»Adonis ist ein Sprachkünstler«, sagt Mohammed Abdallah Qutba. »Aber warum Worte wie ›Kadaver der Propheten‹? Warum die Religion angreifen und herabwürdigen, die Tradition und das Vertraute? Sehen Sie, ich kenne europäische Dichtung und Literatur. Ich lese mit meinen Studenten Edgar Allan Poe, Walt Whitman, T.S. Eliots *Das wüste Land*. Was aber hat deren freies und ungezügeltes Denken Europa oder Amerika gebracht? In meinen Augen Entwurzelung und Zügellosigkeit, Alkoholismus und Drogensucht, die Relativierung jeglicher Moral.«

Er hat eine sehr sanfte Art zu reden, fern jeder Polemik oder Demagogie. Seine Hände zeichnen Ringe oder graphische Figuren in die Luft, ausgewogen und unaufdringlich dosiert er seinen Blickkontakt, mal dem ägyptischen Sekretär zugeneigt, der unaufhörlich Zustimmung signalisiert, dann wieder mir zugewandt, bis auch ich mich dabei ertappe, unwillkürlich zu nicken. Der katarische Dichter bestimmt das Gespräch, er stiftet Konsens durch sein angenehmes Wesen, das mich zeitweise aus der Bahn wirft.

»Aber Sie wollen doch nicht behaupten, daß die Sinnkrise der westlichen Gesellschaften ausgelöst würde durch eine Literatur, die nicht länger an Gott glaubt.«

»Wenn das Denken beschädigt ist und die Sprache verwirrt, dann verlieren die Menschen den Weg zu Gott. Wir haben von den Fehlern des Westens gelernt. Wir wollen Technik und Fortschritt, aber keine Gottlosigkeit, keine säkulare Gesellschaft, in der jeder gegen jeden kämpft und Geld der einzige Maßstab ist.«

Ich gebe mich geschlagen und spüre gleichzeitig, wie die wohlige Geborgenheit des Augenblicks einem Gefühl inneren Unbehagens weicht. Ich erkenne in diesem Moment meine eigene Anfälligkeit für geschlossene Weltbilder, die Harmonie und Idylle versprechen. Offenbar reicht schon ein charismatischer Wille, um historische Kausalitäten hinwegzufegen. Für solche vergleichsweise schlichten Einsichten bedarf es keiner Reise in den Orient, aber die Perspektive des anderen Blicks hilft ohne Zweifel, sich selber zu befragen.

Mohammed Abdallah Qutba lädt mich ein zu einem Rundgang über den Campus. Die Gebäude sind futuristisch gestylte Betonwürfel, die an Bienenwaben erinnern. Postmoderne in der flirrenden Hitze der Wüste. Ein merkwürdiger Kontrast zum allgemein vorherrschenden Konservatismus. »Männer und Frauen«, sagt mein katarischer Freund, »werden getrennt unterrichtet. Die Würde der Frau verbietet es, in der Öffentlichkeit Männern zu begegnen.« Aus diesem Grund gibt es in jeder Fakultät zwei Abteilungen, eine für Männer, die andere für Frauen. Das führt zu merkwürdigen Verrenkungen, besonders in der Bibliothek, die an geraden Wochentagen von Studenten genutzt wird, an ungeraden von Studentinnen.

»Und wie finden Sie hier die Frau fürs Leben?«

»Das regelt der Vater, in Übereinstimmung mit der Familie.«

Wir besuchen Mohammed Ali Qubaisi, Sekretär für studentische Angelegenheiten, ein Mann um die vierzig, der gleichzeitig telefoniert, raucht, eine Sitzung leitet und meine Fragen beantwortet. Nein, natürlich sei er kein Student mehr. »Studenten sind jung und unerfahren. Was wollen sie sich mit Verwaltung befassen. Sie sollen ja lernen.«

»Gibt es in Katar keine Studentenbewegung?«

»Nein, es hat doch jeder ein Auto.«

»Ich meine politische Arbeit. Parteien, Hochschulgruppen, studentische Initiativen.«

Allgemeine Heiterkeit und Stühlerücken. Offenbar sorge ich ungewollt für Unterhaltung. Mohammed Ali Qubaisi legt Hörer und Stift beiseite, setzt sich in Pose und legt los.

»Mein lieber Freund. Jeder Student an dieser Universität findet nach seinem Examen einen bestens dotierten Job. Die Regierung schenkt ihm ein Stück Land, um sich darauf ein Haus zu bauen. Ein Haus kostet Geld. Kein Problem. Die Regierung schenkt ihm sechshunderttausend Rial.« Das sind dreihunderttausend Mark. »Wir zahlen keine Steuern, Strom und Wasser sind kostenlos. Eine Krankenversicherung brauchen wir nicht, die Regierung zahlt. Und wenn unsere Ärzte nicht weiter wissen, schickt man uns nach Europa oder Amerika ins Krankenhaus. Die Regierung zahlt, nicht nur für den Kranken, auch für die mitreisenden Familienangehörigen. Wofür brauchen wir Parteien? Wir haben alles, was wir brauchen.«

»In vierzig Jahren ist das Öl alle.«

»Danach verkaufen wir Erdgas. Das reicht noch vierhundert Jahre.«

Ich wende ein, daß der Mensch nicht vom Brot allein lebe, und erhalte unisono die Antwort: Islam. Ein schönes Ende, wie im Märchen. Ich bedanke mich für den Tee, und mein Begleiter, der Dichter, zeigt mir das Hauptgebäude der Universität. Es erinnert an die Lobby eines luxuriösen Hotels, die Atmosphäre ist gedämpft und gediegen. Interessant sind die kleineren Räume neben der Bankfiliale. Jeder Student hat hier die Möglichkeit, Fotoapparate oder Filmkameras, moderne und klassische Musikinstrumente, von der Laute bis zur elektrischen Gitarre, aber auch Malutensilien jedweder Art, bis hin zur aufwendigen Leinwand, kostenlos auszuleihen oder vor Ort zu benutzen. Auch für Sportler ist gesorgt. Am Rande des Universitätsgeländes finden sich ein Schwimmbecken, fünfzig Meter lang und zwölf Bahnen breit, sowie diverse Fitneß-Studios inklusive Sauna. Für die weniger Aktiven gibt es hinlänglich Videospiele im hauseigenen Computerzentrum. Der Maßstab allerdings ist streng, der hauseigene Sozialismus beschränkt sich auf Vermögende und Millionäre. Von wenigen Ausnahmen abgesehen studieren hier keine Araber aus Armutsländern.

In der Cafeteria bedienen Inder und Pakistani die Studenten, alle sind etwa im selben Alter. An der Kasse verfolge ich den Dialog zweier Katarer, die offenbar Landwirtschaft studieren. Der eine klagt, sein ägyptischer Dozent habe von ihm verlangt, einen Traktor zu besteigen. »Wer bin ich denn? Wir haben sechzig Angestellte. Warum soll ich deren Arbeit machen?«

Drei schwergewichtige Sudanesinnen sitzen an der Rezeption und hören BBC. Es geht zu wie in einer Schaltzentrale, in der die Angestellten den Stromkreis ersetzen. In den Fluren ein endloses Kommen und Gehen, neben der Pförtnerloge erbricht ein Nachrichtenticker gewaltige Papiermassen, die ein dunkelhäutiger Bengale sammelt und sortiert. Am Fahrstuhl in die Chefetage mahnt ein fluoreszierender Aufkleber: Versäume nicht, an Gott zu denken. Laufburschen tragen Tabletts mit Tee und Kaffee, balancieren gewaltige Aktenbündel oder magnetische Aufzeichnungsbänder. Eine Atmosphäre hektischer Betriebsamkeit, in die sich orientalisches Laisser-faire mischt, dieser unwiderstehliche Anflug von Anarchie, der Adrenalin freisetzt und die Sinne beflügelt. Die legeren Umgangsformen sind ein überraschender Gegensatz zu dem martialischen Ambiente des Geländes, das von außen betrachtet ein Atomkraftwerk oder militärisches Sperrgebiet erwarten ließe. Die Angst vor Anschlägen auf das Meinungsmonopol sitzt in geschlossenen Gesellschaften ähnlich tief wie andernorts die Furcht vor dem größten anzunehmenden Unfall.

Und dann eine Begegnung der dritten Art. Ich lerne eine Katarerin kennen, eine leibhaftige Frau aus Katar. Mit allem hatte ich gerechnet, aber damit nicht mehr. Vor lauter Aufregung habe ich ihren Namen vergessen, Layla glaube ich.

»Warum wundert Sie das?« sagt Layla, die ihr schwarzes Kopftuch ähnlich offen trägt wie Benazir Bhutto. »Unsere Gesellschaft ist nicht statisch. Sie entwickelt sich. Vor zehn Jahren haben noch keine einheimischen Frauen im Rundfunk gearbeitet. Heute geht das. Die meisten sind Sekretärinnen, einige machen Programm. Allerdings dürfen sie nicht auf dem Bildschirm erscheinen. Noch nicht. Die Ansagen oder Moderationen machen Frauen aus Libanon oder Palästina.«

Noch vor wenigen Jahren durften Frauen in Katar nicht Auto fahren. »Dann haben sich einige Frauen untereinander abgesprochen und sind einfach losgefahren. Andere Frauen haben das nachgemacht, und irgendwann gehört es zum Alltag, ohne daß sich die Männer groß aufgeregt hätten.«

Layla ist bemerkenswert offen und selbstbewußt. Wir reden über Empfängnisverhütung, die in Katar dem Willen Gottes unterliegt, über die Macht der Männer, die Geduld der Frauen, die Vielehe.

»Wenn Sie Frauen in Katar verstehen wollen, müssen Sie Ihr Denken ändern. In Europa hält man uns für Haremsdamen. Das ist ein Klischee. Wir sind unfrei, aber nicht in jeder Hinsicht unterdrückt. Um unsere Lage zu verändern, müssen wir sehr diplomatisch vorgehen. Jeden Tag eine kleine Forderung mehr. Wichtig ist, daß niemand sein Gesicht verliert. In unserer Gesellschaft vermeidet man laute Worte, den Eklat. Langsam, langsam, aber kontinuierlich. Das ist unser Weg. Und nicht alles ist schlecht bei uns. Ich war in London, ich kenne europäische Frauen. Frauen, die alleine leben und an ihre Karriere denken. Das gefällt mir nicht. Für mich ist die Familie das wichtigste. Und mein Mann ist sehr vernünftig, er hört sich an, was ich zu sagen habe.«

Layla redet mit ihren Händen und Blicken und arrangiert ihr Kopftuch neu und immer wieder neu, während ich mit einem entrückten Lächeln zuhöre und mir überlege, ob sie wohl unter oder schon über dreißig sein mag. Ich habe mich oft gefragt, warum orientalische Frauen eine natürliche Sanftheit und Zärtlichkeit spüren lassen, die in Europa gründlich mißverstanden würde und längst einer reservierten Coolness gewichen ist. Wahrscheinlich hängt es damit zusammen, daß Mißverständnisse im Orient ausgeschlossen sind. Auch die intensivste Begegnung kennt ihre Grenzen, die zu überschreiten für Männer wie Frauen gleichermaßen gefährlich wäre. Man muß lernen, die Poesie der Begegnung in sich aufzunehmen, ohne sie ausleben zu wollen außerhalb der Phantasie.

»Bei uns haben die meisten Männer zwei Frauen. Bis vierzig oder fünfzig sind sie monogam, dann wollen sie eine zweite, jüngere Frau. Ich finde das nicht gut, aber im Laufe der Zeit werden sich die Gewohnheiten ändern. Ich glaube nicht, daß mein Mann eine zweite Frau nehmen wird. In diesem Fall wären wir geschiedene Leute. Irgendwann wird es altmodisch sein, zwei Frauen zu haben, und die Sache erledigt sich von selbst. Ohne große Worte. Wie ist es denn in Europa? Nur eine Ehefrau, schön. Aber jeder Mann kann sich eine Geliebte nehmen.«

»Theoretisch ja.«

»Was heißt theoretisch. Es ist der Alltag. Und selbst wer keine hat, sehnt sich danach. Im Islam gibt es keine Geliebte. Du mußt heiraten, wenn du Seitensprünge willst. Das kostet viel Geld, der Mann muß teuer bezahlen und hat Verpflichtungen.«

Ich hätte mich gerne noch länger mit Layla unterhalten, aber unsere Begegnung ist beendet, als zwei Redakteure das Büro betreten. Von nun an bin ich Luft für Layla, die den Eindruck erweckt, sie lebe für ihre Papiere. Nur einmal noch sieht sie mich kurz an: »Bitte sehr. Der Staatssekretär erwartet Sie.«

Menschen in Katar begegnen heißt, sich von Sitzung zu Sitzung begeben, Tee trinken, palavern, philosophieren. Die eigentlichen Niederungen des Lebens finden sich in einer anderen Wirklichkeit, die von westlichen Ölexperten und asiatischen Gastarbeitern gestaltet wird. Insofern bewege ich mich auf einer kommunikativen Wolke, deren Konturen immer wieder auf uralte Stammesmuster verweisen. Allein die Namen sind bisweilen Programm. Abd ar-Rahman »Sayf al-Madadi« heißt beispielsweise der Intendant, das ist wörtlich »das Konter-Schwert«. Dabei sieht er äußerst friedlich aus, ein jovialer Mann von Anfang fünfzig, dessen freundliche Gesichtszüge den kühlen Technokraten nicht vollständig verbergen.

Die Bezeichnung Intendant ist etwas ungenau, der richtige Titel lautet »Stellvertretender Staatssekretär im Ministerium für Information und Kultur«, sein Arbeitgeber ist die Regierung, deren Weisungen er befolgt. Radio und Fernsehen in Katar sind staatlich gelenkt, wie in den arabischen Ländern üblich. Sayf al-Madadi sieht darin kein Problem, weil der Emir des Landes die Interessen des Volkes vertrete und die Verkörperung seines höchsten Willens sei. Das klingt verdächtig vertraut, ist aber anders gemeint und sicher nicht als verklärende Propaganda zu werten, jedenfalls nicht ausschließlich.

Nach beduinischer Tradition ist der Stammesführer in der Tat verantwortlich für das Wohlergehen der ihm Anvertrauten und ihr höchster Repräsentant, der in der Vergangenheit häufig auch als religiöser Führer wirkte. Hinter den modernen Fassaden ist die Tradition lebendig geblieben, der Staat ist die zeitgenössische Organisationsform des Stammes. Vor fünfzig Jahren wäre Sayf al-Madadi ein tributpflichtiger lokaler Stammesführer gewesen, heute ist er ein weisungsgebundener stellvertretender Staatssekretär.

Der Intendant benennt offen die Tabus der katarischen Medien: keine Kritik am Herrscherhaus, keine Kritik am Islam, keine Kritik an den überlieferten beduinischen Traditionen.

»Wir haben eine andere Vorstellung von Freiheit als Sie in Europa. Sie sind gewohnt zu kritisieren, ohne Lösungen anbieten zu können. Das Ergebnis ist die Verwirrung des Denkens und der Verfall der Moral. Wir sehen die Dinge anders. Wenn es in Katar ein Problem gibt, suchen wir über die Medien den Dialog mit den Verantwortlichen.«

Er nennt als Beispiel eine Radiosendung, wo die Hörer anrufen können, um sich etwa über die langsame Bürokratie zu beschweren. Die Redaktion wende sich daraufhin an den verantwortlichen Beamten, beide Parteien tragen im Radio ihre Standpunkte vor, bis eine Lösung des Problems gefunden sei. Eine Woche später prüft die Redaktion, ob der Beamte tatsächlich im Sinne des Anrufers tätig geworden ist. Wenn nicht, wendet sich Radio Katar an dessen Vorgesetzten.

Auch dieses Verfahren ist eine moderne Variante beduinischer Tradition, nämlich Konsens durch Dialog zu stiften und solange zu verhandeln, bis man den Kontrahenten entweder überzeugt hat oder aber anschließend Krieg gegen ihn führt. Als gesellschaftliche Institution allerdings verliert sich das Palaver nicht selten in einem rhetorischen Ritual, das Höflichkeit und gegenseitige Ehrerbietung höher bewertet als die schonungslose Selbstbefragung. Kritik ist zwar grundsätzlich möglich, aber sie muß einfließen in den allgemein herrschenden Konsens. Ich darf also Versäumnisse des Systems kritisieren, nicht aber das System selber.

Manchmal erscheint die Suche nach Konsens wie die Kehrseite mangelnder Konfliktfähigkeit. So hat Katar seit Jahren Grenzprobleme mit Saudi-Arabien und fürchtet saudische Begehrlichkeiten. Für die Medien ist das kein Thema.

»Wir wollen keine künstlichen Konflikte schaffen«, sagt Sayf al-Madadi.

»Aber die sind doch längst Realität.«

»Die verantwortlichen Politiker werden miteinander reden, bis die anstehenden Probleme gelöst sind. Und danach sind Katar und Saudi-Arabien wie Brüder, noch enger verbunden als bisher.«

Er meint es nicht ironisch. Die öffentliche Meinung unterwirft sich klaren Spielregeln und Weltbildern, auch in Fragen der Moral. Schon die Andeutung eines Kusses wird bei ausländischen Filmen geschnitten.

»Wissen Sie«, sagt Sayf al-Madadi, »wir haben nichts gegen Freizügigkeit und westliche Lebensformen. Aber wir wollen unsere Maßstäbe nicht verlieren.«

Ich stelle meine Lieblingsfrage. »Wie wollen Sie die Traditionen bewahren, wenn doch die Verwestlichung unaufhörlich voranschreitet?«

»Indem ich offen bin für das Neue, ohne meine Herkunft zu verleugnen. Wir lernen vom Westen, aber wir ändern deswegen unsere Traditionen nicht. Unser Maßstab ist die Religion. Bei allem, was wir tun. Ich bin kein Dogmatiker, ich bin gegen den Fundamentalismus. Eine Gesellschaft, die sich von anderen Kulturen abgrenzt, kann sich nicht mehr entwickeln und wird zwangsläufig stagnieren. Der Islam ist nicht gegen den Fortschritt. Im Gegenteil, er ist wie eine innere Stimme, die den Menschen führt und von ihm verlangt, zum Beispiel gewissenhaft zu arbeiten, in jeder Lebenslage höchsten Einsatz zu zeigen, gerecht zu sein.«

Der Gedanke ist nicht uninteressant. Seine Argumentation erinnert mich an Max Webers *Protestantische Ethik*, unter islamischen Vorzeichen gewissermaßen. Und doch ist die Perspektive eine grundsätzlich andere. In der *Protestantischen Ethik* geht es um die Zusammenhänge von Reformation und Wirtschaft, um jene Glaubensinhalte, die für die Entstehung der modernen Wirtschaftswelt und ihres Ethos entscheidend waren. Sayf al-Madadi geht den umgekehrten Weg, er glaubt, man müsse Moral nur wollen, dann ergebe sich Fortschritt von selber. Reformatorisches Denken wird dabei ausgeblendet, nicht ohne Grund, denn jeder Ansatz von Reformation wäre in den Golfstaaten gleichbedeutend mit Revolution: Aufklärung verträgt sich nicht mit einer absolutistischen Erbmonarchie. Aber Gefahr ist nicht im Verzug, der Geist kapitalistischer Dynamik ist den Golfstaaten fremd. Man lebt von Renten und Renditen, der Ölreichtum finanziert den Fortschritt zu Tode.

Und so reden wir und reden, reden und trinken, bis der Tee bitter wird und der Kaffee nur noch fade schmeckt. Die Menschen in Katar sind auf eine fast unglaubliche Weise gastfreundlich, verbindlich und interessiert. Ich habe in Doha niemanden kennengelernt, der mir unsympathisch gewesen wäre, so unglaublich es scheinen mag. Es ist alles sehr harmonisch, nach außen hin. So harmonisch, daß es irgendwann einschläfernd wirkt. Was wahrscheinlich damit zusammenhängt, daß die Menschen, denen man begegnet, nicht als unverwechselbare Individuen in Erinnerung bleiben, im Guten wie im Bösen, sondern als Repräsentanten eines Kollektivs, der religiös geprägten Stammesgesellschaft. Nach einer gewissen Zeit entsteht der Eindruck, die Menschen seien untereinander austauschbar, in ihren Ansichten und Lebenseinstellungen weitgehend identisch. Menschliche Brüche zeigen sich nur am Rande und sind für Außenstehende nicht immer zu verstehen.

Mir persönlich fehlt die Melancholie, dieses Innehalten im Augenblick, die eine immer wiederkehrende Sekunde, in der sich Vergeblichkeit offenbart. Unwillkürlich suche ich nach stillen Fluchten, schmuddeligen kleinen Orten, wo es Buletten gibt und warmes Bier, jedenfalls nicht diese erdrückende Gewißheit, daß alles, aber auch wirklich alles Gott gefalle, zu seinem Besten geschehe und für alle Zeiten unverrückbar sei.

Wären da nicht diese Bilder, die stärker sind als jedes Kino. Wie mich Sayf al-Madadi an die Hand nimmt und zu den Studios führt. Und immer mehr Menschen in die Flure strömen, der Stimme eines Mannes folgend, dessen Hände vor dem Mund einen Trichter bilden, während er die Gläubigen zum Gebet ruft. Allmählich füllt sich die freie Fläche vor den Fernsehstudios, die Männer ordnen sich in Reihen, Schulter an Schulter, die Redakteure, Techniker, Gastarbeiter, irgendwo in der Mitte der Intendant. Plötzlich wird es still. Niemand redet mehr. Ein langes Schweigen.

»Gott ist am größten!« ruft der Vorbeter, und ein gewaltiges Raunen erfaßt die hundertköpfige Menge. Gott ist am größten! Wie auf einen unsichtbaren Befehl sinken die Männer in die Knie, berühren mit der Stirn den Boden und rezitieren leise die Eröffnungssure des Korans: Führe uns den geraden Weg, nicht den Weg derer, die irregehen.

Noch zwanzig Minuten bis zur katarischen Tagesschau, die Telefone klingeln ununterbrochen, die elektronischen »Bleeps« in den Taschen der Betenden blinken und piepsen geradezu frenetisch, rote Punkte in langen, weißen Gewändern, die flackern wie Irrlichter. Die Zeit verrinnt, und niemanden stört es.

Gott ist am größten! Langsam erheben sich die Männer, richten ihre Kaftane, die eigentlich *Thaub* heißen, aber *Dishdasha* oder *Kandora* genannt werden. Überall High-Tech und neuestes Equipment aus Japan und den USA, die Studios könnten moderner nicht sein. Die Betenden reichen sich die Hand, preisen den Propheten, schließlich zieht man die Schuhe wieder an, überall blinkt und fiept es, die Techniker gehen auf Position, die Kameras verschwinden hinter den langen weißen Gewändern, alle tragen dasselbe, unmöglich zu sagen, wer wofür zuständig ist, noch kurz vor Sendung ein legeres Durcheinander, letzte Proben vor dem Mikro: one one one, jetzt erst begibt sich der Sprecher an seinen Platz, alle entspannt bis in die letzte Sekunde, MAZ ab, es ist schier unfaßbar, allein vom Zusehen werde ich unruhig, fünf, vier, drei – Sendung.

»Im Namen Gottes, des Barmherzigen und Allerbarmers. Der Friede sei mit Ihnen, meine Damen und Herren, und hier die Nachrichten. Seine Hoheit Emir Khalifa Bin Hamad Al Thani erhielt heute morgen ein Telegramm von König Hussein. Darin bedankt sich der jordanische Monarch für das Telegramm, das er gestern von Seiner Hoheit Emir Khalifa Bin Hamad Al Thani erhielt.«

Natürlich erzählt man sich Geschichten, darunter auch diese. Wie der Emir auf das Meer blickte und fand, es fehle etwas. Eine Insel nämlich in der Bucht von Doha. Also wurde Sand ins Meer gespült, Sand und Bauschutt, bis eine Insel entstand, eine kleine Insel mit fünf oder sechs Palmen, und als der Emir eines Tages wieder einmal von seinem Palast auf das Meer schaute, da suchte er einen Namen für diese Insel und nannte sie »die Insel«.

Mir war lange nicht klar, wo die Pointe liegt. Bis ich Abd al-Aziz Abu Ainain kennenlerne, dessen Name »Vater der zwei Augen« bedeutet. Er ist Leiter der Obersten Planungsbehörde in Katar, in dieser Funktion einer der engsten Vertrauten von Emir Khalifa. Auf seinem Schreibtisch landen sämtliche Regierungsprojekte und Planungsvorhaben der einzelnen Ministerien. Ob es nun um einen neuen Flughafen geht oder um neue Briefmarkenmotive, Abu Ainain sichtet die Unterlagen und entscheidet, in welcher Reihenfolge die Papiere zur Unterschrift gelangen.

»Können Sie sich vorstellen, welcher Druck auf mir lastet? Eine Fehlentscheidung kann Millionen kosten. Mir ist es viel lieber, wenn Seine Hoheit klare Anweisungen erteilt.«

Wie im Falle jener Insel, wo ein Wunsch Befehl wird und Abu Ainain befreit ist von allen Sorgen. Um so größer ist die Freude über die Insel namens Insel, und wahrscheinlich liegt darin das Geheimnis einer Geschichte wie dieser, die von einem Emir handelt und seinem Meer.

Politik in Katar, in den Golfstaaten allgemein, ist mehr oder weniger Familienangelegenheit. Emir Khalifa regiert als aufgeklärter Autokrat, dessen Geschick insbesondere darin besteht, die rivalisierenden Machtinteressen innerhalb des weitverzweigten Familienclans auszugleichen. Seine eigene Machtergreifung ist dafür ein gutes Beispiel. 1972 putschte Khalifa gegen seinen Cousin Ahmad, offenbar mit Zustimmung eines Großteils der Familie. Der neue Emir versprach, deren Privilegien abzubauen, was auf den ersten Blick paradox erscheint. Doch die arrogante Selbstdarstellung von Reichtum und Macht wurde in der Bevölkerung immer weniger hingenommen, es gab Anzeichen von Unruhe.

Beduinische Traditionen sind beständig, das zeigt dieser Kurswechsel einmal mehr. Rivalitäten und Gruppenbildungen innerhalb des Stammes dienen seit alter Zeit nicht zuletzt der Suche nach der besten Politik, dem besten Anführer. Gelegentlich sind auch Streitigkeiten oder Machtkämpfe in der Herrscherfamilie Ausdruck einer höheren Moral. Dann nämlich, wenn die Politik des Emirs allzu offen von den Vorstellungen der Sippe abweicht. Eigentlich ein durchaus demokratisches Verfahren, wäre es nicht auf eine kleine Elite beschränkt, die über die Gnade der rechten Geburt verfügt. Ein Privileg, das mit der Entdeckung des Öls phantastischen Reichtum schuf.

Politik am Golf folgt einem einzigen großen Thema: der Verteilung der Ölgelder. Ein großer Teil dient der Alimentierung der Herrscherfamilie, auf die in Katar etwa zwanzig Prozent der jährlichen Rendite entfällt. Der Löwenanteil immerhin fließt seit der Machtübernahme Khalifas in die Entwicklung des Landes: gewaltige Bauprojekte, die das Beduinendorf Doha in eine Metropole verwandelten, Gesundheits- und Bildungswesen, Sozialprogramme. Das ist weitsichtig und dient gleichermaßen dem eigenen Machterhalt – die Bevölkerung weiß, daß sie am Ölreichtum beteiligt ist und revanchiert sich mit politischer Neutralität. In erster Linie aber finanzieren die Ölgelder die staatliche Bürokratie, die jedem Katarer einen

Job garantiert, unabhängig von seiner Qualifikation oder dem Sinn seines Tuns. Das kleine Land Katar besitzt immerhin dreizehn Ministerien und fünfzehn Verwaltungsabteilungen, in denen insgesamt siebzehntausend Katarer arbeiten, fast die Hälfte der erwerbstätigen einheimischen Bevölkerung. Viele sind Analphabeten oder können nur mit Mühe lesen und schreiben. Aber das ist nicht entscheidend, die Bürokratie bietet Wohlfahrt als Gegenleistung für allgemeine Zufriedenheit.

Abu Ainain, der Vater der zwei Augen, sitzt an einem überladenen Schreibtisch in einem viel zu großen Raum, der abgesehen von einigen Stühlen kein weiteres Mobiliar enthält. Während er telefoniert, bemerke ich die angestaubten Kordeln der schweren, beigefarbenen Vorhänge, die das Tageslicht vollständig aufsaugen. Den ganzen Tag brennt künstliches Licht im Büro Abu Ainains, und nicht nur bei ihm, in der gesamten Planungsbehörde lebt man hinter geschlossenen Vorhängen und begnügt sich mit fahlen Glühbirnen. Die Atmosphäre ist düster und merkwürdig depressiv, ganz und gar nicht erhaben, wie es eigentlich zu erwarten wäre — im rechten Seitenflügel des Palastes Seiner Hoheit, des Emirs.

Abu Ainain ist ausgesprochen freundlich, mustert mich allerdings mit einem Anflug von Mißtrauen, als rechne er jeden Moment mit weiteren ungebührlichen Anfragen. Er läßt sich Zeit beim Telefonieren, spielt mit der Schnur des Apparates oder malt Zeichen auf Papier. Meine Bitte ist ungewöhnlich, und vermutlich ist Abu Ainain innerlich unentschlossen, ob er dieses Anliegen guten Gewissens befürworten darf. Gewiß, die zweimal wöchentlich gewährte Audienz des Emirs steht allen Bürgern Katars offen, aber ich bin kein Beduine, und die Höflichkeit verbietet es, nach meiner Gesinnung zu fragen. Als er den Hörer auflegt, versuche ich einzulenken: »Es geht mir um die Poesie der Begegnung. Die Sprache, die Blicke, die Atmosphäre des Ganzen.«

Abu Ainain hat ein ungewöhnlich zerfurchtes Gesicht mit unzähligen Narben. Er mag fünfzig sein, vielleicht älter. Er sieht aus wie ein Nachfahre des legendären Piraten Rahma Ibn Jabir. »Der Emir«, sagt er, »hört die Eingaben und Beschwerden seiner Bürger und entscheidet in letzter Instanz, wie König Salomo.« Und jeder, wirklich jeder Katarer sei willkommen, allerdings lösten sich viele Probleme bereits im Vorfeld. »Es ist alles eine Frage der Geduld und der Fähigkeit, Kompromisse zu schließen. Nehmen wir an, ich bin Ihr Vorgesetzter und fälle eine Entscheidung, die Ihnen mißfällt. In dem Fall werden Sie mit mir reden wollen. Überzeugen mich Ihre Argumente, lenke ich ein. Ansonsten gehen Sie zu meinem Vorgesetzten und führen Klage gegen mich. Dann müßte ich mich vor ihm verantworten, und womöglich entscheidet er in Ihrem Sinn. Was mir natürlich peinlich wäre. Fühlen Sie sich noch immer ungerecht behandelt, tragen Sie Ihre Beschwerden weiter nach oben, bis hin zum Emir. Daran habe ich allerdings kein Interesse. Also rede ich mit Ihnen, solange, bis wir einer Meinung sind.« Abu Ainain hält einen Augenblick inne, trommelt mit den Fingern auf die Schreibtischplatte. »Na ja, schön. Kommen Sie. Wir wollen sehen, was passiert.«

Er geleitet mich wortlos auf den düsteren Flur. Wir laufen über einen schlecht verlegten Teppich mit endlosen Bodenwellen, der irgendwann abrupt an eine Tür stößt. Abu Ainain probiert mehrere Schlüssel, und wir betreten − Sesam, öffne dich − eine lichtdurchflutete Halle im inneren Bereich des Herrscherpalastes, eine Halle mit weiß gestrichenen Wänden und einem flauschigen Boden in Beige. An den Wänden hängen mehrere Spiegel mit vergoldetem Holzrahmen, geschwungen und verziert wie im Rokoko, und ein Gemälde, das den Emir in staatsmännischer Pose portraitiert. Unter den Fensterabsätzen stehen Stühle, die mit rotem Plüsch bezogen sind. Die Armlehnen münden in goldgefaßten Bögen, die sich bei näherem Hinsehen als Löwenköpfe offenbaren. Die Halle ist menschenleer, nur aus der Ferne ist ein leises Flüstern zu vernehmen. Abu Ainain folgt den fernen Stimmen, wieder laufen wir über einen langen Gang, diesmal ohne zu stolpern, bis wir an eine gut zwei Meter hohe Flügeltür gelangen.

Abu Ainain legt sein Ohr an das hölzerne, weißlackierte Portal. Ich höre sein schweres Atmen, als denke er angestrengt nach. Schweißperlen glänzen auf seiner Stirn. Ein kurzes Zögern noch, und Abu Ainain öffnet die leise knarrende Tür.

Mein Blick fällt in eine Runde sitzender Männer, in deren Mitte Emir Khalifa unschwer zu erkennen ist. Er allein trägt einen goldbestickten schwarzen Umhang über dem weißen Gewand. Zu seiner Rechten sitzt Sheikh Hamad, der Sohn und Thronfolger, neben ihnen, auf beiden Seiten, sitzen Theologen und Rechtsberater.

Diesem Halbkreis gegenüber steht eine Gruppe von Männern, die offenbar einen Sprecher benannt hat. Der Mann redet und gestikuliert in einem fast singenden Tonfall, erzählt von einem Clan, der ihnen den Zugang zu einer Wasserstelle verwehrt, irgendwo in der Wüste, im Norden des Landes. Fast ein biblisches Motiv, so kommt es mir vor. Auf der einen Seite die nach Gerechtigkeit Dürstenden, auf der anderen Seite der höchste Schiedsrichter, inspiriert von priesterlicher Wahrhaftigkeit. Es würde mich nicht überraschen, wenn ein Soldat in Sandalen die Szene beträte, in der einen Hand das Schwert, in der anderen ein schreiendes Kleinkind, an einem Fuß gepackt. Abu Ainain hat recht, ein Hauch von Salomo liegt in der Luft.

Ich weiß nicht, wie lange ich so stand und meditierte. Irgendwann wurde es still im Saal, und ich spürte, wie sich die Blicke von einem Moment auf den anderen auf mich richteten. Mir wurde heiß und kalt, ich mußte etwas sagen, unwillkürlich versuchte ich es mit einem Gruß.

»Der Friede sei mit euch, Gottes Segen und Gnade.«

Ein Raunen geht durch die Menge, einige zeigen mit dem Finger auf mich, ein Mann redet leise in seinen Walkie-talkie. Emir Khalifa sieht mich gleichermaßen erstaunt und neugierig an, ein Blick, als wollte er sagen: Was stehst du da und kommst nicht näher? Ein Berater bricht das kurze, ungute Schweigen und sagt, was ein Beduine von Format zu sagen pflegt: »Herzlich willkommen, Fremder.«

Was für ein erstaunlicher, beschämender, lehrreicher Moment. Ich stehe im Zentrum der Macht, am Rande des Zentrums, besser gesagt, in einer zugigen Tür, dem besten Ort für eine zentrale Perspektive, und werde nicht davongejagt, als unbotmäßiger Eindringling von Sicherheitskräften entfernt, sondern als Gast geladen. Ich frage mich, wie es einem Araber erginge, der einem Regierenden in Europa ähnlich nahe käme.

Ich war mehr als beeindruckt, und wenn ich in diesem Moment das Begrüßungsritual fortgesetzt hätte, immer in Blickkontakt mit Emir Khalifa, er wäre verpflichtet, das gebietet die Tradition, mir einen Platz an seiner Seite anzubieten. Und ich bin mir sicher, er hätte es getan.

Wahrscheinlich schoß Abu Ainain derselbe Gedanke durch den Kopf, und um jedes Mißverständnis zu vermeiden, murmelt er eine leise Entschuldigung in Richtung Emir. Dann wirft er mit gewaltigem Schwung die Tür zu.

Wir stehen im Gang, Auge in Auge. Die Narben Abu Ainains leuchten wie Feuer.

»Nun – wie findest du unseren Emir?«

Ich bin ratlos. Ich bin gegen Adel und Monarchie, gegen Emire, eigentlich gegen alles, was der Hierarchie in Katar heilig ist. Und doch hat dieses System eine menschliche Stärke, die europäischen Gesellschaften überlegen ist.

»Du stehst dir selber im Wege«, sagt Abu Ainain. »Du bist nicht entspannt. Warum nimmst du das Leben nicht, wie es kommt? Alles steht geschrieben, alles ist vorbestimmt, was du auch denkst.«

Abu Dhabi.
Das Lächeln des Propheten

Im Jahr 1761 begeben sich Beduinen des Stammes Bani Yas auf Gazellenjagd und entdecken auf einer dem Festland vorgelagerten flachen Sandinsel eine Süßwasserquelle. Sie beschließen, eine Siedlung zu gründen, die sie »Abu Dhabi« nennen, »Vater der Gazelle«. Abu Dhabi ist Hauptstadt der 1971 entstandenen Vereinigten Arabischen Emirate, einer Föderation von sieben Scheichtümern, deren größtes Emirat, ebenfalls mit Namen Abu Dhabi, weitgehend identisch ist mit dem traditionellen Siedlungsraum der Bani Yas, des volkreichsten Stammes der Arabischen Emirate. Er teilt sich in etwa zwanzig Untergruppen, die nicht in erster Linie durch Blutsverwandtschaft, sondern durch ihre gemeinsame Geschichte unter Führung des Clans der Al Nahyan eine Gemeinschaft bilden. Irgendwann im 17. Jahrhundert, teilweise schon früher, sind einzelne Stammesgruppen aus Zentralarabien nach Liwa emigriert, einem Oasengürtel nahe der heutigen Grenze zu Saudi-Arabien, und haben von dort aus ihre Siedlungsgebiete Richtung Küste ausgedehnt.

Seit 1966 regiert Sheikh Zayid Bin Sultan Al Nahyan das Land, »ein Geschenk der Geschichte an das Volk der Emirate«, wie mir Abdallah Aman erläutert, zuständig für ausländische Gäste im Ministerium für Information und Kultur. Rein äußerlich erinnert Seine Hoheit an Sean Connery, Bond gewissermaßen in der Drehpause, das Böse beinahe besiegt. Aber vermutlich nicht deswegen lächelt er ewiglich und wissend in den Nachrichtensendungen des Fernsehens. Abdallah Aman sagt, er lächle aus Demut. In seiner Jugend habe der Emir die Bitternis von Hunger, Entbehrung und Durst am eigenen Leib erfahren. Heute nun freue sich Sheikh Zayid – in aller Bescheidenheit – über die großartigen Leistungen seiner Ära: die Modernisierung des Landes, den Ausbau des Schul-

und Gesundheitswesens, den allgemeinen gesellschaftlichen Fortschritt, das Leben in Wohlstand und Brüderlichkeit.

Nach meinem Empfinden sicherlich das mindeste, was das Volk der Emirate von einem aufgeklärten Autokraten erwarten darf, dem eine Laune des Schicksals die höchste Verfügungsgewalt über ein gewaltiges Erdölvermögen bescherte. Und Sheikh Zayid erholt sich durchaus, auf der Falkenjagd in Pakistan, auf der Hirsch- und Entenjagd im schottischen Hochland.

»Der Wille Gottes«, erläutert Abdallah Aman, »hat unserem Land einen Staatsmann geschenkt, den eine leidenschaftliche Liebe mit der Wüste verbindet. Diese Reinheit, der weite, endlose Horizont. Das sind Qualitäten, die sich in der Persönlichkeit Sheikh Zayids spiegeln – sie schenken ihm die Klarheit seiner Visionen und die Entschlossenheit seines Handelns.«

»Das sind treffliche Worte, Bruder Abdallah, die ich gerne auch in meiner Heimat verbreite. Und noch eine Sache liegt mir am Herzen.« Ein Termin nämlich bei Sheikh Sultan Bin Zayid Al Nahyan, dem Sohn Sheikh Zayids, der kraft seiner Geburt im zarten Alter von nicht einmal dreißig Jahren zum stellvertretenden Premierminister ernannt wurde. Was denkt, was empfindet ein Mensch, dessen Leben einem festgelegten Plan folgt, der heute schon weiß, daß er eines Tages Präsident seines Landes sein wird, ohne jede Möglichkeit, einen eigenen, selbstgewählten Lebensweg zu finden? Vielleicht wäre er lieber Mathematiker. Oder Künstler. Oder ein Beduine, der die Wüste durchstreift. Er lächelt ähnlich wie sein Vater, im Fernsehen, in den Zeitungen, bei öffentlichen Auftritten. Aber ich bilde mir ein, in seinem Lächeln einen feinen Riß wahrzunehmen, die leise Andeutung von Unsicherheit – ein menschlicher Zug, der ihn sympathisch macht und als Gesprächspartner überhaupt erst interessant. Abdallah Aman allerdings biete ich eine weniger poetische Erklärung.

»Ich möchte mit Sheikh Sultan reden, weil er mich erstaunt. Er ist jung an Jahren, doch er trägt eine Verantwortung, die ihresgleichen sucht. Woher nimmt er diese große Kraft, Vorbild einer ganzen Generation zu sein?«

Abdallah Aman sieht mich an wie aus großer Ferne, nachdenklich schließt er seine Augen, bis sie nur noch kleine, kaum wahrnehmbare Öffnungen sind. In diesem Moment wüßte ich nicht zu sagen, ob ich für ihn die Schlange bin oder aber das Kaninchen. Einen Moment scheint es, der dunkelhäutige Staatssekretär habe sein Gesicht verloren. Als sein Kopf in den Schatten der Jalousie eintaucht und seine Konturen eins werden mit der schwarzen Silhouette hinter dem Schreibtisch. Wie das Gespenst von Canterville. Geblieben sind nur das weiße Kopftuch und die weiße Soutane. Vielleicht ist er der Nachfahre freigelassener sudanesischer Sklaven. Ein echter Mameluck.

»Was Sie sagen, ist vernünftig. Ich werde sehen, was sich machen läßt.«

Am besten gefallen mir die Dialoge. Kein Wort zuviel, keine Geste verschenkt.
- Bist du Mädchen?
- Nein, Dame.
- Wie alt bist du denn?
- Achtzehn.
- Dann bist du Mädchen.
- Nein, Dame.

Der Saal ist brechend voll, Männer jeglichen Alters sitzen dicht gedrängt an kleinen runden Tischen. Einige versuchen, ein Gespräch zu führen, das meistens in einem heiseren Husten endet. Die Gläser auf den Tischen vibrieren von der Lautstärke der Musik, den schrillen Einsätzen der Hammondorgel, den harten Schlägen der Handtrommeln. Die Luft ist schwül und stickig, angefüllt mit Rauch und dem süßlichen Duft von Jasmin. Auf einer hölzernen Empore, die eine Art Bühne darstellt, drängen sich zehn oder zwölf indische Tänzerinnen, die mechanisch einige Schritte vor und dann wieder zurück gehen, dabei ihre Hände und Arme in der Luft bewegen, als suchten sie einen Schleier zu entfernen. Sie sehen aus wie Schauspielerinnen in Serienfilmen aus Bombay, die mit grellen Farben auf verrauschter Tonspur von ewiger Liebe erzählen.

Die Sängerin der Gruppe sitzt auf dem Boden, in einer Reihe mit den vier oder fünf Musikern, die routiniert ihre Instrumente bedienen. Bhabi singt laut und schwülstig, »in siebzehn Sprachen und Dialekten!«, wechselt die Tonfolgen in rasanter Geschwindigkeit und fällt musikalisch in tiefste Verzweiflung, beschwört den Geliebten, flüstert, küßt, stöhnt ins Mikrophon. Die Tänzerinnen in ihren knallbunten Polyester-Kostümen wiegen die Hüften und schwingen die Beine, die Stimmung im Saal steigt, die Blicke der Gäste werden unverhohlen lüstern. Bhabi schluchzt, weint, schreit in den Saal, fährt mit der Zunge über die Rundung des Mikrophons, einmal, zweimal, schneller und immer hektischer, Stakkato, die Handtrommeln explodieren fast, die Hammondorgel hält einen gleichmäßig schrillen Ton, die Tänzerinnen stampfen auf den Brettern, ein Schrei, das Licht geht aus, die Männer toben vor Begeisterung – Bhabi schweigt. Eine, zwei, drei Sekunden, das Licht geht wieder an, unterlegt von einem Crescendo der Hammondorgel, sie reißt ihre Arme hoch, sackt in sich zusammen, läßt mit einer theatralischen Geste den Kopf auf die Brust fallen, ein frenetischer Applaus geht auf sie nieder, Blumen und Gebinde. Bhabi schenkt der Menge einen Handkuß und beginnt ein neues Lied, als wäre nichts gewesen. Ein ruhiges, harmloses, frühlingshaftes Lied, das sich wieder und wieder steigern wird bis zum frenetischen Finale, grell, kitschig und falsch.

Die indischen und pakistanischen Gäste bestellen holländisches Bier, das philippinische Kellnerinnen umständlich und mit unbewegter Miene servieren. Mein Nachbar Ismail hebt immer wieder seine Hand, steht auf, schnippt mit den Fingern. Er ist Inder aus Kerala, Angestellter im Gesundheitsministerium und fast jeden Abend hier. Endlich kommt eine Tänzerin an unseren Tisch, aber es ist nicht die, die Ismail wollte. Geh schon, sagt er, und sie wirft ihm einen herausfordernden Blick zu. Die Tänzerinnen erwarten, daß man sie ruft. Es gehört zum Geschäft, und sie fühlen sich geschmeichelt, besonders die ganz jungen, die Sechzehn- und Siebzehnjährigen. Bereitwillig gehen sie an die Tische und lächeln. Hilflose Dialoge von wenigen Sätzen ergeben sich, der Gast überreicht einen hastig abgerissenen Zettel mit Namen und Anschrift, dann verneigt sich das Mädchen und nimmt einen Blütenkranz aus Jasmin entgegen, den ihr der Kunde bedächtig um die Schultern legt. Anschließend läuft sie zurück auf die Bühne und wirft den Kranz in einen Korb. Tanzt einen Moment und wartet auf den nächsten Zuruf.

Endlich kommt die richtige, die Tänzerin, die Ismail wollte. Er nimmt ihre Hand und läßt sie nicht los. Legt sie auf sein Herz und fragt: Kannst du es fühlen? Sie lächelt und zeigt auf den Verkäufer, der Blütenkränze in verschiedenen Größen und zu beachtlichen Preisen anbietet. Den großen da. Ismail fährt mit einer Rose über ihr Gesicht, ihren Hals, den Ausschnitt. Erzählt von seinem Job und der möblierten Wohnung. Das Mädchen schiebt sein Kaugummi zwischen die Lippen, streicht mit der Zunge langsam über den Mund, zeigt seine perlweißen Zähne. Den großen da. Sie ist ausgesprochen hübsch, nicht älter als zwanzig, mit einer fast bronzefarbenen Haut und schulterlangen, schwarzglänzenden Haaren, die sie ständig nach hinten wirft. Ihr Kleid klebt naß am Körper und betont ihre makellose Figur. Den großen da. Ismail stört es nicht, daß er eine beliebige Person in einem sich ständig wiederholenden Spiel ist. Die Regeln sind bekannt, es ist alles gesagt. Einen Augenblick scheinen sie ratlos, doch Ismail findet ein ergebenes Lächeln und ruft den Mann mit den Blütenkränzen. Den großen da. Das Mädchen bedankt sich und kommt zu mir. Für dich, sagt sie. Ich versinke im Boden, als sie mir den Kranz um die Schultern legt. Ich bin Beobachter, kein Spieler. Einige Gäste klatschen begeistert. Die Einlage ist neu und läßt hoffen.

Ismail freut sich, daß ich ihr gefalle. Er sieht mich nicht als Konkurrenten, sondern als Gewinn. Er allein in dieser Runde hat einen europäischen Freund, also ist er ein Mann von Bedeutung. Das Mädchen tanzt wieder auf der Bühne. Und wartet, bis unsere Blicke sich berühren. Es ist kaum möglich, ihren Augen zu entgehen. Sie sind leuchtend und mandelbraun, ein seltsamer Kontrast zu ihrem aufgesetzten Lächeln und dem billigen Rouge ihrer Wangen. Sie hat mich im Visier, den fremden Gast aus einer besseren Welt. Sie nimmt ein Glas mit einem

Strohhalm, den sie sanft in den Mund führt, mit ihrer Zunge massiert und den Lippen streichelt. »Come on«, ruft sie quer durch den Saal, unüberhörbar. Langsam wird sie ärgerlich. Ismail grinst. Der Mann mit den Blütenkränzen steht längst neben mir, diskret und dienstbereit. Den großen da, sagt Ismail, und der Verkäufer lächelt.

»Das ist normal«, erklärt mir Salim, der syrische Türsteher dieses indischen Nachtclubs namens »Than Kar«, ein kräftig gebauter Mann Ende dreißig. Er kontrolliert vor allem die pakistanischen Besucher, die in größeren Gruppen oder traditioneller Stammeskleidung keinen Zutritt haben. »Die meisten Leute hier sind Inder oder Pakistani, sie verdienen wenig Geld und leben alleine, getrennt von ihren Familien. Was sollen sie machen, ohne Frauen? Sie gehen in die Clubs.« Salim verdient 700 Mark im Monat, seine Frau als Kellnerin in einem Luxushotel etwas weniger. Sie sind vergleichsweise privilegiert, Araber haben meistens die besser bezahlten Jobs, weil sie die Landessprache beherrschen. Salim und seine Frau wohnen mit ihrer zweijährigen Tochter in einer kleinen Einzimmerwohnung, die monatlich 450 Mark kostet. Was sie verdienen, reicht zum Leben, mehr nicht. Das eigene Restaurant in Damaskus liegt in weiter Ferne.

Salim ist mein stiller Verbündeter. Er bekommt Provision für jede verkaufte Eintrittskarte, aber von mir nimmt er kein Geld. Er rührt den Schein nicht an, den ich auf den Tresen gelegt habe. Ich bin der erste Europäer, den er kennenlernt. Für ihn bin ich ein Freund und Ehrengast, der uneingeschränkt seine Gastfreundschaft genießt. Er würde mein Geld selbst dann nicht nehmen, wenn er am Verhungern wäre. Die einzige Möglichkeit, ihn vor diesem mißlichen Schicksal zu bewahren, wäre eine Einladung an den eigenen Tisch, als Freund und Ehrengast.

»Die Mädchen im Club machen die Männer scharf, ist doch klar«, sagt Salim. »Die Gäste wollen mit ihnen was anfangen, aber die Mädchen dürfen sich darauf nicht einlassen, sonst sitzen sie im nächsten Flugzeug nach Indien. Nur Männer, die heiß sind, kommen immer wieder in den Club.«

Allerdings gibt es Ausnahmen. Ahmad Bani Yas zum Beispiel, den einzigen Emirati in diesem Sündenpfuhl. Er ist Pilot der Luftwaffe, in England und Texas ausgebildet, ein Mensch zwischen den Kulturen. Seine Frau verläßt nur verschleiert das Haus und erzieht die Kinder, während Ahmad Bani Yas die Heimat verteidigt. Er zeigt mir einige Polaroid-Photos. Er sitzt auf einem Stuhl, eine philippinische Kellnerin an sich geschmiegt. Auf dem nächsten Bild ist es eine indische Tänzerin, dann wieder eine Kellnerin. Einmal sitzt eine ganze Gruppe Asiatinnen auf seinem Schoß, über und über bedecken sie ihn mit ihren Händen.

Alles gibt es im »Emirates Plaza Hotel«, zwei indische Nachtclubs und eine westliche Diskothek, in der vor allem junge Emiratis verkehren. Der Anblick könnte trostloser nicht sein. Niemand ist auf der Tanzfläche, die Männer betrinken sich an der Bar, und eine philippinische Gruppe mit Namen »Chain Reaction Band« singt Lieder der Beatles aus den sechziger Jahren, bis zur Unkenntlichkeit entstellt von zwei oder drei Hammondorgeln.

An der Rezeption des Hotels sitzt eine Libanesin wie aus einem Gemälde von Otto Dix. Ein dünner, spitzer Mund mit rotem Lippenstift, das Gesicht voller Falten, die Haare strähnig und grau. Sie raucht amerikanische Menthol-Zigaretten, die unwesentlich schlanker sind als ihre nikotingelben Finger. Die Frau heißt Sonja und kommt aus Aley, einem kleinen Ort südöstlich von Beirut. Früher lebten dort Drusen und Christen gemeinsam, aber im Laufe des Bürgerkrieges wurden die Christen vertrieben. Sonja haßt die libanesischen Christen und beschreibt in glühenden Farben, was sie am liebsten mit ihnen machen würde, könnte sie nur, wie sie wollte. Nach der dritten Zigarette hält sie an sich. Immerhin redet sie mit einem Christen, wenn auch keinem libanesischen. Sie entschuldigt sich mit einem sanften Lächeln und schenkt mir einen leichten Augenaufschlag, den Kopf auf die Arme gestützt. Eine einzige Frage nur, und sie würde mir die Geschichte ihres Lebens erzählen. Aber dazu fehlt mir die Kraft. Wir reden über Unverfängliches, ihre Kinder, die in Amerika leben. Die vielen Ausländer am Golf, die ungewisse Zukunft. Die Angst vor den Behörden. Nur drei Monate dürfen die indischen Tänzerinnen bleiben, keinen Tag länger. Die philippinischen Kellnerinnen haben Verträge über zwei Jahre. Sie können verlängern, aber die wenigsten wollen es. Der Alltag ist hart und trostlos. Ein Privatleben gibt es kaum. Sonja ist die einzige Angestellte, die nicht im Hotel wohnt. Die anderen Frauen sind in einer separaten Etage untergebracht, deren Zugang ein pakistanischer Fundamentalist kontrolliert. Männerbesuche sind verboten. Die Frauen müssen sich bei ihm abmelden, wenn sie das Hotel verlassen. Auch von den Kellnerinnen aus den Philippinen, die keine Muslime sind, verlangt er, daß sie außerhalb des Hotels ein Kopftuch tragen. Sie legen es meistens wieder ab, hinter der nächsten Ecke. Nach Einbruch der Dunkelheit müssen die Frauen zurück sein, sonst droht die fristlose Entlassung.

Ich kann nicht schlafen in diesem Hotel, über mir dröhnt die Diskothek, unter mir lärmen die indischen Nachtclubs. Aus meinem Zimmer sehe ich auf eine Straße, auf der noch spät in der Nacht der Verkehr fließt. Es ist schwül und heiß in Abu Dhabi, eine Stadt wie in den Tropen. Die wenigen Emiratis scheinen Fremdkörper im eigenen Land, die in fernen Villen logieren und vor der Langeweile an Orte flüchten, die in Katar oder Saudi-Arabien verboten wären. Billard spielende Araber in ihren langen weißen Gewändern, die rauchen und Bier trinken. Meine erste Erinnerung an die Vereinigten Arabischen Emirate nach Sonja, auf dem Weg zu Bhabi, der Sängerin. Aus der Zeit geworfen, entfremdet ihrer eigenen Wirklichkeit. Über das Schicksal dieser Menschen entscheidet einzig die unterschiedliche Nähe zu Reichtum und Macht, zu denen, die das Öl besitzen. Jeder Ausländer hat einen Sponsor, der sein persönlicher Arbeitgeber ist und von dessen Wohlwollen es abhängt, wie lange der Gastarbeiter im Land bleiben darf. Man muß sich gut stellen mit denen, die hier geboren sind. Ein einziger Emirati arbeitet im Emirates Plaza Hotel, er ist der Besitzer und Sponsor aller hier Angestellten. Als seine rechte Hand fungiert ein Pakistani, der die Verantwortung weiter nach unten delegiert, über andere Pakistani, die gerne indische Hindus und die philippinischen Mädchen schikanieren.

Die Unfreiheit überträgt sich auf die Atmosphäre im Hotel, die ich zunehmend als bedrückend empfinde. Man spürt die

Ausweglosigkeit der Menschen, das Unabänderliche ihrer Existenz. Ich überlege, ob ich in eines der Nobelhotels wechseln sollte. Das allerdings wäre die billigste Flucht, die nur einem Europäer offensteht.

Ich bin fast eingeschlafen, als es an der Tür klopft. Im ersten Moment habe ich das Gefühl zu träumen, aber die Schläge wiederholen sich; ich stehe auf, mehr motorisch als bewußt. Ich öffne die Tür, und vor mir steht die indische Tänzerin, die mich mit Blütenkranz und Strohhalm bedachte. Sie trägt Jeans und ein weißes T-Shirt, außerdem ist sie barfuß. Ich bin hellwach.

»Darf ich zu dir kommen?«

Sie streichelt meine Wange, als sie an mir vorbei ins Zimmer geht. Eine Berührung wie unter Freunden, beiläufig und fast scheu. Hastig ziehe ich Hemd und Hose an und hole zwei Cola aus der Minibar. Sie steht mit dem Rücken zu mir, sieht hinaus auf die Straße, die Hände auf den Fenstersims gestützt. Ihre Haltung ist leger und wunderbar, nur die Schultern verraten eine leichte Anspannung.

»Bist du angezogen?« Sie kichert und dreht sich um, flaniert auf Zehenspitzen durch das Zimmer, bleibt stehen vor dem großen Spiegel, fährt sich durch die Haare, bindet sie zu einem Zopf. Sie kommt mir vor wie ein kleines Mädchen, das zum ersten Mal in die Kleider ihrer Mutter schlüpft.

»Das ist ein blöder Spiegel«, sagt sie und läßt sich in den Sessel fallen. Ich habe mittlerweile das Bett gemacht, um die Lage zu entschärfen.

»Warum bist du hier?« fragt sie.

»Ich schreibe über das Land.«

»Über die Leute hier? Mein Gott.«

Sie widmet sich ihren Fingernägeln, kratzt mit dem Daumennagel Lack vom Nagel ihres Mittelfingers. Unvermittelt schaut sie mir ins Gesicht.

»Möchtest du mit mir schlafen?«

Das hatte ich befürchtet. Genau diese Frage.

»Nein. Wir sollten das nicht tun.«

»Warum? Hast du keine Lust? Oder findest du mich nicht attraktiv?«

135

Im Gegenteil. Ihre Schönheit ist kaum zu ertragen. Ich hoffe inbrünstig, daß sie ihr T-Shirt nicht auszieht.

»Was ist? Schläfst du nicht mit Frauen?«

Ich versuche, mich aus der Affäre zu ziehen. Frage sie, woher sie kommt, was sie in Indien macht.

»O.K. Reden wir. Wie du willst.«

Sie kommt aus Bombay, ihr Vater ist Angestellter. In ihrer Familie gab es vier Töchter; für die Eltern eine Tragödie, wegen der hohen Mitgift, die eines Tages fällig würde. Ihr Vater war Trinker, zwei der Töchter prügelte er aus dem Haus. Mit sechzehn hat sie die Familie verlassen. Sie wollte zum Film. Ein Produzent hat sie entjungfert und gab ihr einige Empfehlungen. Sie lernte Bhabi kennen und tingelt seit drei Jahren durch Indien und den Golf, für 200 Mark im Monat. Zu ihren Angehörigen hat sie keinen Kontakt mehr. Ein bürgerliches Leben mit Familie und Kindern ist in diesem Beruf kaum noch möglich, die öffentliche Moral ist in Indien ähnlich prüde wie am Golf.

Die Verbindlichkeit, mit der sie sich offenbart, schafft ein Vertrauen, das mir keineswegs lieb ist. Sie macht mich zu ihrem Freund, mit derselben Leichtigkeit, mit der sie in mein Zimmer kam. Sie sitzt in dem Ohrensessel, die Beine an sich gezogen, die Augen geschlossen vor Müdigkeit. Ein Kind, das auf die tröstenden Eltern wartet. Sie atmet leise, nach einiger Zeit schläft sie ein. Ich sehe aus dem Fenster, auf die Baustelle gegenüber, wo ein Hochhaus mit dünnen Wänden entsteht. Auf der obersten Etage arbeiten Dutzende von Indern und Bengalen in künstlichem Licht, ein Kran schwenkt dicht über ihren Köpfen, ein gieriger Krake, der die Menschen in bizarre Schatten taucht.

Ich lege eine Decke über das Mädchen und spüre ihren warmen Atem, kann mich nicht lösen von diesem makellosen Gesicht. Plötzlich fährt sie auf, vielleicht hat sie geträumt. Räkelt sich und reibt die Augen. Sagt mit einer betörenden Sanftmut und Zärtlichkeit: »Warum machst du mir kein Kind, und wir bleiben für immer zusammen?«

»Weil es nicht geht. Wir haben nichts gemeinsam, außerhalb dieses Zimmers. Du willst das nicht hören, aber es ist so. Ich kann dich nicht nach Deutschland mitnehmen. Wir leben in verschiedenen Welten. Es tut mir leid.«

Ich rede wie ein Arzt, der einen Verletzten zurückweist, weil das Ende unvermeidlich ist. Ich bin rational und vernünftig, ohne jede Gefühle, ein Bürger unserer Zeit. Mag sein, daß ich Angst hatte vor ihrer Sinnlichkeit und der Verantwortung des nächsten Tages.

Das Mädchen wirft die Decke beiseite und sagt kein Wort, als sie das Zimmer verläßt. Als ich die Tür hinter ihr schließe, ist sie schon nicht mehr zu sehen.

Abu Dhabi ist ein riesiges Schachbrett. Die Hauptstraßen bilden regelmäßige Rechtecke, deren Anlage an das Muster amerikanischer Städte erinnert. Zone eins, Sektor dreizehn heißt beispielsweise die Gegend, in der ich wohne. Es könnte ein Viertel in Karachi oder Bombay sein, die Leute reden Urdu und Hindi und hundert Dialekte, Arabisch im großen und ganzen nur die Muezzins. Rami Shoes, Nivea Saloon, Najeeba Refreshments: Vor den Geschäften drängen sich Käufer und Kunden, ein pralles Leben in allen Farben, Frauen in bunten Saris, die Kinder an der Hand, auf dem Gehweg sitzen Leute und trinken Tee. Die Nebenstraßen der Innenstadt sind kleine Volksviertel, dicht an dicht reihen sich Restaurants, Friseurläden, Supermärkte, Autowerkstätten, Hochhaus neben Hochhaus. Über den Läden wohnen die Menschen, die Fenster weit geöffnet. Männer in weißen Unterhemden posieren auf Balkonen und rauchen Zigaretten. Kinder lassen Schwalben aus Papier fliegen und freuen sich, wenn sie auf Passanten fallen. Silhouetten von Frauen hinter Gardinen, die kochen und braten, das Geräusch zischenden Fettes liegt in der Luft. Eine Kakophonie lärmenden Lebens, harmonisch besetzt mit schreienden Kindern, lästigen Autos vor Ampeln, fluchenden und palavernden Passanten, Flugzeugen, die starten und landen, Musik aus tausend Transistoren, Mittelwelle meist und dissonant, nicht zu vergessen die Animateure, freigebige Bürger, die rotzen und niesen und über alle Köpfe brüllen. Kleine Schüler jagen fette Ratten in böse Fallen, einmal flieht ein panisches Tier auf die achte, Ecke neunte Straße, gleich unter die

Räder eines langsam rollenden Toyota. Es spritzt zwei Meter weit. Der Fahrer hält kurz, ein Inder. »Finish«, sagt er und grinst.

Abu Dhabi ist mondän, nicht zu vergleichen mit dem provinziellen Doha. Eine Stadt der Verwaltung und Dienstleistung, in den letzten dreißig Jahren neu entstanden, nach westlichem Vorbild. Früher waren die Straßen Spuren im Sand, die wenigen Hütten aus Lehm, mit Dächern aus Palmwedeln, wie überall am Golf. Heute leben die Emiratis in den Randbezirken, überwiegend vornehmen Wohnvierteln mit freistehenden Villen, die fast Paläste sind, mal aus weißem, mal aus rosa Marmor, ultramodern oder alten Festungen nachempfunden, die meisten Gebäude nicht älter als zehn Jahre, und alle Millionen wert. Abu Dhabi hat kein Zentrum. Die Seele des Ganzen ist der Emir, er ist der König auf dem Schachbrett der Städteplaner. Fast ein Dutzend Paläste verteilen sich in der Stadt, in zentraler Lage der Manhal-, der Mushrif- und der Batin-Palast, umgeben von mehreren Hektar großen Parkgeländen, herrschaftliche Rechtecke inmitten der vielen kleinen Karrees, wo vor allem die Ausländer leben, die Läufer und Springer, fast achtzig Prozent der siebenhunderttausend Bewohner. Die Anarchie ihrer Volksviertel ist ein merkwürdiger Kontrast zu den glänzenden Fassaden aus Glas und Beton, in deren Schatten sie sich angesiedelt haben. Die Atmosphäre ist ganz anders als in Doha, wo nicht die Ausländer das Stadtbild prägen, sondern die Sitzkultur der Einheimischen. In Abu Dhabi trifft Chinatown auf Wall Street, auf Banker und Spekulanten, Sheikhs und ihre westlichen Berater – das Emirat gehört zu den größten Ölproduzenten der arabischen Welt. Endlos reihen sich Büro- und Verwaltungstürme, besonders in der Gegend der Corniche, jener herrschaftlichen Küstenstraße, wie sie in den meisten Städten am Golf zum guten Ton gehört; eine orientalische Variante der Champs-Elysées, gewissermaßen.

Abu Dhabi wird zu Staub zerfallen, wenn das Öl versiegt. Kein Ausländer wird bleiben am Tag danach. Die Stadt würde dunkel und leblos, die Straßen zu Slums, die bunten Wohnviertel eine tote Kulisse. Alles ist Transit. Nur der Verdienst hält die Arbeitsmigranten. Ich habe niemanden getroffen in

Abu Dhabi, der länger bleiben wollte als nötig. Viele lernen nicht einmal die Sprache, sie leben innerlich in der Heimat. Wie dieser Taxifahrer, den das Schicksal mir bescherte; ein Paschtune. Er trägt seine Stammeskleidung, eine Art Hosensack, eine Weste und um den Kopf einen Schal, der als Turban gebunden ist. Ich habe eine Verabredung im Ministerium für islamische Angelegenheiten und religiöse Stiftungen. Er versteht kein Wort, weder Englisch noch Arabisch, und sieht mich ängstlich an. Mir kommt eine Idee. Wizara Allah, sage ich, Ministerium des Herrn. Poetisches Pidgin-Arabisch. Das müßte er verstehen.

Der Fahrer nickt. Er ist höchstens zwanzig, fährt wie ein Verrückter und immer im Kreis, besser gesagt im Karree. Als er das dritte Mal die Corniche entlangfegt, werde ich unruhig. Allah, frage ich, Allah? Er nickt und legt eine Kassette in den Recorder, vermutlich eine Heimatmelodie. Zu hören ist ein männlicher Sänger, der einen endlosen Text deklamiert. Ab und zu fällt das Wort Allah. Dann trommeln ein paar Leute wie besessen, eine Geige spielt auf, und schließlich beenden einige Salven aus Maschinengewehren den lebhaften Reigen. Nach kurzer Pause beginnt ein neues Lied, mit ähnlichem Muster.

Bum Bum, sage ich. Der Fahrer lächelt. Diesmal bleibt er auf der Corniche, fährt geradeaus Richtung Ras al-Akhdar, »grüner Kopf«, ein beliebtes Ausflugsziel am Wochenende, überall Palmen und Strand.

»Allah?«

»Allah, Allah!«

Er zeigt geradeaus, und wirklich, hinter der Kurve macht er eine Vollbremsung. Wir stehen mitten im Sand. Allah, Allah! ruft er. Irgendwas ist schiefgelaufen. Allah, Allah, wiederholt er und macht eine Handbewegung, die heißen will: verschwinde. Ich steige aus, und er rast davon, ohne Bezahlung.

Die Gegend ist nicht schlecht, ich habe einen wunderbaren Blick auf die Skyline von Abu Dhabi. Ich genieße die Aussicht, und ganz allmählich wird mir die Geschichte klar. Er hatte keine Ahnung, wo sich das Ministerium befindet. Aber das konnte er mir nicht sagen, er hätte sein Gesicht verloren. Dann fiel ihm ein, wo es am schönsten ist in Abu Dhabi. Wo er vielleicht schon öfter war mit seinen Freunden. Ein Ort der Besinnung, der Sehnsüchte und der Träume, im Grunde ein Ort der inneren Begegnung mit Gott, ein erhabener Ort, frei von alltäglichen Sorgen. Wir haben uns besser verstanden, als ich dachte, nur muß ich zu Fuß zurück in die Stadt; an solchen Orten gibt es keine Taxen.

Im Ministerium des Herrn sind die meisten Angestellten schon gegangen. Die Arbeit in den Behörden beginnt früh, in der Regel um sieben Uhr, doch ein Arbeitstag dauert selten länger als sechs Stunden. Im Vorzimmer des Staatssekretärs sitzen einige Männer auf zerschlissenen Stühlen und trinken Tee. In den Regalen aus Blech stapeln sich staubige Papiere. Das Büro macht, wie das Ministerium insgesamt, einen verwohnten, fast heruntergekommenen Eindruck, was mich einigermaßen erstaunt – Abu Dhabi fehlt es nicht an Geld. Auf einem überladenen Schreibtisch steht ein uraltes Telefon mit Kordschnur, auch in den übrigen Räumen ist die Technik vergleichsweise rudimentär. Einen Augenblick überlege ich, ob der miserable Zustand dieser Behörde – immerhin die politische Zentrale des Islam in den Emiraten – einen stillen Protest enthalten mag gegen die rein äußerliche Moderne des Landes. Andererseits läßt der Wagenpark des Ministeriums einen durchaus souveränen Umgang mit Prestige und Technologie erkennen. Ein unheilvoller Gedanke drängt sich auf: Wenn es den Verantwortlichen nicht einmal gelingt, die eigene Behörde zu sanieren, wie wäre dann die innere Substanz eines islamischen Gottesstaates beschaffen?

»Sie haben sich verspätet«, bemerkt der Mann am Schreibtisch, während er kurz von seinen Unterlagen aufblickt. »Der Staatssekretär ist nicht mehr da.«

Ich erzähle die Geschichte mit dem Taxifahrer, durchaus gestenreich. Niemand verzieht eine Miene. Wer ist dieser Fremde? Ein Agent, ein Spion, eine Heimsuchung?

»Bruder, bist du Muslim?« fragt einer in der Gruppe.

»Nein, kein Muslim.«

»Warum sprichst du Arabisch, wenn du kein Muslim bist.«

»Nehmen wir an, deine Söhne lernen Englisch. Würdest du von ihnen verlangen, daß sie Christen werden?«

Eine lebhafte Debatte entsteht über die Vorzüge und Nachteile der einzelnen Religionen. Für viele in der Runde ist es wahrscheinlich die erste intensivere Begegnung mit einem Europäer, das anfängliche Mißtrauen weicht einer zunächst zaghaften, dann unverblümten Neugier, aber auch Anklage.

»Tatsache ist doch«, sagt der Mann am Schreibtisch, »daß uns die Menschen im Westen nicht ernst nehmen. Sie halten uns für rückständig und unkultiviert. Die Mentalität ist noch immer wie in den Zeiten der Kreuzzüge. Die Araber unterwerfen, ihre Schätze rauben und den Islam mißachten, unsere Würde mit Füßen treten. Man verkauft uns Autos und Technik und viele schöne Dinge mehr. Aber das Wissen, diese Sachen herzustellen, behalten die Europäer für sich, die Amerikaner und die Japaner. Sie wollen, daß wir kaufen. Sie wollen nicht, daß wir lernen und selbständig werden. Wie die kleinen Kinder behandeln sie uns.«

Der Mann mag um die sechzig sein. Er redet in einem fast lyrischen Tonfall, gemessen, mit regelmäßigen Pausen, die inhaltliche Zäsuren sind und Vorwurf zugleich. Seine Erscheinung hat etwas Zeitloses, Archaisches fast, und wäre nicht die runde Brille mit dünnem Stahlrand, er könnte selber ein Versprengter des Propheten sein, dessen Namen er trägt. Der graue Bart reicht ihm auf die Brust, aufmerksam dirigiert er die Runde mit seinen Blicken, die schmalen, scharfgezeichneten Lippen und die große, vorstoßende Nase verleihen ihm entfernt das Profil eines Habichts.

Der Islam sei nicht gegen Fortschritt und Technologie, fährt Mohammed fort. Das Problem sei der Ansturm westlicher Gedanken auf die islamische Zivilisation, das schleichende Gift des Materialismus, das die Tradition zersetze und überlieferte Lebensformen zerstöre. Um sich der Herausforderung des Westens zu stellen, bedürfe es einer grundlegenden moralischen Erneuerung der islamischen Gesellschaft. Erste Schritte auf diesem Weg seien strenges Fasten im Ramadan, ein rigoroses Alkoholverbot und die Verschleierung der Frau in der Öffentlichkeit.

Ich entgegne, daß dergleichen Äußerlichkeiten eine grundlegende Auseinandersetzung mit der eigenen und der westlichen Kultur nicht ersetzen. Moralische Läuterung sei ohne Zweifel verdienstvoll, aber weder Voraussetzung noch Garantie für Entwicklung und Fortschritt.

Mohammed versteht mich auf seine Weise. »Wichtig ist, Moral und Wissen zu fördern. Moral ohne Wissen ist wertlos. Wissen heißt, Neues aufnehmen im Geist der Offenbarung. Der Islam ist die Lösung, aber der Rahmen muß stimmen. Es ist eine Sache, rechtgläubig zu sein, und eine andere, über Kompetenz zu verfügen.« Er führt als Beispiel einen *Hadith* an, eine überlieferte Aussage des Propheten Mohammed. Der wandte sich gegen die Forderung seines treu ergebenen Kampfgefährten Abu Dharr, als dieser von Mohammed verlangte, ihm die Herrschaft einer der eroberten Provinzen anzutragen. Abu Dharr verfüge nicht über hinreichend politische Erfahrung. Auch heute seien sich die Rechtsgelehrten einig: Wenn vor einer entscheidenden Schlacht die Wahl zu treffen wäre zwischen zwei Anführern, von denen der eine rechtgläubig, doch unerfahren sei, der andere hingegen dem Alkohol, dem Schweinefleisch oder den Frauen zuneige, gleichwohl aber ein unbezwingbarer Kämpfer sei, dann gebühre ihm die Führung.

»Aus diesem Grund«, betont Mohammed, »ist der Fundamentalismus nicht hilfreich. Viele Extremisten haben nur unzureichende Kenntnisse des Islam. Die Ausgrenzung und Geißelung von Andersgläubigen löst keine Probleme.«

Ich frage die Männer, wie sie mit der Kluft leben, die zwischen ihren religiösen Idealen und der gesellschaftlichen Wirklichkeit liegt. Wenn der Islam die Lösung sei, müßten sie doch zum Beispiel die Islamisierung des Bankwesens fordern, das in Abu Dhabi und allgemein am Golf mehrheitlich nach westlich-kapitalistischem Muster organisiert ist.

»Für jeden gläubigen Muslim«, sagt Mohammed, »ist es unerträglich, sein Geld bei einer Bank anzulegen, die Zinsen nimmt und Wucher treibt. Wir sagen den Gläubigen: Tragt euer Geld auf eine islamische Bank. Wir reden darüber mit der Regierung. Wir fordern seit langem ein Verbot nichtislamischer Banken. Wir fordern die Einführung islamischen Rechts. Aber wir sind gleichzeitig Realisten. Wir respektieren die Entscheidungen der Regierung. Wir wollen keine Konflikte, wir vermeiden Konfrontationen. Unser Weg ist der Dialog, wir haben Zeit.«

Über zwei Stunden sitzen wir und diskutieren, auch die übrigen Männer schalten sich ein, sichtlich bemüht, diesen zufälligen Delegierten einer unvertrauten, häufig feindlichen Welt für sich zu gewinnen. Bemerkenswert ist die innere Disziplin der Runde. Niemand unterbricht den Vorredner, man hört einander zu. Sobald ich anhebe, etwas zu sagen, erteilt mir der Patriarch am Schreibtisch das Wort; als Gast genieße ich Vorrechte. Häufig entgegnet Mohammed auf meine Fragen und Einwände ein rhetorisches »Sehr richtig« oder »Das ist eine kluge Bemerkung«. Kurzum, es herrscht eine Atmosphäre gegenseitiger Anteilnahme, weit entfernt von den Monologen westlicher Egomanie.

Als ich mich verabschiede, folgt mir ein junger Mann an die Tür, der mich bislang nachdenklich gemustert hatte, ohne ein Wort zu sagen. Faisal, ein Mensch mit auffallendem Augenzucken. Ob wir uns noch einmal sehen könnten, es gebe weiterhin Wichtiges anzumerken über den Islam. Ich bin einverstanden. Wo wir uns treffen wollen? Am liebsten wäre mir eine konspirative Moschee, aber Faisal schlägt die Lobby eines Luxushotels vor.

Wir sitzen in feudalen Ledersesseln. Im Hintergrund ist ein polnisches Gesangsduo zu hören, das unvergeßliche Melodien aus Rußland auf der Hammondorgel liquidiert. Schwerbewaffnete Polizisten sind in der Eingangshalle postiert. In der ersten Etage gibt der saudische Botschafter ein Abschiedsbankett. Ein französisches Mannequin wirbt an der Rezeption für Produkte von Karl Lagerfeld. Ihr Englisch ist grauenhaft, aber das dürfte die beistehenden Herren, drei Manager der mittleren Laufbahn, nicht weiter interessieren. Schon eher die Frage, die auch mich beschäftigt. Was trägt sie unter ihrem getigerten Blazer und dem unverschämt kurzen Rock? Ich wüßte gerne, was Faisal dazu sagt, aber ich fürchte, er hat andere Sorgen.

»Was weißt du über den Islam?« fragt er.

»Nicht genug, um mir ein abschließendes Urteil zu erlauben.«

Er schweigt und sieht durch mich hindurch. Ich setze nach, etwas verunsichert. Eine Religion der Brüderlichkeit. Die Einheit der Gläubigen. Mohammed der Prophet, Gott schenke ihm Heil. Ergebung in Gottes Willen. Keine Trennung von Staat und Religion. Keine Reformation.

Faisal interessiert das alles nicht. Er hört mir gelangweilt zu, wie ein Vater, der im stillen hofft, sein aufgedrehtes Kind werde bald schon von ganz alleine zur Ruhe kommen. Plötzlich richtet er sich auf, rückt näher an mich heran und klopft mit dem Zeigefinger auf mein linkes Knie. »Der Islam«, sagt er, »verurteilt jede Form des Götzendienstes. Heiligengräber sind unerträglich. Sie fördern die Vielgötterei. Wer sie aufsucht, ist nicht unbedingt ein Häretiker, aber ein Ignorant. Kein Mensch darf sich erhöhen, als wäre er Gott. Auch die Toten nicht.«

Das allerdings verblüfft mich. Offenbar ist er ein Anhänger der Wahhabiya, einer pietistischen Strömung, die im benachbarten Saudi-Arabien Staatsreligion ist. Ihr Begründer war Mohammed Ibn Abd al-Wahhab, der im 18. Jahrhundert eine vergleichsweise schlichte Lehre entwarf, in Anlehnung an den mittelalterlichen Theologen Ibn Taimiya. Seine Schriften richten sich wesentlich gegen den Heiligenkult, die volkstümliche Verehrung heiliger Männer des Islam, die Einrichtung von Heiligengräbern und Pilgerfahrten dorthin. Gleichzeitig verurteilte er jedwede religiöse Erneuerung und Interpretation des Korans, der vielmehr buchstabengetreu auszulegen sei.

Meines Wissens gibt es heute mit Ausnahme des Wadi Hadramaut im südlichen Jemen nirgendwo auf der arabischen Halbinsel noch Heiligengräber, die expansive Wahhabiya hat sie sämtlich zerstört. So gesehen entbehrt Faisals Attacke nicht einer gewissen Donquichotterie, wie sie häufig unter religiösen Traditionalisten zu beobachten ist. Ein Glaubenssatz, der einmal im Kanon orthodoxer Theorie gespeichert wurde, setzt sich unbeschadet fort bis in alle Ewigkeiten, ohne Irritationen durch erfahrbare Realitäten.

Die Wahhabiya ist im Emirat Abu Dhabi nicht unbedingt gerne gesehen. Aus Gründen politischer Rivalität sind die hiesigen Herrscher eher mißtrauisch gegenüber Saudi-Arabien.

Faisal hingegen hat in Mekka Islamisches Recht studiert, daher wohl seine Anklage.

Und noch eine Sache liegt ihm am Herzen, er hatte gute Dozenten. Die Musik und das Lachen. Unnötig und zu verurteilen sei, was die Sinne unnötig reize. Wie das französische Mannequin, das Faisal vornehm ignoriert. Sie sitzt uns mittlerweile schräg gegenüber und parliert mit einem Nadelstreifen.

Faisals Argumentation leuchtet mir nicht ein. Immerhin heißt es im Koran, Sure 53 (42-44):

»Und daß beim Herrn der Ausgang ist der Sachen?
Er weinen macht und lachen?
Und sterben und erwachen?«

Faisal läßt sich nicht beirren. »Gewiß, Vergnügen und Spiel sind nicht an sich schlecht. Doch sie lenken ab von guten Taten, und die allein entscheiden am Tag des Gerichts. Wie kann der sterbliche Mensch lachen im Angesicht der Vergänglichkeit, ohne zu wissen, ob ihm das Paradies bestimmt ist oder aber die Hölle?

Auch der Prophet Mohammed – Gott schenke ihm Segen und Heil – hat nicht gelacht. Er hat gelächelt. Die Überlieferung beschreibt, wie die Gefährten des Propheten beisammen saßen, Gedichte rezitierten und sich amüsierten über die Zeit der Unwissenheit vor dem Islam. Dabei lachten sie, der Prophet aber lächelte.

Wenn der Prophet seine Scherze trieb, dann allein zur Erbauung. Einmal tadelte er einen Gefährten und redete ihn an mit den Worten ›O Zweiohriger‹, weil der nicht zugehört hatte. Eine heitere Ermahnung war das, in der Tat.«

Wahrscheinlich könnte vor dem Hotel eine Bombe explodieren, ohne daß es von größerer Bedeutung wäre als das Lächeln des Propheten.

»Erlaube mir eine offene Bemerkung, Faisal. Du redest von Heiligengräbern und Formen des rechten Lachens. Aber du sagst nichts über die wirklichen Probleme der arabischen Welt. Den Mangel an Demokratie, die Unfreiheit, das soziale Elend außerhalb der Golfstaaten. Und nichts über die Frage, wie islamische Tradition und westliche Moderne zu versöhnen wären.«

»Es ist wahr, der Zustand der arabischen, der islamischen Welt ist jämmerlich. Und warum? Weil wir uns von den Wurzeln des Islam entfernt haben. Die Leute trinken Alkohol und befolgen nicht die Gebote. Beim Morgengebet bin ich fast alleine in der Moschee. Das geht nicht. Wir müssen uns von innen heraus erneuern. Wenn uns die moralische Läuterung gelingt, sind wir wieder führend in der Welt. Wie in der goldenen Zeit des Mittelalters, als die Araber die Wissenschaft beherrschten und die Europäer von uns lernten.«

Abdallah Aman macht ein finsteres Gesicht. Er hat schlechte Nachrichten.

»Eine Begegnung mit Sheikh Sultan – das geht leider nicht.« Der stellvertretende Premierminister, jung an Jahren, eingefahren auf eine feste Lebensbahn, mit leicht melancholischem Blick.

»Es geht nicht«, wiederholt Abdallah Aman. »Sehen Sie, wir haben da ein Problem. Sie sind doch Europäer, nicht wahr? Als Europäer nun haben Sie Ihre eigenen Vorstellungen und Meinungen, die nicht unbedingt dieselben sein müssen wie unsere.

Nehmen wir einmal an, wir ermöglichen Ihnen eine Begegnung mit Sheikh Sultan. Was wäre dann? Sie würden beschreiben, was Sie erleben. Das ist auch gut so. Allerdings wissen wir nicht, welche Eindrücke Sie vermitteln. Unsere Erfahrung mit westlichen Besuchern lehrt uns, daß sie vor allem die ungewöhnlichen Aspekte betonen. Die Kleidung beispielsweise. Wir fühlen uns wohl in unseren Gewändern. Warum sollten wir sie ablegen? Aus welchem Grund? Sie sind Teil unserer Tradition, auf die wir stolz sind. In Europa lachen die Leute über uns. Sagen Sie nichts, sie lachen über uns. Sie kennen die Karikaturen in den Zeitungen? Über die Ölsheikhs? Das wollen wir nicht. Aber wir sind stolz auf unsere Kleidung, wir sind stolz auf unsere Vergangenheit, wir sind stolz auf unsere Leistungen, auf das moderne Gesicht Abu Dhabis und der anderen Städte am Golf. Wir sind stolz.

Und nun wollen Sie Sheikh Sultan treffen. Wenn Sie Politiker wären, jederzeit. Aber Sie schreiben, und das ist ein Risiko. Wer garantiert uns, daß Sie die Begegnung ernsthaft wiedergeben? Unter Umständen lassen Sie sich ablenken von Nebensächlichkeiten, die Ihnen als Europäer bemerkenswert erscheinen. Das betrifft insbesondere die Kleidung. Nun könnten wir Sie bitten, Ihrerseits ein weißes Gewand anzulegen. Was dann? Sie würden sich unter Umständen nicht wohl fühlen in Ihrer Haut.

Oder Sheikh Sultan trägt einen Anzug. Das wäre immerhin möglich, doch weshalb sollte er seine Herkunft verleugnen? In beiden Fällen besteht die Gefahr mangelnder Sachlichkeit. Ihre Wahrnehmung könnte nachlässig sein. Vielleicht sind Sie empfänglich für Äußerlichkeiten. Die Möglichkeit einer unfreundlichen Kommentierung wiegt schwer. Was also sollen wir tun? Ich glaube, Sie sollten so objektiv wie nur möglich schreiben. Reden Sie besser mit Verantwortlichen ohne gehobene Funktion. Führen Sie Gespräche mit Technikern und Ingenieuren, die Ihnen unsere Errungenschaften erläutern. Oder sprechen Sie mit Künstlern, Malern oder Literaten. Letztendlich haben wir alle dieselbe Meinung, aber wenn Sie sich mit diesen Leuten unterhalten, werden Sie nicht abgelenkt von Nebensächlichkeiten. Sie können sich voll und ganz auf das Wesentliche konzentrieren, unsere großen Leistungen auf dem Weg in die Neuzeit.

So also verhalten sich die Dinge, Gott ist mein Zeuge. Ich bin mir sicher, daß Sie Verständnis haben für unsere Entscheidung. Denn wie sagt das Sprichwort: Der Streit der Anschauungen entzweit nicht die aufrecht Gesinnten.«

Irgendwann im Herbst 1982 hat Walid Kaddura seine Frau das letzte Mal gesehen. Sie war auf dem Weg nach Saida, im Süden des Libanon, um Verwandte zu besuchen. Sie ist dort nie angekommen. Es war die Zeit der israelischen Invasion, und der Soldat am Checkpoint wußte offenbar, daß sie die Frau eines führenden politischen Offiziers der »Volksfront für die Befreiung Palästinas« unter George Habash war.

Nach seiner Flucht aus Beirut versuchte Walid Kaddura, mit

Hilfe arabischer Freunde in den USA und der israelischen Anwältin Felicia Langer, Gewißheit über das Schicksal seiner Frau zu erlangen. Die israelische Botschaft in Washington teilte ihr Bedauern mit, über nähere Informationen nicht zu verfügen. Die Untersuchungen Felicia Langers ergaben, daß die Frau Walid Kadduras in ein israelisches Militärgefängnis eingeliefert wurde. Entweder sei sie dort schon zu Tode gekommen, oder aber man habe sie nach den Verhören an die christlichen Phalangisten ausgeliefert, während der Massaker von Sabra und Shatila.

Walid Kaddura kam über Umwege nach Abu Dhabi. Er kannte den damaligen Außenminister der Emirate, Ahmad Khalifa Al Suwaidi, der ihm einen Job im »Kulturellen Forum« verschaffte, der wichtigsten kulturellen Institution des Landes. Ein gewaltiger Gebäudekomplex, in dem ausländische Filmwochen ebenso stattfinden wie beispielsweise Ausstellungen über den Roten Halbmond, die islamische Variante des Roten Kreuzes.

Eher zufällig lerne ich Walid Kaddura kennen. Im Vorzimmer von Mohammed Al Suwaidi, dem Sohn des ehemaligen Außenministers und Leiters des »Kulturellen Forums«. Er ist unter dreißig, aber niemand zweifelt, daß er der künftige Kultusminister des Landes sein wird. Alles am Golf ist eine Frage der rechten Herkunft und Geburt. Die Genealogie der Familie Suwaidi reicht zurück bis zu ihrem Stammvater Aswad al-Kindi, der zu Lebzeiten des Propheten Mohammed von Jemen nach Oman emigrierte. Später siedelten wichtige Teile des Clans entlang der Küste der Emirate, im vorigen Jahrhundert verbündeten sie sich mit den Bani Yas und ihrer herrschenden Dynastie der Al Nahyan. Seither spielen die Sudan – Plural von Suwaidi – eine wichtige Rolle in der Stammespolitik Abu Dhabis, aber auch im benachbarten Katar, wenngleich dort in geringerem Maße. (*Aswad* bedeutet schwarz und läßt vermuten, daß der Stammvater der Dynastie ein dunkelhäutiger Mensch war.)

Mohammed Al Suwaidi läßt sich telephonisch entschuldigen und bittet mich für den Abend in sein Penthouse. Seine libanesische Sekretärin ist erleichtert. Sie hat lange in Paris gelebt und haßt orientalisches Laisser-faire. In einem Nebenzimmer sitzen Walid Kaddura und einige andere Palästinenser. Sie verwalten die Vorstellungen ihrer einheimischen Arbeitgeber. Walid Kaddura ist Ende vierzig, ein ruhiger, zurückhaltender Mann, der erst nach reiflicher Überlegung redet. Seine Haare sind grau, und die Resignation zeichnet tiefe Falten in seinem Gesicht. Die meisten Palästinenser haben keine Wurzeln in den Emiraten am Golf, nicht erst seit Kuwait. Arbeitsmigranten erhalten Visa in der Regel über drei oder fünf Jahre, Palästinenser nur für ein Jahr. Walid Kaddura hat Verwandte in Katar und Saudi-Arabien, keine fünfhundert Kilometer entfernt, dennoch sind die Grenzen auf der arabischen Halbinsel für Palästinenser hermetisch geschlossen, als trügen sie die Pest.

»Das Problem der Golfstaaten«, sagt Walid Kaddura, »ist die Mentalität der Menschen. Sie übernehmen die Technologie des Westens, ohne gleichzeitig ihre Seele zu öffnen. Die Moderne berührt sie nicht. Sie vertrauen Gott und den überlieferten Traditionen, aber es gibt keinen gesellschaftlichen Dialog über die Grenzen der Religion, über neue, demokratischere Formen der Politik.«

Er lädt mich ein nach Hause, eine ruhige Seitenstraße, in der nur Ausländer leben. Wohnsilos, hastig erbaut vor zwanzig Jahren, deren Mauern erste Risse zeigen. Wir sitzen und trinken Tee, Walid erzählt von Beirut, seinen politischen Illusionen. Er hat keinen Glauben mehr, nur noch den Wunsch, die Familie unbeschadet zu ernähren. Seine zweite Frau ist die Schwester seiner ersten, ermordeten Frau. Die vier Kinder sind aus beiden Ehen, die älteste Tochter hat gerade die Schule beendet und wollte studieren, aber es geht nicht. Palästinenser werden an den Universitäten der Golfstaaten nicht zugelassen, von Ausnahmen abgesehen. Sie müßte nach Beirut oder Amman, doch dazu fehlt das Geld. Jetzt arbeitet sie als Sekretärin in der japanischen Botschaft.

Beim Mittagessen fragen mich die Kinder, ob ich die Stadt Akko kenne, in Israel. Na ja, ich war öfter dort. Drei leuchtende Augenpaare strahlen mich an, die jüngste, eine zweijährige Prinzessin mit goldblonden Haaren, nimmt erfreut den Finger aus der Nase.

Akko! Wie ist es da! Gibt es noch die Straße Soundso? Den Bäckerladen von Abu Mahir? Die Schule, die der Großvater besuchte? Die engen Gassen im Basar?

Schon Walid hat Akko nicht mehr gesehen, er war ein Kleinkind, als seine Eltern in den Libanon flohen. Aber die Sehnsucht nach Heimat sitzt tief, und sie wird bleiben.

»Walid, was machst du, wenn ihr eines Tages die Emirate verlassen müßt?«

»Ich weiß nicht. Ich glaube, ich gehe zur nächsten israelischen Botschaft und beantrage politisches Asyl.«

Wir erreichen das Penthouse von Mohammed Al Suwaidi, als die Sonne gerade im Meer versinkt, ein roter Feuerball am Horizont. Wie auf einen unsichtbaren Befehl erheben sich einzelne Stimmen zu einer leisen, fast unhörbaren Melodie, die anwächst zu einem Konzert aus unzähligen Kehlen. Das Finale ist kurz und gewaltig, mit der einsetzenden Dämmerung verlieren sich die Stimmen abrupt in den Geräuschen der Stadt. Es ist das erste Mal, daß ich am Golf Vögel wahrnehme. Tief unter uns, in weiter Ferne, fließt endlos der Verkehr, rote Bremslichter flackern und verlöschen, dicht an dicht stauen sich die Autos. Aus der Sicht der sechzehnten Etage scheint das Leben ein Spiel, unbedeutend und beliebig folgt es einem unergründlichen Rhythmus. Auf den Dächern der umliegenden Hochhäuser gehen die Lichter von Leuchtreklamen an, Muezzins rufen über Lautsprecher zum Gebet.

Mohammed Al Suwaidi schildert seine Eindrücke von Neuschwanstein und bedauert das tragische Schicksal Ludwig des Zweiten, erzählt vom Rebland und Baden-Baden, wo er seine Flitterwochen verbrachte. Frauen sind für ihn Luftwesen, Gestalten aus der Märchenwelt, deren Weg in die Wirklichkeit über Mutterschaft und Ehe führt. Sie bedürfen einer schützenden Hand, die Richtung und Aufgaben weist, aus der gottgewollten Unmündigkeit befreit. Freiheit sei gleichbedeutend mit der inneren Bereitschaft, angetragene Pflichten anzunehmen und verantwortungsbewußt auszuführen, unabhängig vom jeweiligen Geschlecht.

»Das Problem der arabischen Welt«, sagt Mohammed Al Suwaidi, »ist nicht der Mangel an Freiheit. Sehr viele arabische

Intellektuelle haben während der Golfkrise Saddam unterstützt, wie Sie wissen. Diese Leute sind noch immer in ihren alten Positionen, niemand hat sie zur Rechenschaft gezogen. Sie sehen, die Freiheit des Andersdenkenden wird respektiert. Nein, das Problem liegt auf einer anderen Ebene. Es ist der Mangel an Bildung und Wissen.«

Der künftige Kultusminister ist schlank, fast unscheinbar. Auf seinem Gesicht liegt eine weißhäutige Blässe, wie sie ein Leben in geschlossenen Räumen gewöhnlich abverlangt; ein schweres, aber notwendiges Opfer verantwortungsbewußter Pflichterfüllung. Äußerlich erinnert nichts an seine arabische Herkunft, abgesehen von der Kleidung; darin nicht ganz unähnlich jenen konturenlosen Luftwesen, die erst Gestalt annehmen in der bereitwilligen Hingabe an die Kraft der Bestimmung – ohne jedoch, dieser Widerspruch bleibt unerklärlich, die hellhäutige Erscheinung in gleichem Maße zu verlieren.

Bildung und Wissen sind häufig beschworene Werte am Golf. In der Regel bezeichnen sie additives Faktenwissen: Wie funktioniert ein Computer? Wie viele Menschen leben in Amerika? Wie entstehen Krankheiten? Philosophische, gesellschaftspolitische oder gar religionskritische Fragestellungen spielen in der Öffentlichkeit, in den Universitäten oder den Medien, nur eine sehr untergeordnete Rolle, obwohl Mohammed Al Suwaidi überzeugt ist, daß sie keinen Schaden anrichten könnten: »Radikale Veränderungen wird es nicht geben, die Stammesstrukturen sind viel zu ausgeprägt.«

Er begleitet mich durch sein Penthouse, das eine ganze Etage von etwa dreihundert Quadratmetern umfaßt. Der Fahrstuhl endet im Wohnzimmer, sofern der Benutzer über den entsprechenden Schlüssel verfügt. Der erste Eindruck vermittelt Bescheidenheit, in den weitläufigen Fluren hängen vereinzelt Aquarelle und Radierungen, Stilleben oder Szenen aus dem beduinischen Alltag. An der Rückwand des Fahrstuhlschachts steht eine Ledergarnitur, akkurat gruppiert um einen flachen, anthrazitgrauen Tisch mit Marmorplatte. Über den verglasten Dachgarten führt der Blick hinaus auf Häuserschluchten und das brodelnde Leben der Stadt, in der Ferne schimmert die unruhige Silhouette des Meeres. Zwei bengalische Hausangestellte in braunen Uniformen sind beschäftigt, die Glasfront des Dachgartens zu reinigen.

Die Wohnung mag zehn Räume umfassen, einige stehen fast leer. Die übrigen allerdings lassen keine Wünsche offen, ein Sesam-öffne-dich an technischer Raffinesse. Ein Zimmer enthält die größte private Sammlung von Videofilmen in der Golfregion, etwa fünftausend Kassetten, auf Computer erfaßt und archiviert, ein repräsentativer Querschnitt durch fast siebzig Jahre Filmgeschichte, von Buster Keaton bis Spielberg. John Wayne neben Wenders, russische und japanische Regisseure, indische und arabische, fast alle Filme von Fassbinder. Nebenan ein kleines Musikstudio, wo der Gastgeber gelegentlich komponiert. Der eigentliche Clou aber ist ein Saal von der Größe eines Schachtelkinos, ausgestattet mit einem hochauflösenden, leicht gewölbten Fernsehgerät, das nahezu Leinwandformat erreicht. Zwei überdimensionale Lautsprecher tragen den Klang, perfekt austariert, in die Mitte des Raumes, geeicht auf die Sitzhöhe eines solitären Designer-Stuhls aus Chrom und Leder.

Mohammed Al Suwaidi schiebt eine Laser-Disc in den Player, beiläufig und weltgewandt, mit fast gelangweilter Routine, als habe der ganze Aufwand keinerlei innere Bewandtnis. Der Raum verdunkelt sich, die Jalousie schließt automatisch. Walid steht im Türrahmen und raucht eine Zigarette, gedankenverloren. Ein bengalischer Angestellter serviert Wasser und Früchte, der Hausherr nimmt Platz auf dem Boden und weist mir die Ehrenloge. Leonard Bernstein dirigiert das New Yorker Philharmonische Orchester, Symphonie No. 10 von Gustav Mahler, präsent und authentisch, und doch eine digitale Kopie, unwirklich fast in ihrer Perfektion. Die Szene ist nicht ohne Ironie: eine Vorführung aus den kulturellen Archiven konservierter Zeit, ein Gastspiel fremder Welt auf fremdem Boden. Beider Pole berühren sich nicht, am Rande der Wüste. Beduinische, arabische Kultur beruht auf Sprache, Oralität; kulturelle Traditionen sind in der Gegenwart lebendig, fernab jedweder digitaler Prothesen, die eines nicht mehr fernen Tages, Zeichen der neuen Zeit, orientalische Spiritualität in Bilder fassen werden, Folklore für die Archive.

Mag sein, daß mich das morbide Adagio zu einer unziemlichen Frage inspirierte. Was er denn so an Miete zahle für diese Wohnung?

Mohammed Al Suwaidi wirft mir einen überraschten Blick zu und bricht aus in schallendes Gelächter, auch der bengalische Angestellte lächelt höflich. »Mein lieber Freund! Über Geld redet nur, wer es nötig hat.«

Nichts ist peinlicher als die Wahrheit, doch als angehender Politiker baut er mir eine goldene Brücke – wir verständigen uns auf die technische Brillanz der Aufnahme und die Jahrhundertleistung des Dirigenten. Selbstverständlich zahlt Mohammed Al Suwaidi keine Miete. Er ist nicht allein Besitzer dieses Penthouse, sondern auch des dazugehörigen Hochhauses, in dem unter anderem die malaysische Botschaft untergebracht ist. In Abu Dhabi – teilweise auch in den übrigen Emiraten – besteht ein wundersames System der Geldvermehrung, das Millionäre schafft ohne einen Pfennig Eigenkapital, ohne jede unternehmerische Initiative. Voraussetzung sind allein verwandtschaftliche Beziehungen oder politische Nähe zur herrschenden Dynastie der Al Nahyan.

Um bestehende Loyalitäten zu festigen, aber auch als Instrument der Wohlstandsverteilung hat die Herrscherfamilie in den letzten Jahrzehnten Grund und Boden kostenlos an bewährte Untertanen abgegeben – je höher der soziale Rang, desto wertvoller die Geschäftslage des erworbenen Landes. Mit dem Ölboom wuchs der Bedarf an Bauland, doch die Lage der Stadt auf einer Insel erlaubte keine Expansion in die Breite, nur in die Höhe. Die Vorfinanzierung der Bauvorhaben übernimmt wiederum der Staat: Kostet beispielsweise ein Hochhaus zehn Millionen Mark, erhält der Grundstückseigentümer einen entsprechenden Kredit mit einer Laufzeit von zwanzig bis fünfundzwanzig Jahren bei maximal einprozentiger Verzinsung. Zusätzlich fallen die Mieteinnahmen der ersten Jahre teilweise an den Staat, der auf diese Weise die niedrige Verzinsung ausgleicht und am Ende der Kreditlaufzeit seine Investition inflationsbereinigt zurückerhalten hat – ohne Gewinne, aber auch ohne Verluste. Dergleichen Geldquellen stehen ausschließlich einheimischen Bewohnern zur Verfügung, Ausländer dürfen Grund und Boden nicht erwerben, weder in Abu Dhabi noch andernorts am Golf.

Mohammed Al Suwaidi lebt nicht in seinem Penthouse, er benutzt es lediglich als Atelierwohnung, die er drei- bis viermal im Monat aufsucht, um zu meditieren. Er wohnt in einer Villa in den Vororten, wie die meisten Emiratis.

Mittlerweile sind wir nicht mehr alleine, zwei weitere Palästinenser sind Mohammed Al Suwaidis Einladung gefolgt.

Wir nehmen Platz im verglasten Dachgarten, wo die beiden Bengalen noch immer fleißig die Fenster reinigen. Wir sitzen nach Beduinensitte auf dem flachen Boden, das Essen wird aufgetragen von weiteren Bengalen, sechs oder sieben müssen im Hintergrund wirken, zusätzlich zu den beiden, die über und vor unseren Köpfen wischen und putzen. Um das eigentliche Hauptgericht lagern allerlei Vorspeisen und Köstlichkeiten, kleine Leckerbissen, wie sie für die arabische Küche typisch sind, eingelegte Auberginen, scharfe Gewürzgurken, Oliven, pürierte Kichererbsen, gestoßene Sesamkerne in Öl, verschiedene Quarkspeisen und Saucen. Die eigentliche Begierde allerdings richtet sich auf den gebratenen Hammel in der Mitte, der mit Rosinen und Safranreis angerichtet ist. Gegessen wird mit der rechten Hand, Zeige- und Mittelfinger dringen in das Fleisch, bis sich kleine Stücke lösen oder aber die Finger rot verbrannt sind. Im Idealfall führt man das Fleisch in die flache Hand und rollt es mit dem Reis zu einem Bällchen, das mit einer legeren Bewegung des Daumens in den Mund geschoben wird. Die Sitten sind lutheranisch, dem Schmatzen und Rülpsen folgt seliges Lächeln, während das Fett unablässig den Unterarm entlangläuft.

Wir führen angeregte Gespräche, fragen uns zum Beispiel, warum in der arabischen Alltagssprache der Konjunktiv keine Rolle spielt, die Realitätsform deutlich dominiert. Vielleicht macht es keinen Sinn, über Möglichkeiten zu spekulieren, wenn Gott allmächtig ist, bemerke ich. Mohammed Al Suwaidi stimmt mir nachdrücklich zu und wechselt das Thema. Wieso hat die katholische Kirche Michelangelo toleriert, ungeachtet ihrer Prüderie? »Alles würde die arabische Welt bereit sein zu überdenken oder anzunehmen. Aber die Provokation einer unbekleideten Frau in der Öffentlichkeit – nein, niemals. Unvorstellbar.«

Die beiden Palästinenser nicken beifällig. Einer ist Ingenieur, der andere, Salah, Kulturkorrespondent einer emiratischen Zeitung in Paris. Beide sind lebhaft an den Gesprächen beteiligt, sichtlich um Präsenz bemüht. Walid dagegen ist eher schweigsam, er ißt seelenruhig und sagt in kurzen, knappen Sätzen seine Meinung, eine diplomatische Geste, um nicht als unhöflich zu gelten. Selten entsteht eine Gesprächspause, die Argumente und Ansichten fügen sich zu einer fast lückenlosen Folge, aber entscheidend sind nicht die Inhalte, um die beide Palästinenser atemlos ringen. Unsere Begegnung ist Allegorie, jeder spielt eine Rolle, seinen sozialen Part. Ich selber bin das exotische Beiwerk dieser Runde, das Mohammed Al Suwaidi die Aura von Weltläufigkeit verleiht. Meine Aufgabe ist es, zu bewundern und Fragen zu stellen, die unseren Gastgeber als kulturkundigen Wanderer zwischen den Welten ausweisen. Als ich die Spielregeln mißachte und Verständnis äußere für den Wunsch, ein selbstbestimmtes Leben zu führen, straft mich Mohammed Al Suwaidi mit Schweigen, und Salah beginnt einen Diskurs über das von Disziplin geprägte Menschenbild der japanischen Gesellschaft. Salah und der Ingenieur sind beide privilegiert, sie haben gutbezahlte Jobs und wissen, was sie ihrem Arbeitgeber schuldig sind. Man könnte sagen, sie wiegen sich in Hoffnungen, die Walid längst nicht mehr hegt.

Während wir reden und essen, reinigen die bengalischen Angestellten fleißig die Fenster, ein schwieriger Balanceakt teilweise dicht über unseren Köpfen. Gewissenhaft fahren sie mit Tüchern und Lappen über die Scheiben, mit großer Sorgfalt vermeiden die Männer, daß Tropfwasser im Essen landet. Anschließend säubern sie die Fenster von außen, entschuldigen sich mit breitem Lächeln für die entstehende Zugluft, die nicht mehr ist als eine warme Brise. Einer der beiden Angestellten lehnt sich so weit hinaus, daß ihn allein die feste Umklammerung eines Fensterknaufs vor dem Absturz bewahrt. Der Anblick ist unerträglich, aber niemand sagt ein Wort. Nur Salah sucht sich einen anderen Sitzplatz, mit dem Rücken zur

Fensterfront, um nicht Augenzeuge einer möglichen Tragödie zu werden. Nichts wird geschehen, bemerkt Mohammed Al Suwaidi beiläufig, die Bengalen seien diese Arbeit gewohnt. Und vertieft sich weiter in sein Thema, Nachdenken über die Brutalisierung des Alltags in amerikanischen Städten, teilweise bis hinab in die Provinz, eine Folge des Verlustes verbindlicher Werte und gesellschaftlicher Regeln.

Dubai.
Fast food im Paradies

Wie ein Raumschiff gleitet der weiße Cadillac mit den blutro-
ten Sitzen durch die engen Gassen von Deira, landet als Me-
teorit in einem Meer von Menschen, fast ausschließlich Inder
und Pakistani, die an den Feiertagen zu Tausenden und Abertausenden die schmalen Straßen und Bürgersteige bevölkern,
in mächtigen Wellen gegen die amerikanischen oder japanischen Autos und chinesischen Fahrräder branden, bis der Verkehr unaufhaltsam zusammenbricht, besiegt von palavernden
Passanten, Männern überwiegend, die aus der Perspektive
einer Luxuslimousine leises Unbehagen bereiten, weil die
Menge ohne weiteres in der Lage wäre, jeden unerwünschten
Fremdkörper nach Belieben zu verschlingen, mehr oder weniger beiläufig, ohne große Worte; einem Raubfisch ähnlich, der
seine Beute mit einer nachlässigen Bewegung der Vorderzähne
zermalmt, ohne daß dieser Vorgang ein moralisches Urteil
rechtfertigen würde oder eine Anklage sinnvoll erscheinen
ließe.

»Sieh nach, ob wir durchkommen«, sagt Mohammed und
dreht die Musik leiser, das Forellenquintett von Schubert in einer älteren Aufnahme, Herbert von Karajan dirigiert die Berliner Philharmoniker.

Die Hitze erschlägt mich, als ich aus dem klimatisierten Wagen auf die Straße trete, und wie benommen von diesem Schlag
bahne ich mir den Weg durch eine dicht gefügte Gruppe von
Pakistani, die unwirsch beiseite rücken und erstaunt sind, daß
ich an die Häuserwand dränge. Ich schließe die Augen und
höre ein Geräusch, vergleichbar dem Summen einer Myriade
von Hummeln – eine gleichförmige Melodie aus unzähligen
Männerstimmen, manchmal leise anschwellend, dann wieder
an Intensität verlierend; eine konstante Folge von Tönen, die
sich wie ein akustisches Mosaik zusammenfügen und gleich-

zeitig abstoßen, beständig und veränderlich im selben Augenblick, fast eine religiöse Liturgie, ein Lobgesang auf eine andere, bessere Zeit.

Als ich die Augen öffne, sehe ich Köpfe, nichts als Köpfe, Zehntausende Köpfe, die eng beieinander stehen und lebhaft reden, dabei offenherzig lächeln und meistens nicken, als sei es ihnen gelungen, auf den Grund eines tiefen Geheimnisses vorzudringen, das sich einem Außenstehenden und Fremden nie in demselben Maße erschließen dürfte.

Mohammed schiebt den Cadillac mit Hilfe einiger Pakistani in eine Parklücke und drängt durch die Menschenmenge. Gemeinsam rudern wir in Richtung Hauptstraße, hinaus aus dem Volksviertel Deira, bis sich der Menschenauflauf allmählich verliert, die Geschäfte teurer und exklusiver werden, überwiegend Elektronik und High-Tech aus dem Fernen Osten führen.

»Ich begreife nicht«, bemerkt Mohammed, »warum alle Welt Beethoven verehrt, wo doch Schubert das größere Genie ist.« Er kennt sich hervorragend aus in europäischer Geistesgeschichte und Kultur, verehrt Barock und Romantik, das französische Kino, romanische Architektur; einmal im Jahr fährt er für einige Wochen nach Paris, München oder London, geht in Opern und Konzerte, Museen und Galerien, schätzt Balzac und Thomas Mann, vor allem aber redet er ohne Punkt und Pause – ein beduinischer Bohemien, dessen Lust am Reden einen erstaunlichen Gegensatz bildet zu seiner eigenen literarischen Meistergattung, der Kurzgeschichte. Mohammed al-Murr, geboren 1955, gilt als der bedeutendste Schriftsteller der Vereinigten Arabischen Emirate, seine Erzählungen erscheinen in Beirut, Kairo und Dubai. Wie die meisten Golfaraber lebt allerdings auch er von Zinsen und Renditen, den Mieteinnahmen einiger Geschäfte und Apartmenthäuser, die sein Vater ihm vererbte.

»Ich kann mich nicht beklagen, ich lebe gut, obwohl der Cadillac nur geliehen ist. Dubai ist keine Stadt der Künste. Alles dreht sich ums Geld, die Menschen sind Geschäftsleute, sie machen Geld aus Geld. Und wenn sie genug haben, wollen sie sich ausruhen, ›das Leben genießen‹, wie sie sagen. Meistens bekommen sie vorher einen Herzinfarkt. So gesehen ist Dubai eine sehr moderne, eine sehr westliche Stadt.«

Wir haben kein Ziel, wir flanieren eine Weile am Creek entlang und setzen uns in ein Café, eine Art Imbiß mit Plastikstühlen.

Creek. Für mich ist es ein ausgesprochen magisches, ein verwunschenes Wort, das gefährliche koloniale Abenteuer erwarten ließe, würdig keines geringeren als Rudolph Valentino, der nach einer Kette finsterer Intrigen in den Sonnenuntergang reitet, ein Beduine ohne Furcht und Tadel, der kurz vor dem Abspann in die Arme seiner heimlichen Geliebten findet, einer begehrenswerten Tochter aus vornehmer britischer Familie, die mit Königin Viktoria korrespondiert und posthum, nach dem Suezkrieg vermutlich, in den Adelsstand erhoben wird.

Leider verliert sich die Poesie in den einschlägigen Übersetzungen. Das arabische »Khor« hat den sinnlichen Charme einer Hinrichtung, während das deutsche Wort »Meeresarm« ähnlich die Phantasie beflügelt wie sein größerer Bruder, der sprachlich renommiertere, aber nicht minder trübe »Geschlechtsverkehr«.

Jedenfalls reicht dieser Meeresarm zwölf Kilometer in die Wüste hinein, ein Naturhafen und lange Zeit die Lebensader der wichtigsten Handelsmetropole am Golf. Erste schriftliche Erwähnung findet Dubai in den Annalen der Britisch-Indischen Kolonialverwaltung, im Jahr 1799, aber es ist durchaus möglich, daß an diesem Ort schon zu früheren Zeiten Fischerdörfer existierten, wenngleich unter anderem Namen. Die moderne Geschichte Dubais beginnt 1833, als sich eine Gruppe von achthundert Clan-Angehörigen nach einem Konflikt mit dem Herrscher aus dem Stammesverband der Bani Yas löste und von Abu Dhabi nach Dubai emigrierte. Damit verbunden war die Gründung des gleichnamigen Scheichtums Dubai, das bis heute von der Familie Maktum regiert wird; ein Handelsgeschlecht, das frühzeitig die richtigen Entscheidungen fällte, in der Regel begünstigt von einem vorsorglichen Schicksal. Ursprünglich lebte Dubai vom Perlenhandel; sehr zur Unbill der lokalen Herrscher jedoch wurden die eigentlich lukrativen Übersee-Geschäfte mit Indien über persische Häfen abgewickelt – bis die Regierung in Teheran 1902 ein kaiserliches Dekret erließ, das die Zölle und Steuern in den Küstenstädten drastisch erhöhte. Der Seehandel mit Indien verlagerte sich daraufhin in die Steueroase Dubai, die schnell zum wichtigsten Waren-Umschlagplatz im Mittleren Osten avancierte. Heute gelangen japanische Autos, amerikanische Technologie, Konsumprodukte aller Art, aber auch Lebensmittel über die Drehscheibe Dubai in die gesamte Golfregion, und darüber hinaus nach Iran, Pakistan, Indien und Ostafrika.

Der nächste Boom folgte nach dem Zweiten Weltkrieg, mit der Entdeckung von Erdöl im Scheichtum Dubai. Bis in die sechziger Jahre, erzählt Mohammed, »war unser Leben noch sehr traditionell. Wir haben in Shindagha gewohnt, direkt an der Mündung des Creek. Nur wenige Nachbarn wohnten in Häusern aus Stein, vor allem Händler mit viel Geld. Die meisten Häuser waren aus Lehm, mit Dächern aus Palmwedeln. Zimmer wurden mit Tüchern aus Sackleinen unterteilt. Als Kinder waren wir immer am Creek und haben die einlaufenden Boote und Schiffe beobachtet; wir sind mit der Wüste und dem Wasser aufgewachsen. Unsere Eltern waren Beduinen, die sich in Dubai ein besseres Leben versprachen. Den Strand in Shindagha gibt es längst nicht mehr, heute ist dort eine breite Straße, daneben die Kaimauer.«

Dieses Imbiß-Café am Creek mit seinen Plastikstühlen ist ein ethnographisches Wunder, aus der Zeit geworfen und gestrandet in einem geographischen Nirgendwo. Der Wirt ein Pakistani, die Kellner Inder und der Mann am Grillspieß Afghane. Ein babylonisches Sprachengewirr. Die angetragenen Speisen sind überwiegend kalt, Befehle werden gebrüllt, die niemand versteht oder die man vorsorglich ignoriert. Es herrscht Anarchie, nicht ohne Programm. »Bring two tea«, befiehlt Mohammed im singenden Tonfall des indisch geprägten Englisch, der hiesigen Lingua franca. Etwas erschrocken über den harschen Ton, setze ich ein freundliches Lächeln nach und ein devotes »Please«. Der kleinwüchsige, dunkelhäutige Kellner, der uns keines Blickes würdigt, erteilt einige Handzeichen an unsichtbare Dritte, wahrscheinlich einflußreiche Religionsfanatiker oder bewaffnete Glaubenskämpfer; eine halbe Stunde später erhalte ich einen lauwarmen Tee und Mohammed ein halbvolles Glas abgestandener Limonade.

Ich mag diese Menschen, die uns mehr über das Leben verraten als jede gelehrige Theorie. Ich nehme an, der Wirt alleine ist Idealist. Als einziger trägt er ein sauberes Hemd und versucht zu organisieren, allen Ernstes fragt er einen Gast: Did you enjoy your meal? Er wird eines Morgens aufgewacht sein und hatte eine Vision – teilhaben an der großen Sehnsucht nach Westen und Wohlstand, im Schatten dieser verführerischen Skyline aus Bürogebäuden, Hotels, Hochhäusern, wie sie Dubai und jede andere Golfstadt seit den sechziger, siebziger Jahren heimsucht. Die pakistanischen Restaurants in Dubai sind ausgezeichnet. Aber welcher Araber, welcher Europäer verirrt sich schon in diese proletarischen Garstuben?

Fast food. Der pakistanische Wirt ist eines Morgens aufgewacht und hatte eine Vision. Schnell, teuer und schlecht. Fast food. Das Wesen westlicher Ökonomie hat er intuitiv begriffen, seine Idee war richtig und falsch zugleich. Sein Fehler liegt im Standort. Gewiß, diese Skyline, diese verlogene Metapher mit ihren leuchtenden Werbe-Ikonen, liegt zum Greifen nahe, auf der anderen Straßenseite, zehn Schritte nur. Aber rechts von uns, neben der schmalen Promenade, befindet sich der Creek, ein feuchter Schlund, eine offene Wunde zum Meer, die Tag und Nacht Seefahrer und Händler anzieht, ein unablässiger Strom seit mindestens hundert Jahren. Und es kommen Menschen und Mentalitäten, die von glänzenden Fassaden nichts verstehen, die kleine Geschäfte machen in den Randzonen des großen Geldes, dort, wo man bisweilen froh ist, den nächsten Tag noch zu erleben. Dicht an dicht ankern die hölzernen Dhaus im Creek von Dubai, von weitem eine Perlenkette zu Füßen der Moderne, angelandet am Rande der Zeit, dieser magnetische Ort, einem Abziehbild von Dallas oder Miami gleich.

Handelsschiffe wie chinesische Dschunken. Nußschalen auf dem Meer, beladen mit Tee, Milchpulver, Mehl, Trockenfisch, Radios, Fernsehgeräten; Kinderspielzeug und Haushaltswaren, überwiegend aus Plastik; Kisten, Fässer, Säcke, manchmal ganze Autos, die mit einfachen Kränen und Muskelkraft an Bord gehievt werden. Entlang der Uferpromenade ein lebhaftes Treiben und Gesichter in allen Farben. Matrosen, die rauchen und grinsen, manchmal im Heck in die Hocke gehen, mit Blick auf die Passanten ihren Darm entleeren, zur großen Freude der Fische, die sofort zur Einschlagstelle eilen. In ungelenker arabischer Schrift stehen die Fahrtziele auf hölzernen Schildern: Karachi, Mogadischu, Mombasa, Mukalla, Muscat, Sokotra ... Sagenhafte Matronen aus Sudan oder Somalia stehen einfach da, mitten im Weg, Hintern groß wie Melonen, sie zetern und klagen, und man läßt sie, weil sie jeden Widerstand mit Blicken töten.

Und einige dieser Ausgeworfenen landen zwangsläufig in unserem Café Oriental, dem einzigen Imbiß weit und breit, theoretisch eine Goldgrube. Aber dann setzen sie sich und reden in nie gehörten Sprachen, selbstbewußt und gleichgültig gegenüber den Kellnern, die ab und zu unaufgefordert Getränke bringen und sie nach einiger Zeit gelassen wieder abholen oder einen Tisch weiter deponieren, gerne bei westlichen Touristen, die T-Shirts tragen mit Aufschriften wie »Safer Sex« oder »I was in Dubai«. Die Inder sagen nichts, sie stehen einfach da und warten, bis die freundlichen Surfer resigniert trinken und zahlen, mit der fürchterlichen Gewißheit im Herzen, daß sie spätestens am nächsten Morgen Diarrhöe diagnostizieren werden.

Uns gegenüber meditiert eine Gruppe Pakistani in traditionellen Stammesgewändern, wie aus dem Ei gepellt für den Landgang. Sie sitzen da und sind auf merkwürdige Weise abwesend. Einer erzählt eine Geschichte, sehr lebhaft, aber ohne eine Miene zu verziehen. Nach einigen Minuten schweigt der Erzähler und blickt teilnahmslos in die Runde, als sei das Räderwerk abgelaufen und warte auf das Drehen an der Schraube. Die anderen machen Geräusche wie »Aah!«, »Mmmmh«, »Ma-ma«, »Schta-ump«, dann schweigen auch sie und lassen ihre Blicke kreisen, ohne erkennbares Interesse für die Menschen oder Gegenstände in ihrem Umfeld; ihre Augen sind wie glasig, einer beschlagenen Brille gleich, eine

Folie offenbar gegen die Wirklichkeit. Dann erzählt der nächste seine Geschichte, das Ritual wiederholt sich, bis alle fünf Männer an der Reihe waren – und wieder beginnt die Runde von vorne, eine mysteriöse Schablone.

Die Nachmittagssonne taucht die Kulisse am Creek in ein surreales, pastellfarbenes Licht, als gäbe es keine Widersprüche zu lösen. Lange Schatten fallen auf die Pakistani gegenüber, auf deren Gesichtern Poren sich zu Kratern vertiefen, dunkle Linien und Risse verlaufen, Reste von Bärten, mit scharfen Messern beseitigt, unter einer Lippe getrocknetes Blut. Ein böses Stilleben aus Licht und Schatten, das doch den Männern Würde verleiht, einen klaglosen Gleichmut verrät, der die Versuchungen von Wohlstand und Westen, ein paar Meter weiter, gelassen kommentiert. Für den pakistanischen Wirt, der in Fast food investierte, ganz sicher eine Tragödie. Für die innere Befindlichkeit der einlaufenden Gäste aber ein unermeßlicher Gewinn.

Abgesehen von den Dhaus war früher alles anders in Dubai, ähnlich gelassen und überschaubar vermutlich. Mohammed erzählt gerne von den alten Zeiten. »Noch in den sechziger Jahren konnte man die einzelnen Wohnviertel nach verwandtschaftlichen Beziehungen oder Stammeszugehörigkeit unterscheiden. Beduinen oder Händler, die neu in die Stadt kamen, ließen sich dort nieder, wo schon Verwandte lebten. Auch die Ausländer, die Inder und Iraner vor allem, zogen in ihre eigenen Viertel. Die meisten Wohngebiete hatten einen Vorsteher, meistens war es der Stammesälteste oder der angesehenste Bürger, der seine Gemeinde nach außen vertrat, im Falle von Streitigkeiten oder in Krisensituationen, nach einer Überschwemmung beispielsweise. Gleichzeitig war er der Ansprechpartner des Herrschers, wenn dieser der Bevölkerung etwas mitzuteilen hatte.

Es gab damals keine Polizei, kein staatliches Erziehungssystem und wenig gesetzliche Regelungen, insbesondere im Bereich städtischer Verwaltung. Mit anderen Worten, die Regierung, die jeweiligen Herrscher der Maktum, haben es nie als ihre Aufgabe angesehen, das Individuum durch Vorschriften von oben zu bevormunden. Deswegen konnte sich der Kapitalismus in Dubai frei entfalten, bei uns gelten traditionell die Gesetze des Marktes. Sheikh Said Bin Maktum, der von 1912 bis 1958 regierte, schickte seinen Bruder Hashar fast täglich auf die Märkte von Deira, um sich über mögliche Vorschläge und Beschwerden der Händler zu informieren. Diese enge Beziehung zwischen Herrscher und Händlern besteht bis heute, und nicht zuletzt deswegen ist seine Autorität noch immer unangefochten.

Vor der Ölzeit wurden die Menschen an ihren moralischen Qualitäten gemessen, es gab eine subtile soziale Kontrolle und deswegen kaum Verbrechen oder ernsthafte Vergehen. Weil der Herrscher als oberster Schiedsrichter und Friedensstifter allgemein anerkannt war, respektierten die Bürger auch seine Gefolgsleute, sogar seine Steuerbeamten, mehr oder weniger.

Heute verschiebt sich das soziale Gefüge, das egalitäre Leben in Bescheidenheit ist vorbei. Je größer die persönliche oder verwandtschaftliche Nähe zur Macht, desto größer die Beteiligung am Ölvermögen. Ausländische Unternehmen, die in Dubai investieren wollen, müssen einheimische Zwischenhändler einschalten, wie überall am Golf. Die Verträge bekommt, wer über die besten Kontakte verfügt. Der reichste Mann in Dubai, im gesamten Mittleren Osten, ist Magid al-Futaim, ein Großhändler, dessen Vater bereits ein enger Vertrauter von Sheikh Said war. Jedenfalls ist der soziale Ordnungsfaktor in den einzelnen Stadtteilen immer weniger die verwandtschaftliche Zugehörigkeit. Entscheidend ist vielmehr die Höhe des verfügbaren Einkommens.«

Als die Ölgesellschaften in den fünfziger Jahren auf dem Gebiet der heutigen Vereinigten Arabischen Emirate ihre Arbeit aufnahmen, machten sie das liberale und weltoffene Dubai zu ihrer regionalen Basis. Allerdings brauchten sie einen Hafen, der wenigstens für kleinere Schiffe geeignet war. Also wurde der Creek vertieft, im Mündungsbereich erweitert, doch die Kapazitäten reichten nicht aus. In den siebziger Jahren entstanden drei neue Häfen, darunter der größte Tiefseehafen der Welt, Jebel Ali, gut dreißig Kilometer südlich von Dubai, Zentrum einer gewaltigen Industrieanlage. Parallel zum wirtschaftlichen Wachstum ändert sich das Stadtbild,

entstand ein modernes Geschäftszentrum unweit des Basar-
viertels Deira, parallel zum Creek — jene Perspektive, die unser Fast-food-Café so trefflich erschließt. Die alten Häuser
wurden überwiegend abgerissen, neue Wohnviertel gebaut,
einfache Siedlungen für die asiatischen Gastarbeiter, bessere
bis exklusivere Nachbarschaften für die Einheimischen und
westlichen Experten. Und doch ist Dubai durchwachsen,
weniger monoton als die übrigen Städte am Golf, vermutlich
wegen der einzigartigen Atmosphäre am Creek, dieses anar-
chischen Nebeneinanders verschiedener Zeiten und Mentalitäten. Dubai ist eine merkantile Metapher, anders als Abu
Dhabi, Doha oder Kuweit, wo Bürokratie und beduinische
Traditionen eine politische Symbiose bilden, die sich fort-
schreibt über Zinsen und Renditen. Dubai wird noch bestehen, wenn das Öl versiegt ist; als Handelsmetropole und
Drehscheibe zwischen Golf und Mittelasien, eine Freihan-
delszone vergleichbar Hongkong oder Singapur.

Auf der anderen Seite des Creek liegt der Stadtteil Bastakiya, ein zerfallendes Relikt aus vergangenen Zeiten. Der erste
Blick fällt auf eine Reihe ausgeblichener Verwaltungsgebäude
mit rissigen Fassaden, ehemals die besten Adressen der Stadt.
In einem der Häuser, die heute als Warenlager dienen, öffnete
1946 die erste Bankfiliale. Sie gehörte der Imperial Bank of
Iran des britischen Barons Julius de Reuter, eines Großneffen
von Paul Julius Reuter, gebürtig aus Kassel und Begründer der
gleichnamigen Nachrichtenagentur. Der sich hinter diesen
Gebäuden anschließende Basar besteht aus engen, teilweise
überdachten Gassen, in denen Waren mit Holzkarren angelie-
fert werden; für Autos wären sie zu schmal. Die Geschäfte reihen sich dicht an dicht, fest in der Hand von Indern oder Pakistani. Fast ausschließlich Textilien werden hier angeboten, in
Läden teilweise nicht viel größer als ein paar Schuhkartons.
Der Markt ist ohne Glanz oder Atmosphäre, und doch werden hier millionenschwere Geschäfte abgeschlossen, in ver-
rauchten Hinterstuben oder winzigen Büros.

In einer unscheinbaren Seitengasse, hinter der großen Freitagsmoschee, treffe ich Vashu S. Shroff, Direktor der Regal
Company, mit jährlich sechzig bis siebzig Millionen Dollar

Umsatz das größte Textilunternehmen Dubais. Mister Shroff ist der reichste indische Händler der Region, ein schwergewichtiger Mann Mitte fünfzig mit kindlichen Gesichtszügen und ehrlicher Freundlichkeit. Als erstes zeigt er mir seinen Hausaltar, untergebracht in einer Schrankwand neben dem Schreibtisch. Bilder von Brahma, Vishnu und Shiva, die Schöpfung, Erhaltung und Vernichtung des Alls verkörpern, von Guru Hanik, einem weißhaarigen Weisen, der besonders von Sindhis und Sikhs verehrt wird, und anderen hinduistischen Heiligen. Rechts neben der Weihrauchkerze, umrahmt von rot, weiß und grün blinkenden Lämpchen, liegt der Koran, eingebunden in ein gehäkeltes Cover. »Eine gute Religion«, sagt Mister Shroff. »Eigentlich gehört auch die Bibel hinein, aber Sie sehen ja – der Platz reicht nicht.« Die Hindus haben ein sehr lebensnahes Gottesbild, das den einen Gott in der Vielschichtigkeit seiner Erscheinungen wahrnimmt, gewissermaßen ein pluralistischer Monotheismus, mit einem größeren Sinn für die Tiefendimension der Welt und ihrer Formen, der Dinge wie der Lebewesen, als gemeinhin im Westen oder in den islamischen Gesellschaften.

Der eigentliche Clou seines Altars ist jedoch ein Bildschirm, der mit einer draußen installierten Videokamera verbunden ist und Einblicke in den benachbarten hinduistischen Tempel erlaubt; auf weiteren Knopfdruck ertönt meditative religiöse Musik. Seine Familie, erzählt Mister Shroff, lebt in der fünften Generation in Dubai. »In den frühen sechziger Jahren, als ich die Geschäfte übernahm, war das Leben sehr einfach. Es gab keine Straßen, keinen Strom, kein Telefon. Zum Waschen gingen wir an den Creek, Trinkwasser wurde auf Eseln gebracht. Die Frachtschiffe kamen aus Japan und Indien und lagen vor der Küste auf Reede. Ihre Waren wurden da umgeladen auf kleine Holzboote.

Inder leben seit ungefähr einhundertfünfzig Jahren in Dubai. Die Gegend hier gehörte ja faktisch zum britischen Empire und wurde lange von Bombay aus verwaltet. Indische Rupien waren die gängige Währung. Unser erstes großes Geld haben wir mit Persien verdient, nach der Jahrhundertwende. Sie nannten es Schmuggel. Wir nannten es Handel.«

Vashu S. Shroff stammt ursprünglich aus der Provinz Sindh im heutigen Pakistan. Nach der Unabhängigkeit emigrierte seine Familie nach Bombay, wo sie seither ihren Wohnsitz hat. Denn Dubai ist Transit, spätestens mit Erreichen des Pensionsalters müssen die Ausländer das Land verlassen. Hat er nicht Angst, daß die Behörden ihn und die indische Gemeinde von einem Tag auf den anderen ausweisen könnten und sie ihren Besitz verlieren?

»Aber nein. Die hiesigen Araber können nicht arbeiten. Sie sind die Herren und brauchen ihre Diener.« Dementsprechend hätten die Golfaraber ein pragmatisches Verhältnis zu den Gastarbeitern, solange sie die Gesetze respektieren und sich nicht für Politik interessieren. 85 Prozent der etwa fünfhunderttausend Einwohner Dubais sind Ausländer, mehrheitlich aus Indien und Pakistan.

Duldet er Gewerkschaften unter seinen hundert indischen Angestellten?

»Es gibt keine Gewerkschaften am Golf, Gott sei gepriesen.« Wer bei ihm arbeite, wisse, daß er gut verdiene. Soziale Gegensätze seien Teil des Lebens, in keiner Weise ungewöhnlich und zweifelsohne gottgewollt, deswegen auch das hinduistische Kastenwesen. Wer in Bombay Laufbursche war, ist auch in Dubai Laufbursche, daran könnten auch Gewerkschaften nichts ändern.

Die Geschichte Bastakiyas, dieses Stadtteils mit dem Ambiente zerfallender Gemäuer und gedrungener Läden, beginnt in den zwanziger Jahren. Damals erkannten die persischen Händler, die vorübergehend in Dubai Unterkunft gesucht hatten, daß der Schah seine im Jahr 1902 eingeleitete restriktive Steuerpolitik nicht revidieren würde, obgleich sie die Wirtschaft im Süden des Landes fast ruiniert hatte. Sie nahmen das Angebot des weitsichtigen Herrschers Sheikh Said Bin Maktum an, sich dauerhaft in Dubai niederzulassen, und holten ihre Familien. Die meisten Einwanderer kamen aus der südpersischen Region Bastak, weniger als zweihundert Kilometer Luftlinie entfernt, und waren ethnische Araber – keine Schiiten, sondern Sunniten, wie die Golfaraber. Sie gaben Bastakiya nicht nur den Namen, sondern auch ein unverwechselbares architektonisches Gesicht – in Form der Windturmhäuser, die im südlichen Iran weit verbreitet waren. Aus größerer Entfernung erinnern sie an amerikanische Forts. Bis zu fünfzehn Meter hoch sind die einzelnen Windtürme, die in der Regel zweigeschossigen Gebäuden aufgesetzt wurden, an wenigstens zwei, häufig allen vier Ecken des Hauses. Ihr oberer Teil besteht aus vier nach innen gewölbten Wänden, die in regelmäßigen Abständen geöffnet sind, eingefaßt von Säulen und Bögen, häufig verziert mit aufwendigen Stuckornamenten. Noch der leiseste Windzug wird von den konkaven Turmwänden aufgefangen und gelangt durch einen Kamin in den unterhalb des Windturmes gelegenen Raum, wo sich in der brütenden Sommerhitze die Familie versammelt. In der Regel umfassen diese Gebäude einen großzügig angelegten Innenhof, wie in arabischen Wohnanlagen üblich; nicht selten ausgestattet mit überdachten Veranden oder hölzernen Galerien.

Windturmhäuser waren teuer und exklusiv, ein Privileg wohlhabender Händler in der Zeit vor dem Öl. Danach zog man in die neuen Villenvororte, Bastakiya wurde sich selbst überlassen. Heute bieten die meisten Windturmhäuser ein Bild des Verfalls, bewohnt von mittellosen Gastarbeitern oder Emiratis, zweckentfremdet als Lagerhallen oder Ställe. Es wird nur noch wenige Jahre dauern, bis auch die letzten Exemplare der expansiven Stadtplanung, dem Beton und dem Airconditioning zum Opfer fallen.

Wir fahren über die Maktum-Brücke Richtung Trade Centre, das höchste Gebäude am Golf, neununddreißig Etagen mit mehreren hundert Büros, einer Ausstellungshalle und einem Luxushotel nebenan; ein Leuchtturm importierter Moderne, der, bei entsprechend niederer Gesinnung, von weitem an einen Phallus gemahnt.

Alles steht, der Verkehr staut sich über Kilometer, Mohammed al-Murr dreht am Radio, eine englische Stimme verliest Meldungen aus dem Diwan des Herrschers, welche Botschafter und Exzellenzen, Manager und Ölfachleute um wieviel Uhr dem Herrscher Dubais, Sheikh Maktum Bin Rashid Al

Maktum, die Reverenz erwiesen; es folgen eine Seifenwerbung und anschließend die britischen Charts mit den neuesten Trends und Tendenzen der internationalen Hip-Hop-Szene. Das Air-conditioning läuft auf Hochtouren, und doch ist es in diesem Cadillac schwül und viel zu komfortabel. Die flirrende Hitze des Asphalts, die aufsteigenden Abgase, flackernde Bremslichter und grelle Lichtreflexe auf Tausenden von Karossen verbinden sich zu einem farbverzerrten Cinemascope-Bild, das anhaltenden Stillstand signalisiert. Ich blättere in der Biographie des englischen Diplomaten und Abenteurers Wilfred Thesiger, der in den vierziger und fünfziger Jahren die Wüsten Arabiens durchstreifte, als Beduine unter Beduinen lebte. Was für Zeiten.

»Mohammed, kennst du diese Stelle in dem Film *Lawrence von Arabien*, wo Lawrence den Beduinenführer Auda Bin Tayy überredet, die Stadt Akaba von den Türken zu erobern?«

»Klar. Und er fragt zurück: ›Warum sollte ich das tun?‹ Und Lawrence sagt: ›Weil es dir gefällt‹. In so einem süßlichen Tonfall hat er das gesagt. Ein echter Händler.«

Aber dann kommt der Höhepunkt. Auda Bin Tayy entfährt, voller Bewunderung, dieser eine Satz, dieser Ritterschlag, diese einzigartige beduinische Initiation:

»Bei Gott – deine Mutter hat sich mit einem Skorpion gepaart.«

»Würdest du auch gerne hören, was?« fragt mich Mohammed.

Was für eine Frage. Schon als Jugendlicher habe ich diese Szene in der Hauptrolle neu besetzt. Weiße Gewänder, eine noble Gesinnung und ein eiskaltes Poker in der Wüste. Am Ende gehört man dazu und heiratet die jüngste Tochter der Familie. Wahrscheinlich die Sehnsucht moderner Maschinenmenschen nach Sternenhimmel. Die Orientalistik nun schaut in diesen Himmel und greift nach den Sternen, beschreibt sie, gibt ihnen Namen, legt sie in die Archive, wo sie ihren Glanz verlieren, sorgfältig vermessen auf ungelesenen Papieren. Orientalisten sind wie Gynäkologen, sie durchtrennen die Nabelschnur ohne Leidenschaft für das wirkliche Leben.

Sheherazade interessiert sie methodisch, ein literarisches Phänomen. Niemand würde sie fragen, was sie über den König dachte.

Lawrence, der verrückte Demagoge. Mich haben die Auda Bin Tayys immer wieder in die Wüste geschickt. Hashar Bin Maktum Al Maktum zum Beispiel, ein Cousin des Herrschers und Intendant von Radio und Fernsehen Dubai. Fährt einen sandfarbenen Jaguar.

»Er ist eitel«, sagt Mohammed. »Jaguar!« Der verächtliche Unterton ist nicht zu überhören. »Jeder weiß doch, daß Cadillac besser ist als Jaguar.«

»Du bist ein schlechter Beduine, Mohammed.«

»Immerhin kann ich Kamele einreiten. Du nicht.«

»Dafür fahre ich Fahrrad. Du nicht.«

Er macht mit seinen Lippen ein Geräusch, als würde Luft aus einem Schlauch entweichen.

»Erzähl schon. Wie war's bei Hashar?«

»Er ist ein perfekter Rhetoriker. Fast zwei Stunden hat er mich über den Tisch gezogen, ohne mir eine Chance zu geben. Nicht schlecht, der Mann.«

Es war ein poetisches Fest. Die Inhalte spielten kaum eine Rolle, seine Gestik, Mimik und Sprache, auch sein Schweigen setzten Akzente, die den geborenen Geschichtenerzähler verraten. Sein Duktus ist der eines Predigers, langsam, bedächtig, stets bereit zur Absolution.

»Jesus wird immer Jesus bleiben, dem Materialismus ein Dorn im Fleische.«

So sprach Hashar Bin Maktum Al Maktum, der Hochgeborene. Bedeutende Sentenzen, immer hart an der Grenze zum Groschenheft. Seine Schweizer Designer-Uhr fiel mir auf, die Uhrzeiger als Tennisschläger, der Sekundenzeiger ein ewiger Matchball. Irgendwie kommen wir auf Salman Rushdie. Warum er nicht mal ein Interview mit ihm mache, exklusiv für seine Anstalt?

Kein Wort, nichts. Eine Minute dreißig Sekunden. Nur das Ticken seiner Armbanduhr. Ununterbrochen sieht er mir in die Augen. Nicht aufdringlich, nicht unangenehm, aber in der Sache unerbittlich. Dann legt er seine Hand auf mein Knie.

Bisher hat er lyrisches Hocharabisch geredet, durchweg druckreif, nun kommt er mir auf Englisch.

»Wissen Sie was ... ich möchte Ihnen die Wahrheit sagen.«

Er wird eines Tages seinen Jaguar verkaufen und einen Dummen finden, der ihm mehr zahlt als den Neupreis. Irgendein Europäer wahrscheinlich. Einer wie ich.

»Die Wahrheit.«

Er löst seine Hand von meinem Knie und zündet sich eine Zigarette an. Ein kultivierter Mann, Ende vierzig, schlank, mit Oberlippenbart, im traditionellen weißen Gewand der Beduinen. Er legt das goldene Feuerzeug zurück auf den Edelholztisch und atmet tief aus.

»Sehen Sie – in meinem Herzen bin ich ein generöser Mensch.«

Ist klar.

»Ein generöser Mensch.« Dramaturgische Pause, vielleicht zehn Sekunden.

»Aber ich frage Sie: Was soll ich machen?«

»Ich weiß es nicht, Exzellenz.«

»Wir haben in Dubai einen wie Salman Rushdie. Einen wie Salman Rushdie. Radikal. Ohne Kompromisse. Er kennt keine Tabus. Kennt er nicht.

Eines Tages gehe ich zu ihm hin. Sage ihm: Hör zu, ich biete dir eine Stunde Sendezeit in der Woche. Du kannst damit machen, was du willst. Aus deinen Büchern vorlesen, Stücke inszenieren, was du willst. Was du willst.

Sagt er mir: Hashar, Erbarmen. Warum willst du mir das antun. Warum nur. Warum.

Wenn ich das tue, was du mir anbietest, dann bringen mich die Leute am nächsten Tag auf der Straße um.«

»Eine spannende Geschichte«, bemerke ich. »Wie heißt denn der hiesige Salman Rushdie. Kann man ihn kennenlernen?«

»Was sind Namen. Was sind Namen. Was sind Namen.

Genügt Ihnen mein Wort nicht?«

Lawrence war ein Genie. Ich bilde mir allerdings ein, daß er an Hashar Bin Maktum Al Maktum gescheitert wäre. Der Mann ist einfach gut. Ich wüßte gerne, wie seine Frau mit ihm umgeht, die er in einem Nebensatz als »intelligent, aber schlichten Gemütes« beschreibt. Sie hat über die Architektur japanischer Hochhäuser promoviert, und wahrscheinlich ließe sich dieses Thema auch psychologisch deuten.

Mohammed verliert kein Wort über seine Frau, obwohl ich gelegentlich verhaltenes Interesse signalisiere, über seine Familie zu reden. Er hat drei Kinder, und die unverheiratete Schwester seiner Frau lebt bei ihnen im Haus. Mehr erzählt Mohammed nicht. Frauen sind kein Thema in der hiesigen Öffentlichkeit, aber im stillen hatte ich gehofft, Mohammed würde das anders sehen. In seinen Kurzgeschichten geht es immer wieder um die betrogenen Sehnsüchte von Mädchen und Frauen, die an der mangelnden Sensibilität oder Herrschsucht ihrer Väter, Brüder und Ehemänner verzweifeln und resignieren, als Hausfrauen ihren Dienst versehen. Ich habe selten einen Golfaraber von der Feinfühligkeit Mohammeds getroffen, auch wenn sie sich vorwiegend aus seiner Literatur erschließt. Mohammed erzählt, er schreibe seine Geschichten wie in einem Rausch, normalerweise veröffentlicht er jedes Jahr einen neuen Band. Seit mehreren Monaten allerdings hat er nichts mehr geschrieben, sein Kopf revoltiere, und er brauche Zeit, seine Eindrücke und Empfindungen neu zu ordnen.

Mohammed ist ein Chaot, meistens redet er über drei Dinge gleichzeitig. Er hat eine feine Ironie, die sich nicht immer sofort erschließt. Obwohl er mir innerlich nahe ist, gelingt es kaum, seine Masken zu durchdringen. Mohammed stellt wenig Fragen, meistens erzählt er. Er kennt München sehr gut und beschreibt die Stadt in einer Anschaulichkeit, die Blinde sehend werden ließe. Nicht einmal fragt er mich nach meinem Leben in Deutschland. Ich habe das Gefühl, daß er Angst hat, sich eine imaginierte Blöße zu geben. Lieber spinnt er ein Netz, in dem er verschwindet. Seine Großzügigkeit bringt mich in größte Verlegenheit. Er macht mir aufwendige Geschenke, Bücher vor allem und einmal ein handverziertes Glas aus einer exklusiven Galerie, signalisiert aber unmißverständlich, daß er jede Revanche als Beleidigung empfände. Es ist seine Stadt, ich bin sein Gast.

Besonders in den Stoßzeiten staut sich in Dubai der Verkehr, gerinnen die Autokolonnen zu tönernen Symphonien aus Blech und Statik. Ein Gefühl wie auf amerikanischen Freeways, Palmen und Pepsi und in der Ferne das Meer. Alles neu, alles importiert. Riesige Werbetafeln säumen die Wege, besonders auf den Ausfallstraßen. Die Werbung ist plastisch und direkt, ihre Botschaft nicht Lebensgefühl oder Legende, sondern allein das Produkt, auf hölzernen Pfählen in den Wüstensand gerammt. Da steht ein riesiger Cowboy am Rande des Asphalts, daneben der überdimensionale Schriftzug »Marlboro«, lateinisch und arabisch. Weiter nichts. Wie eine Suchtafel des Roten Kreuzes. Wer hat diese wurzellose Gestalt zuletzt gesehen? Hinweise nimmt jeder Kiosk entgegen. Ein paar hundert Meter weiter ein gewaltiger Kühlschrank, geöffnet und phantastisch geräumig, auch geeignet zum Konservieren von Leichen. »Westinghouse«. Für die ganze Familie. Und noch einmal etwas weiter Richtung Abu Dhabi ein schlecht proportioniertes, auf Sperrholz gezeichnetes Flugzeug von Iran Air. »Fly the Islamic experience«, oder so ähnlich, islamisch fliegen mit den Mullahs, im seligen Windschatten von Gottes Odem vermutlich.

Werbung ohne Lifestyle, in Europa wäre es ein Anachronismus. Unsere Wahrnehmung von Wirklichkeit folgt bildhaften Chiffren und Symbolen, ein postmodernes Puzzle beliebiger Sequenzen aus Geschwindigkeit und Animation, ein fortlaufendes Zitat ohne Anfang oder Ende. Anders im Orient, wo die Moderne bislang nur an der Oberfläche haftet und das eigentliche Wesen der Dinge noch immer dem Willen Gottes zugeordnet wird. Wirklichkeit vermittelt sich über Sprache, weniger über das Bild. Die materielle Welt, die der Mensch mit seinen Sinnen wahrnimmt, erscheint gleichermaßen unvollständig und vergänglich, doch erlaubt sie dem Gläubigen, Einsicht zu nehmen in die Grenzen seiner Diesseitigkeit. Seine Sehnsucht ist das Paradies, von dem er weiß, daß es verborgen als Versprechen hinter den Erscheinungen wartet. Die Einsicht, daß die Welt etwas anderes sein könnte als ihre Deutung, ist mehrheitlich fremd. Es existiert keine Differenz zwischen einer wahren und einer scheinbaren Welt, weil die unvollkommene äußere Wirklichkeit die endgültige Wahrheit Gottes bereits enthält; eine Heilsgewißheit im Alltag, die den Konsumrausch gerade in den Golfstaaten deutlich relativiert. Die Teilhabe an Luxus und Wohlstand mit ihren äußeren Symbolen – Cadillac, Jaguar etc. etc. – ist hier keine säkulare Ersatzhandlung für verlorene Spiritualität, sondern Emblem eines kollektiven Ritus jener Schicht von Beduinen, die Gott der Erhabene und Allmächtige, dessen Wille bekanntlich geschieht, vor allen anderen mit Öl und irdischen Freuden auszeichnet.

Dabei ist das Verhältnis zwischen den Wörtern und den Dingen überwiegend prosaisch, es folgt einer ursprünglichen Form, in der die Sprache den Gegenständen ähnelt, ein sicheres und wahres Indiz dieser selbst ist. Niemand stellt in Frage, so scheint es, ob ein Begriff tatsächlich genau das bedeutet, was er bezeichnet; und umgekehrt. Klassische arabische Poesie beschwört das unerreichbar Ferne, das Paradiesische, das sich dem Gläubigen und dem Liebenden offenbart, doch keiner von beiden erwartet, daß er des idealen Zustandes in dieser Welt teilhaftig würde. Die Differenz zwischen erfahrbarer, unvollkommener Wirklichkeit und dem Wissen um die endgültige Schönheit des Paradieses erklärt das Leiden des Dichters. Seine Sehnsucht ist nicht existentieller Natur, er zweifelt nicht am Bestehenden, er sucht es vielmehr zu »reformieren«, gottgefälliger zu gestalten, die Kluft zwischen unzulänglicher Gegenwart und der Verheißung der Endzeit zu verringern. Was ist, ist gut, denn es ist von Gott. Aber Gott verlangt aufrechte Gesinnung und die Überwindung des Übels, allein dem Ungläubigen droht das Inferno, das ewige Höllenfeuer.

Welt und Sprache begegnen sich, sie bezeichnen keine zufälligen Symbole und Chiffren, untereinander austauschbare Signale einer simulierten, schnellebigen Wirklichkeit, die in westlichen Gesellschaften Lebensgefühl suggeriert. Realität ist beständig, sie vermittelt sich über Worte und Kalligraphie, weniger über das Bild, das lediglich Ergänzung ist, aber keine neue Dimension von Wirklichkeit erschließt. Die Botschaft der Zigarettenwerbung beispielsweise enthält kaum Inszenierung und keinerlei Mythos. Die Aussage lautet: Es gibt eine Zigarette der Marke Marlboro, und zu ihren exemplarischen

Rauchern gehört der gezeigte Cowboy. In diesem Kontext kein Symbol von Freiheit und Abenteuer, sondern eine Trademark – wer diese Zigarette raucht, gehört ebenso zur Gemeinde der Privilegierten, der von Gott Ausgezeichneten, wie jene Beduinen, die ihre gottgewollte Distinktion mit anderen importierten Warenwerten demonstrieren; Cadillac, Jaguar etc. etc.

Mohammed liebt es, mit hoher Geschwindigkeit über die Schnellstraßen Dubais zu rasen, was allerdings selten gelingt im Schatten endloser Autokolonnen. Er hat seine eigene, durchaus westlich geprägte Philosophie.

»Ich brauche beides zum Schreiben. Innere Ruhe und Gelassenheit, und gleichzeitig einen rasanten Wechsel der Perspektiven. Es hilft mir, meine Gedanken zu ordnen. Geschwindigkeit hat etwas Existentielles. In letzter Konsequenz führt sie zum Stillstand. Das ist der Punkt, an dem das Nachdenken beginnt.«

»Ich frage mich, Mohammed, ob eine kulturelle Symbiose zwischen Orient und Okzident möglich wäre. Für mich ist der Westen grenzenlose Geschwindigkeit, der Orient ein fortlaufender Stillstand. Warum nicht das Beste aus beiden Kulturen nehmen und zusammenführen, was sich ergänzen würde: orientalische Brüderlichkeit und Spiritualität, westliche Rationalität und individuelle Freiheit.«

»Ich wäre schon zufrieden«, sagt Mohammed, »wenn es einen Dialog zwischen den Kulturen gäbe. Was wissen die Europäer von uns, abseits von Klischees? Und wir starren auf den Westen wie das Kaninchen auf die Schlange. Es ist eine Art Haßliebe. Wir brauchen einander, aber wir respektieren uns nicht. Wir machen Geschäfte, und danach geht jeder seiner Wege. Ich weiß genau, was viele Araber von dir denken. Sie halten dich für einen Schnüffler, einen Spion. Du kommst hierher und interessierst dich für uns. Schon verdächtig. Uns fehlt die Souveränität im Umgang mit dem Westen. Ich verstehe nicht, nur um ein Beispiel zu nennen, warum bisher keine arabische Fernsehanstalt auf die Idee gekommen ist, einen Film über Ludwig den Zweiten zu machen. Die Araber am Golf verehren den Bayernkönig. Also fahren sie nach München und gehen ins Sheraton oder Hilton, weil sie es nicht anders gewohnt sind. Dort treffen sie dann dieselben Leute, die sie hier auch schon täglich sehen. Es fehlt ihnen die Neugier. Die meisten verreisen zum Einkaufen oder weil sie sich vergnügen wollen. Leute mit Geld nach London, mit weniger Geld nach Bombay.«

Ein schwarzer Mercedes der Luxusklasse überholt uns zum wiederholten Male, zieht langsam an der rechten Seite vorbei, bis wir an einer Ampel erneut auf gleicher Höhe liegen. Beide bewundern wir die dunkelhäutige Schönheit auf der anderen Fahrspur, die uns ein müdes Lächeln schenkt.

»Die Frau eines Chirurgen«, erklärt Mohammed. »Er hat in Amerika studiert und läßt sie ohne Schleier an die Öffentlichkeit. Ihr Vater war Kamelzüchter.«

Die Kontraste sind bisweilen bizarr. Wie in diesem Einkaufszentrum, in dem mir eine Gruppe schwarz verhangener Frauen auffiel, vollständig bedeckt, auch die Hände. Aber mit dem allergrößten Sachverstand wühlten sie in einem Verkaufstisch französischer Markendessous, wählten die pikantesten Modelle, sämtlich in Schwarz, ohne Sinn für Weiß oder Rosé, und begaben sich, angeregt plaudernd und nicht ohne spitzes Gelächter, an die zentrale Sammelkasse, wo sie beiläufig mit Kreditkarte bezahlten.

»Im Grunde«, betont Mohammed, »will niemand den Lauf der Dinge wirklich ändern. Uns geht es gut, und wer interessiert sich unter diesen Bedingungen für Politik? Dennoch wird das alte beduinische System mit einem Sheikh an der Spitze und einigen zusätzlichen Beratern auf Dauer in dieser Form nicht bestehen – die gesellschaftlichen Gegensätze sind ja vorhanden, nur werden sie finanziell überspielt. An dem Tag, an dem das Öl versiegt, entscheidet sich die Zukunft. Wir brauchen Öffnung, mehr Demokratie, mehr Selbstbewußtsein gegenüber anderen Lebensformen. Die Händler werden als erste politische Forderungen stellen, und Leute wie ich, die in Amerika studiert haben. Oder in Europa.

Andererseits sind die beduinischen Traditionen erstaunlich flexibel und können die Moderne durchaus verkraften, das beweisen sie seit Jahren. Wir brauchen keine Revolutionen oder radikale Experimente. Nichts weniger als das. Merkwürdig ist doch, daß es bei uns – relativ gesehen – sehr viel mehr Freiheiten gibt als in den arabischen Ländern mit angeblich progressiven Regimen wie Syrien oder Libyen. Oder Irak. Dort reden sie unentwegt von Revolution und meinen doch nur die eigene Macht. Die Länder am Golf sind in ihren sozialen Strukturen weniger komplex, in Dubai leisten sich weder Herrscher noch Beherrschte unerfreuliche Anmaßungen oder Übertreibungen; es gibt eine öffentliche Kontrolle, die in beiden Richtungen wirkt. Das ist doch schon mal eine gute Basis.«

Mohammed al-Murr wäre in Europa, würde er nicht in Dubai, sondern in einer westlichen Metropole leben, ein anerkannter, preisgekrönter Autor. Es gibt in westlichen Gesellschaften eine gewisse Gleichgültigkeit gegenüber künstlerischer Kreativität außerhalb der eigenen kulturellen Grenzen; vermutlich auch deswegen, weil die jeweiligen Weltbilder grundlegend differieren. Vorindustrielle, religiös geprägte Kulturen zeigen in der Regel die Bereitschaft, das Leben anzunehmen, wie es ist – ohne die fast zwanghafte Sehnsucht der Moderne nach jenem mythischen Ort, an dem sich das Leben angeblich offenbart.

Mohammed al-Murrs Kurzgeschichten beschreiben Menschen, die an den Verhältnissen scheitern. Ihre Lage ist ausweglos, aber sie begreifen ihr Schicksal als göttliche Fügung, unüberwindbar durch Ideologie oder Revolte. Ihre menschliche Größe liegt in der stillen Einsicht ihres Scheiterns, die sie zu tragischen Helden macht – Augenzeugen einer Utopie, die sich erfüllt am Tage des Jüngsten Gerichts.

Der exemplarische Held westlicher Moderne aber ist die Figur Travis, wie sie Wim Wenders in dem Film *Paris, Texas* (1984) zeigte – ein wurzelloser Wanderer auf der Suche nach einer Vergangenheit, die nur noch als gescheiterte Utopie zu rekonstruieren ist. Dieser gescheiterten Utopie jedoch gilt die Sehnsucht des modernen Menschen, eines endzeitlosen Nomaden, der die Kreuzigung als Happening deutet und seine lebenslange Entfremdung melancholisch wendet, unermüdlich auf der Suche nach unstillbarer Leidenschaft, die Fügung, Bestimmung oder Schicksal ersetzen möge.

Wie die meisten Erzählungen Mohammed al-Murrs spielt auch die folgende Kurzgeschichte in Dubai. Und wahrscheinlich müssen wir Farhan tatsächlich – im Gegensatz zu Travis – als einen im Grunde seiner Seele glücklichen Menschen begreifen.

PEPSI

Abdallah betrat den Hof durch die Tür, und seine Frau, die sich gerade einmal nicht in der Küche aufhielt, ließ das Radio fallen, das sie gerade in den Händen hielt. Ihr Mann lächelte. Seine Frau war entgeistert, dieses Tier zu sehen, das er da an einer Leine führte.

»Was ist das?« rief sie voller Verwunderung.

Er lächelte. »Du weißt nicht, was das ist?«

»Ich weiß, was das ist«, entgegnete sie im selben Tonfall. »Aber wem gehört das, und warum hast du es hergebracht?«

Das junge Kamel bewegte seinen Kopf nach rechts und nach links, als wolle es den Hof in Augenschein nehmen.

»Onkel Khalifa hat uns das Tier gegeben, für Rashid. Seine Mutter ist gestorben. Er muß sich um eine Menge Kamele kümmern und will sich nicht auch noch mit dem hier befassen.«

In diesem Moment kommt der kleine Rashid aus dem Zimmer und geht zu seinen Eltern, die neben dem Kamel im Hof stehen. Abdallah reicht ihm die Leine, mit der er das Kamel führt, aber sein Sohn ist zögerlich. Da greift sich die Mutter das Seil und wirft es mit abrupter Geste ihrem Mann zurück.

»Mein Sohn will dieses lästige Tier nicht«, sagt sie.

Ihr Mann weicht einen Schritt zurück.

»Wer sagt, daß dieses junge Kamel ein lästiges Tier ist?«

»Alle Kamele sind lästige Tiere. Und sie sind wild. Erinnerst du dich nicht an das Kamel, das den Arm deines Onkels abgebissen hat? Es hat ihn abgebissen.«

Als Rashid diese Worte hört, flüchtet er hinter seine Mutter.

»*Das war vor dreißig Jahren*«, lacht Abdallah. »*Das Kamel war verstört, weil mein Onkel die Angewohnheit hatte, es täglich zu verprügeln. Was sollte es tun, es war Notwehr.*«

»*Das ist egal. Mein Sohn will dieses dämliche Tier nicht.*«

Das junge Kamel beugt sich nieder und greift mit den Zähnen eines der Frauenkleider, die auf dem Boden liegen. Als die Frau das sieht, tritt sie den Kopf des Kamels mit Füßen.

»*Seht mal*«, schreit sie, »*es will uns fressen!*«

»*Es hat Hunger*«, lächelt ihr Mann. »*Gib ihm etwas Milch.*«

»*Ich werde ihm Gift geben*«, entgegnet sie wütend.

»*Was soll dieses Theater*«, ärgert sich ihr Mann.

»*Ich werde diese wilde Kreatur nicht füttern*«, brüllt sie zurück. »*Das Tier wird meinen Jungen fressen!*«

Die Rufe und Schreie und gegenseitigen Anschuldigungen wurden immer lauter. Das junge Kamel stand hinter Abdallah, und Rashid schien immer kleiner zu werden hinter dem Rücken seiner Mutter. Aber sie schaffte es nicht, sich durchzusetzen. Sie zog den Jungen ins Wohnzimmer, und Abdallah führte das Kamel in eine Ecke des Hofes, wo er es festband.

In den vierzig Tagen, die das Kamel in Abdallahs Haus verbrachte, gab seine Frau ihm weder Futter noch Wasser und schenkte ihm keinerlei Beachtung. Ihrem Sohn verbot sie, sich dem Tier auch nur von weitem zu nähern. Die Bitten und Drohungen ihres Mannes änderten ihre Meinung nicht im geringsten. Er mußte alles selber machen. Mischte Trockenmilch mit Wasser. Dreimal am Tag fütterte er damit das junge Kamel. Bald schon zeigten sich offene Wunden und Krätze auf dem Körper des Tieres. Der kleine Rashid litt unter Alpträumen.

»*Das Kamel hat mich gefressen!*« rief er im Schlaf. »*Es hat mir den Arm abgebissen! Es hat mir das Bein abgebissen!*«

Das Verhältnis zwischen Abdallah und seiner Frau war merklich angespannt wegen des kleinen Kamels. Sie kochte ihm nicht mehr sein Lieblingsessen. An den meisten Abenden hatte sie Kopfschmerzen. Es gab keine Alternative. Das Kamel mußte weg.

Das Kamel des Viertels

Abdallah band das magere und räudige Kamel los. Eine Weile
stand es vor der Außentür von Abdallahs Haus, dann zog es
seine Runden in den Straßen und Gassen des Wohnviertels, Jafiliya.* Das Kamel lebte von Abfällen und schlief in den Winkeln
und Nischen der Gassen. Die Kinder und Jugendlichen des Viertels machten sich bald schon mit ihm bekannt. Oft stand es in der
Nähe von Abuds Gemüseladen, einem allgemeinen Treffpunkt.
Sie gaben ihm den Namen Pepsi, weil es die Flasche Pepsi nehmen würde, die sie ihm reichten, in den Mund führte, es in einem
Zug leerte und sie anschließend wegwarf.

Sie fütterten es mit Süßigkeiten, Keksen, Datteln und Brot.
Sie nannten es auch Raucher, weil sie ihm manchmal Zigarettenrauch ins Gesicht bliesen und das Gefühl hatten, daß es das
mochte.

Mehrere Monate war Pepsi allgemeines Eigentum der Burschen, die um Abuds Gemüseladen herumlungerten. Jeder von
ihnen gab dem Kamel zu essen oder zu trinken. Sie alle spielten
mit ihm oder stiegen auf seinen Rücken, wenn es sich nieder-
legte. Sobald es sich dann erhob, fielen sie herunter. Manchmal
brachten sie es dazu, mit einem Fußball zu kicken. Und wenn
die Fußballmannschaft »An-Nasr« (Der Sieg) ein Spiel ge-
wann, schmückten sie es mit blauen Girlanden um die Füße und
den Hals.

Farhan und Pepsi

Farhan Said war ein Mann in den Vierzigern. Er arbeitete auf
einer Ölbohrinsel und trug Eisenrohre. An einem sehr heißen
Tag eines sehr heißen Sommers war er zu langsam, eines der
riesigen Rohre zu packen. Es drehte sich und erwischte ihn so

---

* Jafiliya ist ein Eigenname, bedeutet aber sinngemäß »Ort der Furchtsa-
men«, auch zu verstehen als Anspielung auf den religiös geprägten Begriff
»Jahiliya«: die Zeit der Unwissenheit vor der islamischen Offenbarung.

schwer auf der Seite, daß er das Bewußtsein verlor. Farhans Bek-
kenknochen war gebrochen. Der Hubschrauber, der die Arbeiter aufs Festland brachte, hatte Verspätung. Als er das Krankenhaus erreichte, war er in einem kritischen Zustand. Er blieb dort
sechs Monate. Ein Vertreter der Gesellschaft versicherte ihm, er
würde eine großzügige Abfindung erhalten, aber als er das
Krankenhaus verließ, erhielt er lediglich siebentausend Rial.

Nach diesem Unfall war seine Gangart eine Mischung aus
Gehen, Humpeln und Kriechen. Er versuchte sich als Fährmann
über den Creek, aber das schaffte er nicht. Er versuchte sein
Glück als Geschäftsmann, doch er scheiterte. Er war Laufbursche von Hochzeitsgesellschaften und erhielt dafür einige Dirham, aber er hatte keinen Erfolg damit. Er zog sich zurück und
fand Trost und Frieden, indem er Parfüm der Marke Kleopatra
trank. Die meiste Zeit verbrachte er in der Nähe von Abuds Gemüseladen. Als sie im Ministerium für Soziale Angelegenheiten
auf die Idee kamen, eine Kartei mit den Namen von Bedürfti-
gen anzulegen, brachten ihn die jungen Leute zum Ministerium, damit er sich registrieren lassen konnte. Und danach fuhren sie ihn alle drei Monate zurück ins Ministerium, damit er
seine Beihilfe in Empfang nehmen konnte. Dann brachten sie
ihn wieder zu seiner Basis und seiner Flasche.

Dieser Dauerstützpunkt in der Nähe von Abuds Gemüseladen hatte zur Folge, daß er Pepsi besser kennenlernte als jeder
andere. Wenn er schließlich sehr betrunken war, vertraute er
Pepsi alle seine Nöte an.

»Was ist das Leben für eine Schande. Ich war der stärkste Arbeiter von allen und trug die schwersten Rohre. Der amerikanische Ingenieur hat immer gesagt: ›Farhan sehr gut, sehr gut.
Farhan sehr stark.‹ Heute kann ich nicht mal mehr mich selber
tragen.

Da war diese Hure. Ich hab' ihr immer 'ne Flasche Whiskey
mitgebracht. Damals, da war der Whiskey noch was wert. Nicht
so wie heute, wo schon die Kinder das Zeug trinken.

Ich muß gegen die Gesellschaft klagen. Die Entschädigung,
die sie mir gegeben haben, war doch lächerlich. Diebe, Räuber.

Sieh nur. Sieh dir diesen Hund an, Salum. Meine Mutter hat
diesen Scheißer großgezogen, nachdem seine Mutter ihn einfach

*rausgeworfen hat, mit diesem Fahrer nach Abu Dhabi durchge-
brannt ist. Heute kommt er hier vorbei und grüßt nicht mal.
Was für ein arroganter Dreckskerl.«*

*Im Laufe der Zeit wuchs die Zuneigung zwischen Farhan
und Pepsi, und Farhan machte es sich zur Gewohnheit, Pepsi in
sein Einzimmerhaus mitzunehmen. Farhan schlief dann ge-
wöhnlich draußen im engen Hof. Die Burschen, die um Abuds
Gemüseladen herumlungerten, hatten nichts dagegen, daß
Pepsi nicht länger ihnen gemeinsam gehörte, sondern Farhans
Eigentum wurde. Sie waren im Gegenteil eher erfreut. Über die
Monate nahm Pepsi an Gewicht zu und erholte sich von seiner
Räude, was es einer ausgewogenen Diät aus Datteln, Brot, Sü-
ßigkeiten, Früchten und Flaschen um Flaschen von Mineral-
wasser verdankte. Als Pepsi einmal längere Zeit in der Nähe des
Gemüseladens saß, ohne sich zu bewegen, bemerkte einer der
Burschen: »Sieht so aus, als hätte Pepsi mit Farhan Kleopatra
getrunken.«*

*»Ist wohl das erste Kamel, das Alkoholiker wird«, sagte ein
anderer.*

*Ein Dritter kicherte. »Nein, das hier ist das erste Kamel, das
seine Sauferei genießt.«*

*Farhan lachte mit ihnen, aber innerlich verletzten ihn diese
Bemerkungen.*

Der Traum vom Rennen

*Eines Tages lächelte ein Bursche Farhan ins Gesicht, als der sich
mit Pepsi befaßte.*

*»Warum meldest du ihn nicht zum Kamelrennen an?« fragte
er.*

*»Pepsi ins Kamelrennen!« Farhan lachte. »Ich will doch
nicht, daß es sich verausgabt.«*

*Einem anderen Burschen gefiel die Idee, und er sagte: »Pepsi
ist hart im Nehmen. Wenn es gewinnt, bekommt es die Prämie.
Einhunderttausend Dirham!«*

*Die jungen Leute fuhren fort, sich über Kamele und Rennen
zu unterhalten.*

»Als wir in Shindagha waren«, sagte einer von ihnen, »gab es mal ein Kamelrennen am ersten Tag der Hochzeitsfeierlichkeiten eines Händlers. Er stammte aus einer Beduinenfamilie und handelte mit Kamelen. Es war Sitte, das siegreiche Kamel mit duftendem Safran zu bestreuen. Und diesmal nun strich die Tante der Braut etwas Tomatenpaste auf das Kamel, das gewonnen hatte. Der Beduine, dem das Kamel gehörte, war mächtig sauer, und die Sache endete mit einer ordentlichen Schlägerei.«

Ein anderer Bursche erzählte noch eine Geschichte. Farhan dachte unterdessen an die einhunderttausend Dirham. Was für eine Summe. Wie kommt er da heran? Was würde er damit machen? Er würde ein riesiges Haus bauen und Pepsi eigene Gemächer herrichten. Er würde einen Landrover kaufen und einen Chauffeur einstellen, der Pepsi und ihn in der Gegend herumfährt. Er würde kistenweise Whiskey kaufen und nicht mehr diese Flaschen fauligen Parfüms, die er sich angewöhnt hatte zu trinken. Jeden Tag würde er Zigaretten und Getränke für die Burschen bei Abuds Gemüseladen kaufen.

Am nächsten Tag teilte Farhan ihnen mit, daß er Pepsi zum offiziellen Kamelrennen anmelden werde. Einige lachten, und es fehlte nicht an mahnenden Stimmen.

»Wie kann dein Kamel, das Pepsi Cola trinkt, gegen starke Kamele antreten, die mit Honig und Kuhmilch gefüttert werden?«

»Einige Kamele, die an dem Rennen teilnehmen, sind aus Sudan und laufen schneller als Pferde.«

»Die Kamele werden für die Rennen trainiert. Dein Kamel ist faul und schafft es gerade mal vom Gemüseladen zum nächsten Abfallhaufen.«

»Rennkamele sind schlank und fliegen fast über die Rennbahn. Pepsi ist fett wie ein Büffel.«

Diese Bemerkungen hatten keinen Einfluß auf Farhans Tagträume. Einiges von dem, was die Burschen sagten, inspirierte ihn vielmehr, Pepsi auf das Rennen vorzubereiten. So fing er an, im nahegelegenen indischen Supermarkt Flaschen mit Kuhmilch und Honigdosen zu kaufen. Er paßte auf, wenn einer der Burschen Pepsi einen Apfel oder einen Keks oder Süßigkeiten geben wollte und versuchte, sie von derlei Nettigkeiten abzubringen. Einige kümmerten sich nicht darum und gaben Pepsi auch weiterhin Kekse oder Bonbons. Das Kamel würgte sie dann sehr schnell hinunter, mit sichtlichem Genuß. Wenn Farhan das sah, nahm er einen kleinen Stock, humpelte hinter den Burschen her und schlug sie. Einige bliesen Zigarettenrauch in Pepsis Gesicht, dem das offenbar großen Spaß machte. Farhan wurde verrückt und verfluchte sie.

»Ihr Hurensöhne. Laßt Pepsi in Ruhe. Der Rauch schadet ihm. Warum blast ihr nicht euren Müttern Rauch ins Gesicht.«

Farhan trank weniger Parfüm. Er trainierte Pepsi für die Rennbahn. Es war ein herrlicher Anblick für all die Burschen, wie Farhan da durch die Gegend humpelte, Pepsi von Abuds Gemüseladen in Richtung Kreisverkehr führte, dem bei der Satwa Feuerwache, von dort zum Wolkenkratzer des Trade Centre weiterzog, dann hinter der Polizeistation kehrtmachte und schließlich über die offene Fläche im Süden zu Abuds Gemüseladen zurückkehrte. Wenn sie nach ihren Ausflügen den Laden wieder erreichten, waren Farhans Füße staubig, und er war außer Atem. Aber sein Gesicht strahlte vor Freude und Glück. Er trank dann eine halbe Flasche Mineralwasser und gab die andere Hälfte Pepsi, der die Flasche über seinen Kopf hob. Wenn er ausgetrunken hatte, warf er die Flasche auf den Boden.

Die meisten Jugendlichen lachten über Farhans Hoffnung, Pepsi beim Kamelrennen antreten zu lassen. Einige hatten Sympathien für ihn. Niemand glaubte, daß Pepsi ernsthaft eine Chance hätte, selbst wenn er durch ein Wunder die Starterlaubnis erhielte.

Eines Abends, vor den Gebeten, lief Pepsi von Abuds Gemüseladen zu einem Abfallhaufen, ohne auf Farhan zu achten, der gerade eine ungewöhnlich hohe Dosis Parfüm ausschlief. Ein amerikanischer Wagen, von einem Jugendlichen gesteuert, brauste mit hoher Geschwindigkeit heran. Plötzlich sah der Fahrer Pepsi und versuchte auszuweichen. Der Wagen erwischte Pepsi an den Hinterbeinen. Pepsi fiel auf die Seite. Der Wagen jagte in den Abfallhaufen, der regelrecht in die Luft flog. Farhan wurde wach, völlig verwirrt von diesem Lärm. Der Fahrer hatte Angst und fuhr weiter, obwohl die Kühlerhaube beschädigt war. Farhan rannte mit einem Jungen zu Pepsi. Sie versuchten,

das Kamel auf die Beine zu stellen, aber das schafften sie nicht.
Ein Strom von Flüchen ergoß sich aus Farhan, unterbrochen von
Schreien des Kummers und der Verzweiflung.

»Verflucht seist du. Hund! Armer kleiner Pepsi. Wo ist die Po-
lizei? Wo ist das Gesetz?«

Andere Jugendliche eilten herbei. Unter heroischen Anstren-
gungen gelang es ihnen, Pepsi in Farhans Haus zu bringen. Sie
halfen ihm, etwas Salz und einheimische Arzneien auf die Hufe
zu streuen. Farhan blieb drei Wochen mit Pepsi zu Hause. Er be-
grub alle Hoffnungen auf das Rennen, wollte aber nicht, daß
Pepsi stirbt. Nach drei Wochen konnte sich Pepsi wieder ein we-
nig bewegen und aß mit größerem Hunger.

Längst geht Pepsi wieder mit Farhan zu Abuds Gemüseladen
und humpelt, wie er humpelt. Die Burschen füttern Pepsi wie
gewohnt mit Keksen, Süßigkeiten, Früchten und Flaschen mit
Pepsi, die er mit der Schnauze aufnimmt, leer trinkt und dann
wegwirft. Und einige Burschen pusten wieder Zigarettenrauch
in Pepsis Gesicht, was er sichtlich genießt. Farhan schaut in aller
Ruhe zu und lebt, wie es sein Name verspricht. Und der bedeutet
»glücklich«.

Der Schwarze hat eine Frisur wie Grace Jones bei ihren besten
Auftritten, kantig, kurz und surreal; mit wiegenden Schritten
begibt er sich lächelnd an die Bar, der Oberkörper gebündelt
unter einem weißen, deutlich zu kleinen T-Shirt, das die Mus-
keln des Terminators als geriffelte Wellen zeichnet, eine be-
fristet gebändigte Sturzflut. Er bestellt ein Bier, lehnt einen
Augenblick an die Theke und greift einer attraktiven philippinischen Kellnerin, die ihm leichtsinnigerweise zu nahe gekommen ist, um die Hüfte. Das Mädchen zeigt ein angewidertes
Lächeln, kann sich aber nicht wehren – sie trägt ein schweres
Tablett, und die Marines sind gern gesehene Gäste; sie trinken
wie die Löcher. Es geht hoch her in Pancho Villa's, vor allem,
wenn amerikanische Fregatten oder Flugzeugträger im Hafen
ankern. Während des Golfkrieges war hier die Hölle los, der
letzte Zapfhahn vor der Front. An den Wänden die Signets der
Sieger: Schirmmützen mit aufgedruckten Namen – USS Gal-
lery, USS Bone usw. –, Fotos von Mannschaften, Kapitänen,

Piloten, nicht zuletzt von erfolgreichen Billardspielern, weitläufig eingerahmt von sinnfälligen Sprüchen der Sorte: »Was wissen Texaner schon vom Skilaufen – Rinderscheiße ist nicht weiß.«

Der kleine Mexikaner trägt einen riesigen Sombrero und wuselt durch die Menge wie ein Fisch im Wasser. Die Leute sind nett zu ihm, er ist der Türsteher. Es gibt in Dubai eine Reihe von Diskotheken, meist in privaten Clubs oder den Luxusherbergen. Pancho Villa's aber ist der Geheimtip, den jeder kennt, eine Kreuzung aus britischem Pub und mexikanischem Restaurant. Tragödien spielen sich ab, Bestechungsgelder werden geboten, Beschwerden lauthals geführt, wenn der mächtige Mexikaner wieder einmal Gäste an der Pforte zurückweist. Weil sie Inder sind beispielsweise, oder Sandalen tragen. Oder die Haare nach links gekämmt haben. Wer kennt schon diesen Mexikaner, der eigentlich aus Bombay stammt und launisch ist wie das Schicksal, das ihm diese lächerliche Kleidung bescherte.

»Die Herrscher von Dubai«, erklärt mein Begleiter Brad Rorrer von W.P.I. Advertising, »sind sehr pragmatisch. Sie brauchen westliche Experten, und die bleiben nur, wenn sie sich hier wohlfühlen. Alkohol gibt es genug. Im Nachbaremirat Sharjah gehst du ins Gefängnis, wenn sie dich mit Whiskey erwischen. Dubai ist viel entspannter.«

Brad, ein Amerikaner mit deutscher Mutter, kennt die Region. Er war im Sudan und in Saudi-Arabien, aber das Leben in Dubai sei unvergleichlich. Gutes Geld, kein Problem mit Frauen. Beliebt seien die Stewardessen von Emirates Airlines, junge Engländerinnen, die sich meistens langweilen. Einflußreiche Sheikhs bieten tausend Mark und mehr die Nacht. Von einem Ölmillionär sei bekannt, daß er im laufenden Geschäftsjahr 250 000 Mark für Frauen ausgegeben habe. Die meisten Europäer sind Engländer, die zehn, fünfzehn Jahre in Dubai arbeiten und anschließend den Vorruhestand genießen. Gute Jobs bringen 25 000 Mark aufwärts im Monat.

Am anderen Ende der Theke steht Richard Quorum, Top-Moderator des englischsprachigen Senders Channel 33. Hat gerade, sagt Brad, einen neuen Mercedes Coupé gekauft. Talk of the city. Angeblich weiße Sitze. An seiner Seite eine rassige Inderin mit pechschwarzen Haaren. Richard ist Mythos, selbst unter den Marines. Er kennt die hiesigen Herrscher, moderiert Musik und Sport, Fußball, Polo, Billard, Golf, nicht zuletzt die legendären Schnellboot-Rennen auf dem Creek, wahrscheinlich eine der letzten großen Herausforderungen in diesem Jahrhundert, mit tausend PS und mehr die Fische verscheuchen.

Brad arbeitet für eine libanesische Werbeagentur, die Fernsehwerbung produziert. Seit Wochen entwerfen sie einen dreißigsekündigen Spot, der ein Haarshampoo einführen soll — im saudischen Fernsehen.

»Gar nicht so einfach. Wir dürfen Frauen nicht von vorne zeigen oder im Profil, aus moralischen Gründen. Geschweige denn eine Frau, die unter der Dusche steht und das Shampoo verwendet. Der Regisseur hatte schließlich die rettende Idee. Wir machen eine Nahaufnahme von Frauenhaar, nur ein winziger Ausschnitt des Ohres ist zu sehen. Umschnitt auf einen Fön, glänzendes Haar, das sich im Wind bewegt, langsamer Schwenk bis zu den Haarspitzen in Höhe der Taille, Umschnitt auf die Flasche mit dem Shampoo. Das ist die Lösung.

Allerdings hatten wir noch ein Problem. Wir brauchten eine Schauspielerin mit entsprechenden Haaren. In Dubai haben wir keine Inderin gefunden, die uns gefiel. Eine Araberin oder Pakistanerin können wir nicht nehmen, das würde Ärger geben mit dem Islam. Wir haben uns dann für ein Model aus Bombay entschieden. Sie ist aber nicht verheiratet, und ledige Frauen bekommen in der Regel kein Visum für die Emirate. Jetzt drehen wir den ganzen Spot in Bombay.«

Wichtig ist, die Form zu wahren. Alles ist möglich, in den entsprechenden Nischen. Die Grenzen setzen Religion und Tradition, unabhängig vom amerikanischen Design in Teilen der Stadt. Aus dem Nachbaremirat Sharjah berichtet die Zeitung *Gulf News* über einen Konflikt, der sich identisch in Dubai, Abu Dhabi oder sonstwo am Golf zutragen könnte.

Der Staatsanwalt bemüht sich, die sechsjährige Gefängnisstrafe für elf Inder, die wegen Blasphemie verurteilt wurden, zu erhöhen. Aus diesem Grund hat er eine Revision des Verfahrens angekündigt.

Die Inder waren vor zwei Wochen verurteilt worden, weil sie ein Theaterstück aufgeführt hatten, das den Islam abfällig darstellt.

Das Theaterstück ist eine Adaption des Werkes »Ameisen, die auf Leichen schmausen« von Safdar Hashemi. Es wurde auf dem Anwesen des indischen Vereins aufgeführt.

Die muslimische Gemeinde war empört, weil in diesem Stück der Prophet Mohammed (Der Friede sei mit ihm) abfällig dargestellt wird. Bei der nächsten Aufführung durchkämmte die Polizei das Anwesen und nahm die Schauspieler fest.

»Was heißt, die Araber sind rückständig? Wir waren eine Hochkultur, als die Wikinger noch in Hütten hausten. Demokratie ist nicht jedermanns Sache, wie Sie wohl wissen. Oder finden Sie es normal, daß in Europa Männer Männer heiraten dürfen? Im Orient läuft einiges schief, das stimmt. Und warum? Weil das Osmanische Reich die Araber ausgebeutet hat. Das ganze Geld ging nach Konstantinopel. Wir hatten keine Chance, uns zu entwickeln.«

Himid Bin Durai ist ein Mann mit klarem Weltbild, er liebt das Palaver und die große Geste, keine schlechte Voraussetzung in seiner Branche. Er ist Protokollchef im Diwan des Herrschers von Dubai, Sheikh Maktum Bin Rashid Al Maktum, eine Art Staatssekretär, zuständig für die auswärtigen Kontakte des Herrschers. Der Diwan, architektonisch den alten Windturmhäusern nachempfunden, ein schneeweißer Palast mit angrenzender Moschee im Viertel Bastakiya, ist sozusagen das Büro Sheikh Maktums, der Regierungssitz. Endlose Gänge durchlaufen das Gebäude, sicher fünf Meter breit, ausgelegt mit samtweichen, beigefarbenen Teppichen, und zu beiden Seiten, in regelmäßigen Abständen, Flügeltüren im Stil Louis Quatorze, die überwiegend offen stehen und den Blick freigeben auf geräumige Arbeitszimmer mit gewaltigen Schreibtischen. Überall stehen oder sitzen Männer in traditioneller beduinischer Kleidung, die sich mit gedämpfter Stimme unterhalten; offenbar legt man Wert auf Diskretion.

»Unser System ist viel besser als eure Demokratie«, betont Himid Bin Durai, ein schwergewichtiger Mann von Ende vierzig, jovial und ohne Zweifel durchtrieben. »Ihr wählt alle vier Jahre, danach ist Pause. Hier bei uns können Sie jederzeit Einfluß nehmen auf die Politik. Die Türen stehen offen, die Bürger sind willkommen. Wenn sie Probleme haben — wir helfen ihnen. Dafür sind wir da. Für die Bürger. Gott ist mein Zeuge.«

Es ist ein ständiges Kommen und Gehen im Büro von Himid Bin Durai, das die Ausmaße eines kleineren Konzertsaales einnimmt. Neben seinem Schreibtisch befindet sich eine Sitzgruppe aus schwarzem Leder, die besonders von jüngeren Leuten angesteuert wird. Sie sitzen da und trinken Tee, tauschen Grußformeln aus mit neuen Besuchern, die höflich ablehnen, ihrerseits Platz zu nehmen. Keiner in diesem Büro, der nicht ein tragbares Telefon oder mindestens einen »Bleep« mit sich führen würde, ein elektronisches Signal mit digitaler Einspeisung einer Rufnummer, die der Betreffende umgehend kontaktieren möge. Ein Mann auf der Couch fällt mir auf, der in aller Ruhe seine Fußnägel pedikürt, ein jüngerer Bursche mit wilden Gesichtszügen, sehr dunkelhäutig und mit einem auffallend fliehenden Blick, der jeden Augenkontakt meidet. Ich hielt ihn zunächst für einen Leibwächter oder angesehenen Kamelzüchter. Weit gefehlt. »Der erfahrenste Kampfpilot der Arabischen Emirate«, erklärt Himid Bin Durai mit hörbarem Stolz. »Rede doch mal mit unserem deutschen Freund«, empfiehlt er dem Champion, aber der schweigt auch weiterhin und mustert mich eher mißtrauisch.

Ich muß einen ruhigen Tag erwischt haben. Ich gerate zur Attraktion und rücke mit dem Stuhl immer mehr in Richtung Mitte des Zimmers, werde befragt über Deutschland, Gott und die Welt, insbesondere die in ausgewählten europäischen Ländern gezahlten Preise für die gängigen Luxusmobile. Ich habe keine Ahnung und nenne irgendwelche Zahlen in astronomischer Höhe, die mit bedächtigem Schweigen registriert werden. Nach einer Weile drehe ich den Spieß um und frage die Umstehenden, was sie denn beruflich so machen.

Allgemeines Schweigen. Ein gewisses Unbehagen ist zu spüren. Ich wiederhole die Frage und richte sie an den jungen

Mann gegenüber, der nicht älter sein dürfte als Anfang oder Mitte zwanzig.

»Ich bin Berater«, sagt er. »Berater von Sheikh Mohammed.«

Sheikh Mohammed Bin Rashid Al Maktum ist einer der drei jüngeren Brüder des Herrschers von Dubai und Verteidigungsminister der Vereinigten Arabischen Emirate. Sein Amtszimmer befindet sich gegenüber, auf der anderen Seite des Ganges. Zu meiner Verwunderung stellt sich heraus, daß fast alle der bei Himid Bin Durai zur zwanglosen Runde Versammelten den Titel »Berater« führen.

»Das ist ein Privileg«, bemerke ich. »Und wie wird man Berater?«

»Nun — ich war ein Spielkamerad von Rashid«, erzählt der Jüngling. Rashid ist der älteste Sohn Sheikh Mohammeds. Auch der erfahrenste Kampfpilot der Vereinigten Arabischen Emirate blickt auf eine gemeinsame Kindheit zurück, mit Sheikh Mohammed besuchte er dieselbe Schule. Letztendlich ist die arabische Halbinsel eine große Familie, stammesgeschichtlich zurückzuführen auf zwei große Gruppen: die Qahtan, ursprünglich jemenitische Stämme im Südwesten der arabischen Halbinsel, in der Regel Stadtbewohner und seßhafte Bauern, und die Adnan, jene Bewohner der zentralen und nördlichen Wüstengebiete, die überwiegend als kamelzüchtende Nomaden oder Oasenbewohner lebten. Im Bewußtsein der Golfaraber und Jemeniten ist diese Unterteilung in Qahtan und Adnan noch immer sehr lebendig und bis heute mitverantwortlich für zahlreiche Konflikte, obwohl es sich eher um eine Legende, weniger um historische Realität handeln dürfte. Mich persönlich erinnert die Geschichte an Kain und Abel, den Urgrund aller Bruderkämpfe.

Unterdessen hat Himid Bin Durai zwei Veteranen aufgetrieben und in sein Zimmer geleitet. Der eine, Sheikh Da'uq, stammt aus dem Libanon und ist von Sheikh Rashid, dem Vater des heutigen Herrschers, als Erzieher nach Dubai geholt worden, wo er seit über fünfzig Jahren lebt. Die Vorstellung des zweiten Methusalem ging in einem plötzlichen Anflug allgemeiner Geschäftigkeit unter, der wie aus heiterem Himmel erfolgte und glücklicherweise nur von kurzer Dauer war. Gut dreißig Männer sitzen und stehen in einem Halbkreis um Sheikh Da'uq und seinen Kollegen, offenbar ein langjähriger Freund, der sich auf einen Stock stützt und auf dem linken Auge blind ist. Ohne Vorgaben, ohne Fragen fangen sie an zu erzählen, als wäre es ein Theaterstück für zwei Stimmen. Erst redet der eine, dann der andere, gegenseitig werfen sie sich Erinnerungen zu oder fallen dem anderen ins Wort, falls der etwa einen wichtigen Aspekt nicht gebührend würdigt. Es ist andächtig still im Saal. Von den guten alten Zeiten berichten sie, als Dubai vom Fisch lebte und vom Meer, von Perlen und Kamelen, damals, in den guten alten Tagen, als jeder jeden kannte und das Leben ein Fest war.

Plötzlich entsteht Aufruhr. Ein Zeremonienmeister verkündet, daß Sheikh Mohammed sein Arbeitszimmer verlasse. Himid Bin Durai führt mich auf den Flur, eine Delegation einheimischer Würdenträger zieht an uns vorbei und gruppiert sich um die verschlossene Flügeltür, die der Zeremonienmeister mit großer Geste öffnet. Sheikh Mohammed erscheint und wird von der Gruppe auf dem Gang in Empfang genommen. Einer der Männer entrollt eine Papyrusrolle und verliest in klassischem Hocharabisch eine Lobesrede auf den Herrscher und seine Dynastie, preist die Tugenden Sheikh Mohammeds, seine Furchtlosigkeit und seinen Edelmut, auf denen Gottes Segen ruhe. Der Verteidigungsminister ist ein ausgesprochen gutaussehender Mann, Marke Clint Eastwood, doch seine Gesichtszüge sind deutlich sanfter. Er macht einen sympathischen, bescheidenen Eindruck und läßt die Huldigung kommentarlos an sich abgleiten. Als er sich zum Gehen wendet, tritt Himid Bin Durai an ihn heran und stellt mich vor als »deutschen Freund«. Sheikh Mohammed reicht mir die Hand und sagt: »Sie haben ja ein Kamel auf ihrem Hemd.«

Das allerdings irritierte mich. Bestürzt mustere ich mein Hemd, völlig verunsichert, ob ich mit diesem Votum leben kann. Er hat recht, über der linken Brusttasche befindet sich ein kleines Kamel, ein winzig kleines Kamel, so unendlich viel kleiner als der unglückselige Pepsi, und dennoch spüre ich den Ruch des Makels an mir haften.

Bevor ich mich gefaßt habe, ist Sheikh Mohammed längst entschwunden. Ich bin umringt von führenden Beratern und Politikern des Scheichtums Dubai, die mir auf die Schultern klopfen, die Hände schütteln, freundlich lächeln und sich gegenseitig immer wieder versichern, als hätte ich die höchste Stufe der Initiation erreicht:

Wahrhaftig — er hat ein Kamel auf seinem Hemd.

Teil III
Im Süden des Jemen

Bonjour Tristesse.
Streifzüge durch Aden

Wir sind müde und erschöpft, von der Nachtfahrt und den
endlosen Diskussionen. Immer wieder Islam und Erinnerungen an Deutschland. »Die Leute bleiben einfach stehen, wenn
die Ampel Rot zeigt.« Mohammed, unser Fahrer, erinnert sich
genau an seine Studienzeit in Ost-Berlin. Bleiben einfach stehen. Glückliches Deutschland.

Salim, mein jemenitischer Kollege, wechselt das Thema. Zi-
tiert Verse aus dem Koran wider die Habgierigen und die Be-
trüger. Gott ist am größten, bestätigt Mohammed, und wieder
ein Schwenk nach Deutschland: Bleiben einfach stehen. Im
Orient undenkbar, Gott sei Dank. Salim haßt Mohammed. Er
hat Salim den Landrover verkauft, mit dem wir ins Wadi Hadramaut fahren werden, in den östlichen Landesteil Südjemens. Zu einem völlig überhöhten Preis. Salim hatte keine Zeit
zum Feilschen und rächt sich mit Koranzitaten, seit unserer
Abfahrt in Sanaa vor immerhin zwölf Stunden.

Aden am frühen Morgen. Eine eigenartige Atmosphäre
liegt über der Stadt, eine Stimmung aus Zeitlosigkeit und Verfall, aus Melancholie und Tristesse. Nur wenig erinnert an den
Islam und Arabien. Der erste Eindruck ist fast mediterran,
wahrscheinlich wegen der prallen Farben der Häuser: azur,
türkis, rosa. Die vielen Schwarzen fallen mir auf. Nachfahren
abessinischer Sklaven und Händler, erklärt mir Salim. Sie leben seit Jahrhunderten im Jemen und sind doch von der arabischen Bevölkerung weitgehend isoliert. Nicht selten gehören
sie zu den Ärmsten der Armen. Wie die sechs- oder siebenjäh-
rigen Kinder, die im ewig stockenden Verkehr ungebeten Au-
toscheiben putzen und meistens leer ausgehen. Nur einen
Steinwurf entfernt von der Nationalbank im Zentrum, wo ein
roter Stern auf bröckelnder Fassade vom Sozialismus kündet.
Wie in den meisten arabischen Ländern führt auch in Aden,

früher die Hauptstadt Südjemens, der erste Weg eines Journalisten, Autors oder Filmemachers in das Informationsministerium. Ein schlichtes, zweistöckiges Gebäude nicht weit vom Platz der Revolution, wo eine Bäuerin und ein Arbeiter mit europäischen Gesichtszügen in lichter Höhe Hammer und Sichel kreuzen. Ein Geschenk der Sowjetunion, einst großer Bruder des einzigen marxistischen Landes in der arabischen Welt, der Demokratischen Volksrepublik Jemen, die es seit dem Zusammenschluß mit Nordjemen am 22. Mai 1990 nicht mehr gibt.

Das Informationsministerium hat seinen eigenen Charme. Die Autowracks vor dem Eingang setzen einen unerwarteten Akzent. Ich frage den Pförtner, warum sie auf dem Dach liegen. Nun, sagt er und richtet seinen Patronengurt, wir hatten keinen Wagenheber und brauchten die Räder. Er führt mich in das Gebäude, das eine angenehme Ineffizienz erahnen läßt. In der ersten Etage ein Bild wie aus einem Film: Lichtstrahlen fallen schräg auf einen Schreibtisch aus gehärtetem Blech, dessen staubige Oberfläche in der Hitze zu vibrieren scheint. Der Rauch von Zigaretten zeichnet bizarre blaue Linien in das gebündelte Licht, ein Deckenventilator dreht sich in Zeitlupe, niemand achtet auf das klingelnde Telefon. Männer und Frauen palavern, mein Gruß verliert sich in diesem Stimmengewirr, einer diskreten Wand gegen die umgebende Wirklichkeit.

»Wie finden Sie Aden?« fragt mich Salim Hussein, der Leiter des Ministeriums.

»Ich weiß nicht. Die Stadt kommt mir vor wie eine Bühne ohne Programm. Die Engländer waren hier, die Russen — aber was kommt jetzt?«

»Gott weiß es am besten«, sagt Salim Hussein, ein kleiner, drahtiger Mann mittleren Alters, vor kurzem noch Marxist. »Und wie geht es Ihnen in Deutschland? Sie haben Schwierigkeiten mit der Einheit?« Die leichte Genugtuung in seiner Stimme ist nicht zu überhören.

»Ja, die Deutschen teilen nicht gerne.«

»Weil sie keine Muslime sind. Im Islam teilen die Menschen, was sie haben.«

»Dürfen Sie denn so reden, als Marxist?«

»Der Islam ist älter als der Marxismus«, sagt Salim Hussein bestimmt und flüchtet in Visionen – die Pläne der Regierung, Aden zum Wirtschaftszentrum des geeinten Jemen auszubauen. Ein großer Freihafen soll entstehen. Investoren würden gesucht, Enteignungen rückgängig gemacht. Auch die emigrierten indischen und pakistanischen Händler seien herzlich willkommen.

Aden gründet auf einem erloschenen Vulkan, und das Volksviertel Crater liegt, wie der Name sagt, im ehemaligen Krater, umgeben von Vulkangebirge. Die Topographie machte die Stadt uneinnehmbar, bis es den Engländern 1839 gelang, den Naturhafen am Roten und Arabischen Meer von den Türken zu erobern – um den Seeweg nach Bombay zu kontrollieren. Aden war immer eine kosmopolitische Stadt, Inder und Pakistani stellten die meisten Händler in der Main Road und der Bazar Road, den engen Hauptgeschäftsstraßen Craters, wo sich ein kleiner Laden an den anderen reiht und doch keine arabische Basar-Atmosphäre herrscht, eher das lebhafte Treiben einer geschäftigen Kleinstadt irgendwo zwischen Orient und Okzident. Viele Geschäfte tragen noch indische oder pakistanische Namen, aber die meisten Händler sind ausgewandert, als das Land 1967 unabhängig und marxistisch wurde.

Am meisten berührt mich in Aden das gleichgültige Nebeneinander von Vergangenheit und Gegenwart, die beide wie Fremdkörper aufeinander wirken, ohne Richtung, ohne Ziel, ohne Symbiose, was im Alltag allerdings niemanden zu stören scheint. Die Straßenschilder Main Road und Bazar Road, eingelassen in Häuserwände, sind unübersehbar, obwohl kein Mensch die alten englischen Straßennamen verwendet, ebensowenig die offizielle Bezeichnung »Straße der Märtyrer«. Taxifahrer sagen einfach: das Zentrum von Crater. Und diese fast banale Konfrontation einer undurchsichtigen Realität mit gesundem Pragmatismus ist durchaus typisch für diese Stadt, die ihrer eigenen Identität eher ratlos begegnet.

In der Garküche »Woody Woodpecker« esse ich eine scharf gewürzte kalte Kartoffel für umgerechnet fünf Pfennig und beobachte schwarz verschleierte Frauen, die einige Mühe haben, ihr Gesichtstuch nur soweit zu heben, daß die Kartoffel in den Mund paßt, ohne einen Blick auf das Gesicht freizugeben. Andere Frauen wiederum tragen Jeans und Pullover und mustern mich ähnlich neugierig wie ich ihre Kolleginnen in dem Moment, wo sich der Schleier lüftet. Hassan, die Bedienung, ein freundlicher, muskulöser Mann Mitte zwanzig, der ständig Dutzende von Tellern und Kartoffeln balanciert, tippt mir auf die Schulter und bittet mich, lieber die unverschleierten Frauen anzusehen. Sonst blieben die konservativen Kunden weg.

Ich erfahre, daß Hassan Taxifahrer in Djidda war, bis die Saudis damit begannen, Zehntausende Jemeniten wegen angeblich pro-irakischer Gesinnung im Golfkrieg auszuweisen. Ich frage Hassan, ob er sich für Politik interessiere. »Nein. Die Regime kommen und gehen, ich muß sehen, wo ich bleibe.« Hassan verdient etwa hundert Mark im Monat, ein normales Einkommen in Aden. Da bleibt wenig Lust auf Parolen, und niemand macht sich die Mühe, die alten zu entfernen. »FLOSY – Revolution der Armen«, lese ich an einer Häuserwand neben »Woody Woodpecker«, und der Slogan ist wirklich veraltet. Die »Front für die Befreiung des besetzten Südjemen« war der politisch gemäßigtere Rivale der marxistischen »Nationalen Befreiungsfront«, die sich noch vor Abzug der Briten gegen die FLOSY durchsetzen konnte, militärisch und politisch.

Aden, Graffiti und Geschichte in Symbolen. Friedenstauben, proletarische Fäuste, häßliche Uncle Sams, politische Losungen finden sich an vielen Häuserwänden, aber niemand nimmt sie sonderlich ernst. Die Menschen im Alltag ignorieren das Pathos, sie leben außerhalb der offiziellen Wirklichkeit. Dieser Realitätsverweigerung entspricht äußerlich das Ambiente des Verfalls, die ungewohnte Zeitlosigkeit der Stadt, deren spürbare Morbidität mich, den rationalen Europäer, wohl deswegen so ratlos fasziniert, weil sie gleichbedeutend ist mit der absoluten Negierung westlichen Fortschrittsglaubens und technisch-kultureller Selbstgewißheit. Aden ist nicht allein Stadt, Aden ist auch eine Metapher – für ein Leben ohne Utopie, ein Leben im Stillstand der Zeit und der Gefühle.

Überall in Crater gibt es Teestuben, regelrechte Oasen in der schwülen Hitze. Das feuchtheiße Klima lähmt jede Bewegung und verlangsamt den Lebensrhythmus bis zum Stillstand. In der Mittagszeit sind die Straßen wie ausgestorben, erst am Nachmittag kehrt das Leben zurück, flanieren die Männer in ihren Futas, bunten Baumwolltüchern aus Indonesien, wesentlich bequemer zu tragen als Hosen, machen die Frauen ihre Einkäufe und gönnen sich als Leckerbissen Dattelpaste aus Lahadsch, der palmenreichen Provinz nördlich von Aden.

Bei einem Tee lerne ich Mr. Winterbottom kennen: Wir sitzen zufällig am selben Tisch und ignorieren uns geflissentlich, wie in Europa in solchen Fällen üblich, im Orient aber eher peinlich. Da passiert es. Eine Fliege stürzt sich mit einem lauten, anschwellenden Brausen und ohne jede erkennbare Vernunft auf den Tee von Mr. Winterbottom, taucht in die heiße Flüssigkeit und stirbt einen im Grunde sinnlosen Tod. Der englische Gentleman mustert das Insekt in seinem Glas mit sichtlicher Verachtung, als habe er nicht das geringste Verständnis für dergleichen Fliegerpech. Er greift zum Löffel, fischt die Fliege aus dem Tee, während er mich kritisch ansieht und sagt: »Was für ein Dreckloch.«

Ich bin mir nicht sicher, ob er die Teestube, die Stadt oder die Dritte Welt insgesamt meint, jedenfalls kommen wir ins Gespräch, und Mr. Winterbottom erzählt von der guten alten Zeit, als Aden noch britisch, die Straßen sauber und die Hitze erträglich war. Der feinsinnige alte Herr, ganz in Khaki, Tropenhut und knielangen Shorts, fast eine Karikatur seiner selbst, war Pilot in der Royal Air Force. Nach dem Zweiten Weltkrieg fand er eine neue Mission im Südjemen, wo er die Bergstämme bombardierte, um das Land »in die Zivilisation zu führen«. Ach ja, bemerke ich, und das reicht Mr. Winterbottom, um mich einzuführen in sein Lebenswerk, sicher in der Hoffnung, ich möge es für gelungen halten.

»Wir waren unter dem Kommando von Colonel Boustead, dem alten Haudegen. Das Empire hatte Verträge mit den

Stämmen im Hinterland von Aden geschlossen, um Sicherheit und Frieden zu schaffen. Das System war genial einfach. Wir hatten da draußen eine Handvoll politischer Offiziere, die Arabisch sprachen und den Sultanen als Berater dienten. Wenn die nicht wollten wie das Empire, stellten die Offiziere ein Ultimatum: Entweder seid ihr vernünftig oder die Air Force bombardiert eure Stadt, euren Palast, eure Häuser, je nachdem.«

»Das war dann vermutlich Ihr Job.«

»Ganz genau«, sagt Mr. Winterbottom, erfreut über mein Verständnis.

»Wir sind im ganzen Land Einsätze geflogen und haben das ausgewählte Ziel zerstört. Da die Offiziere vorher die Bevölkerung gewarnt hatten und die Eingeborenen genau wußten, wann welcher Ort angegriffen würde, gab es in der Regel keine größeren Verluste.«

»Auch nicht unter den Piloten?«

»Uns abschießen? Wo denken Sie hin. Aber einen guten Freund hat es in Aden erwischt. Auf dem Flughafen. Ein Terrorist wollte auf Colonel Boustead losgehen, aber Pete warf sich in das Messer. Das war 1965. Die Kommunisten mit ihrer Haßpropaganda. Und sehen Sie sich an, was sie angerichtet haben. Das ganze Land ist heruntergewirtschaftet.«

Mr. Winterbottom zeigt ein resigniertes, fast trauriges Lächeln, als denke er an Pete und sein eigenes Leben, das ihn quer durch den Arabischen Golf führte, als Küchenchef und Pferdezüchter im Sold sehr vieler Sultane, die ihn für seine Heimatlosigkeit gut bezahlten – anders als die Royal Air Force, die ihm Anerkennung und Orden versagte, nicht einmal für Pete reichte es, posthum, nur für den Colonel Boustead.

Ich fahre mit Mohammed nach Tawahi, zur Zeit der Engländer das Nobelviertel von Aden, fünf Kilometer entfernt von Crater. Mohammed, der knallharte Geschäftemacher. Zu DDR-Zeiten an der Hochschule für Ökonomie in Ost-Berlin ausgebildet, tätigt er heute nur noch Geschäfte, die Geld bringen. Seit kurzem trägt er Vollbart, das Symbol islamischer Frömmigkeit.

»Weil ich glaube, daß die Wunder der Welt keine Zufälle sind. Eine Waage zum Beispiel. Sie zeigt überall auf der Welt dasselbe Gewicht an, ein Kilo ist immer ein Kilo. Für mich ist das ein Wunder.«

»Ein sehr materialistisches Gottesbild, finde ich.«

»Viele Wege führen zu Gott. Aber eine Welt ohne Religion ist leer, ihr fehlt die Mitte, deswegen gerät Europa aus den Fugen.«

Wir stehen im Stau, am alten Hafen von Aden, wo früher malerische kleine Dhaus ankerten, kleine, wendige Segelschiffe aus Holz, die den Küstenhandel besorgten. Heute sieht man nur noch selten Dhaus, aus Matrosen wurden Mechaniker. Eine Autowerkstatt neben der anderen, dazwischen Teestuben und Fischrestaurants, Palaver und große Gesten, jeder Ölwechsel ein kreativer Akt.

»Wie haben Sie denn vom Kommunismus zum Islam gefunden?«

»Ich war nie Kommunist. An der Oberfläche, ja. Aber nie im Herzen. Jemen ist kein Land für Ideologie. Wir sind im wesentlichen eine Stammesgesellschaft. Ich glaube an Gott und an meine Familie, wie alle Jemeniten. Unser Kommunismus war eine Fassade, ein rhetorisches Gebäude, dahinter die alten Stammesstrukturen. Nicht einmal das Politbüro hat ernsthaft an den Sozialismus geglaubt.«

Tawahi, Steamer Point. Hier, in Sichtweite des Big-Ben-Duplikats aus Vulkangestein, legten die Überseedampfer an, strömten die Kolonialbeamten an Land, die Militärs, die Geschäftemacher, die Profiteure: Ärzte mit fragwürdigen Diplomen, Waffenschieber und Perlenhändler, ältliche Dirnen und Kokotten, exilierte Maharadschas, Abenteurer und Vagabunden. Reisende mit Geld zogen ins glamouröse Crescent Hotel, keine dreihundert Meter entfernt, wo vornehme Gentlemen in weißen Anzügen Bridge oder Canasta spielten und sich neue Schachzüge gegen die Araber ausdachten. Die Hotels, die Parks und die Gartenanlagen, die großen Handelskontore und großzügig angelegten Straßenzüge – nichts ist geblieben von der kolonialen Pracht, Tawahi ist heruntergekommen, grau und hoffnungslos.

Wir stehen am Pier des verwaisten Steamer Point und beobachten einen russischen Frachter auf Reede, der die sowjetische Flagge einholt und die russische aufzieht. Mohammed erzählt von seiner Jugend in einem Fischerdorf östlich von Aden, wo jeder jeden kannte und Geld fast keine Rolle spielte, weil alle gleich wenig hatten. »Das Leben war einfach, aber wir Kinder waren glücklich, auch ohne Kaugummi und Fernseher.« Mohammed besuchte dieselbe Schule, dieselbe Klasse wie Salim Rubaya Ali. »Wir waren sehr gute Freunde, wir haben alles geteilt, auch unsere Schuhe.«

Salim Rubaya Ali war einer der mächtigsten Männer im Südjemen. 1971 wird er Vorsitzender des Politbüros, 1978 standrechtlich erschossen, wegen »Rechtsabweichlertum«. »Man kann bei uns sehr weit kommen, aber auch sehr tief fallen. Deswegen wollte ich nie in die Politik. An Salims Seite hätte ich Karriere gemacht«, sagt Mohammed und fährt sich mit der Hand übers Gesicht. »Heute allerdings wäre ich tot.«

Nachfolger Salim Rubaya Alis wurde sein Gegenspieler Abd al-Fattah Ismail, ein linker Theoretiker und Hardliner, der einige Jahre später selbst liquidiert wurde. Im Grunde war der südjemenitische Marxismus die extreme Reaktion auf ein anderes Extrem, den britischen Kolonialismus, der historisch gewachsene politische und soziale Strukturen zerstörte und ein Machtvakuum hinterließ, das von radikalisierten nationalistischen Kräften gefüllt wurde, ohne klare Ideologie, aber mit dem Willen zur Macht.

Die Tragik des südjemenitischen Experiments zeigt sich nirgends so deutlich wie bei einem Besuch der ehemaligen Villa von Abd al-Fattah Ismail, einem großen Haus in schönster Wohnlage von Tawahi, mit Blick über den Hafen. Am 13. Januar 1986, um 10.45 Uhr, eröffneten Kanonenboote das Feuer auf Ismails Villa, wahrscheinlich auf Veranlassung von Präsident Ali Nasser Mohammed, seines schärfsten Rivalen. Doch Ismail entging dem Anschlag. Einige Stunden später wurde er allerdings in einem Panzer gestellt und erschossen. Da war der Bürgerkrieg schon in aller Heftigkeit im Gange, »aber niemand wußte genau, wer gegen wen kämpfte. Viele Leute haben die Gelegenheit genutzt, um alte Rechnungen zu begleichen.« Mohammed hat keine Lust, die Ruine der Villa zu besuchen, die heute ein Museum ist. Gedenktafeln erinnern an den heldenhaften Revolutionär, der gleichzeitig ein anerkannter arabischer Dichter war. Er besaß über zehntausend Bücher, erzählt der Führer des Museums, die größte Sammlung im Land. Alles verbrannt.

Die Ruine ist gespenstisch. Ventilatoren hängen wie Kraken von der Decke, die Hitze der Brände hat sie eingeschmolzen und bizarr verformt, auch die Kochtöpfe, die Fensterrahmen, das Kinderspielzeug. Der Wind bewegt rostige Türangeln, ein Pfeil zeigt auf eine zerstörte Häuserwand, darunter das Insignum: »Der erste Treffer!«, eine etwas absonderliche Erfolgsmeldung, die aber sicher so zu lesen ist: Seht her! Diese Verbrecher!

An den intakten Wänden hängen Bilder, die von Ismails Karriere erzählen, zeigen Bruderküsse und Gruppenfotos mit den großen und kleinen Solisten der Revolution, Ismail mit Fidel Castro, mit Mengistu Haile Miriam in Äthiopien, mit Alexej Kossygin, mit Hafiz al-Assad, Saddam Hussein, Oberst Ghaddafi, den großen und den kleinen Verlierern. Abd al-Fattah Ismail lächelt und lächelt, als ahne der Dichter in ihm das hohle Pathos dieser Begegnungen.

Und dann ein riesiger, rußgeschwärzter Raum, leer und in der Mitte ein Bett. Weiter nichts. Nur das, ein großes, breites Bett. Das Bett des Kommandanten, sagt der Führer stolz. Das einzige Möbelstück, das nicht verbrannt ist.

Dieses Bett läßt mich nicht los. Wahrscheinlich, weil ich immer geglaubt habe, ein Revolutionär wie Abd al-Fattah Ismail schlafe am liebsten auf nacktem Beton, auf Strohmatten, im Sitzen oder gar nicht, aber dieses Bett war Verrat.

Ein Doppelbett, der Holzrahmen sorgfältig mit Plastik bezogen. Plastik in Alabaster-Design, türkis und weiß, und am Kopfende, auf beiden Seiten des Bettes, zwei Löcher in der Form von Liebesherzen, von Pfeilen durchbohrt. Kitsch, grell und geschmacklos. Das Bett des Kommandanten: Plaste und Elaste und Gelsenkirchener Barock. Abd al-Fattah Ismail, der Held und Revolutionär, der Mann, der noch Limonadenverkäufern ideologisch nachstellte, weil sie, die Kleinhändler, kleingeistig seien, anfällig für bürgerliches Denken, politisch unzuverlässig.

Die Revolution, zur Ruhe gebettet. Präsident Ali Nasser Mohammed setzte sich in dem neuntägigen Bürgerkrieg durch, ein Krieg, der wenig mit Ideologie und sehr viel mit Stammesdenken zu tun hatte. Mehr als zehntausend Menschen kamen ums Leben. Paradoxerweise verlor der Sieger trotzdem die Macht, er mußte mit Tausenden von Kämpfern nach Nordjemen fliehen. Der neue starke Mann in Aden, Ali Salim al-Bayd, verfolgte vor allem ein Ziel, die Einheit mit Nordjemen. Er hatte keine andere Wahl, der Sozialismus war nach dem Bürgerkrieg diskreditiert, die sich auflösende Sowjetunion gab Südjemen auf. Das Land war bankrott.

Erstaunlich, daß in der politischen Bilderwelt Adens Ali Salim al-Bayd überhaupt nicht und der Präsident des geeinten Jemen, der Nordjemenit Ali Abdallah Salih, nur sehr selten vertreten ist. In einer Politik der Zeichen und Symbole, die mangelnde demokratische Legitimation kompensieren soll, ist dies kein nebensächliches Detail. Um von der eigenen Mitschuld am Bürgerkrieg abzulenken, haben Ali Salim al-Bayd und seine Kollegen Ali Nasser Mohammed für den Krieg verantwortlich gemacht, ein Königsopfer sozusagen, Abd al-Fattah Ismail und drei weitere getötete Politkader hingegen zu Märtyrern stilisiert. Überall in Aden hängen deren Konterfeis aus, in den Büros und auf den Straßen, ein allgegenwärtiges Quartett der Toten, »leuchtende Avantgarde und ewiges Vorbild«.

Als ich das Museum verlasse, finde ich an der Antenne des völlig ausgebrannten Toyotas von Abd al-Fattah Ismail eine kurze Nachricht Mohammeds: Bin zurück ins Hotel. Es ist Mittagszeit. Ich suche erfolglos ein Taxi, bis ich nach einigem Herumlaufen auf eine Siesta stoße, eine Gruppe alter Männer am Steamer Point, die rauchen, Tee trinken und schweigen. Ich setze mich dazu und beteilige mich am allgemeinen Schweigen, irgendwann kreisen Datteln, und endlich stellt einer die erlösende Frage: »Taxi?«

Ich nicke, und ein alter Mann mit verwitterten Gesichtszügen erhebt sich mühsam, glättet seinen schneeweißen Burnus und weist mir den Weg zu seinem Wagen. Gemeinsam schieben wir den gut dreißigjährigen Rover auf die Hauptstraße, der Fahrer führt die Zündkabel unterhalb des Lenkrades zusammen, bis die Funken sprühen und das veraltete Gefährt anspringt.

Der Greis scheint wie verwandelt. Eben noch die Ruhe selbst, fegt er jetzt durch die Straßen, als gelte es, das Leben zu überlisten, die Zeit zu schlagen. Und er hebt an zu einer Lobrede, die mich einigermaßen erstaunt – um so mehr, als ich bislang nichts gesagt hatte und er nicht wissen konnte, woher ich komme.

»Deutschland! Ah, Deutschland. Deutschland, alles geht, alles läuft. Männer gibt es, die sagen: Es werde! Und dann geschieht, was geschehen soll; es passiert, was passiert. Das Land ist groß und mächtig, die Menschen sind froh, alles ist neu, alles ist gut, und wenn es mal nicht mehr läuft, dann heißt es: vorbei! Und die an der Macht müssen gehen und sind beschämt und bemühen sich, was sie an Ehre verloren, durch mutiges Handeln neu zu gewinnen. Und die Autos sind schnell, und schon die Kinder bekommen Geld.«

Die Stadt zieht an uns vorbei wie in einem Film. Die alten Kolonialbauten, die allmählich verfallen; die Ikonen des Sozialismus, die sich langsam und unerbittlich auflösen. Niemand käme in Aden auf die Idee, revolutionäre Denkmäler zu stürzen wie in Osteuropa. Die Vergangenheit überläßt man lieber der tropischen Hitze. Mein Fahrer hat eine angenehme, melodiöse Stimme, fast erscheint er wie ein Prediger, wie der Dirigent eines imaginären Orchesters, der längst nicht mehr an sich glaubt und nun von einem magischen Ort träumt, ohne Stillstand der Zeit und der Gefühle.

Einen Moment frage ich mich, ob ich den Monolog meines Fahrers bremsen, sein mythisches »Deutschland« der Realität aussetzen sollte. Als könne dieser Heilige meine Gedanken lesen, fällt er mir in das ungesagte Wort. »Sei still. Ich rede und fahre. So ist das. Du bist willkommen. Gott sei gepriesen. Unser Leben ist vorbestimmt. Gott sei gepriesen. Arbeit macht müde und raubt den Schlaf. Gott ist am größten. Auch die Träume scheitern, mein Sohn. Wir sind Staub auf den Wegen

Gottes, nicht mehr. Gott ist allmächtig. Erzähle deinen Leuten von Aden. Es ist eine gute Stadt. Gott sei gepriesen. Deine Leute sollen kommen. Wir wollen hören, was sie zu sagen haben. Leute mit vielen Sprachen. Wie früher, als Aden groß war. Erzähle deinen Leuten von uns. Du bist doch aus Deutschland. Oder etwa nicht?«

Transit Mukalla.
Aus dem Innern des Landrovers

Zwölf Stunden dauert die Fahrt von Aden nach Mukalla, am Rande des Wadi Hadramaut. Ein halber Tag für sechshundert Kilometer. Salim fährt den Landrover, schweigsam und angestrengt, nachdem wir uns in Aden von Mohammed verabschiedet haben. Zunächst verläuft die Straße in Sichtweite des Meeres, eine flache Sandebene; später passieren wir Dörfer, kleine Städte, grüne Oasen, in denen Landwirtschaft betrieben wird, dann wieder endlose Wüste. Sand, soweit das Auge reicht, gelegentlich ein Stilleben meterhoher, unberührter Dünen. Flugsand stürmt über die Straße, erschwert die Sicht und das Atmen. Hinter dem Küstenort Shuqra windet sich der schwarze Asphaltstreifen hoch in die Berge, eine grandiose Landschaft aus Lavagestein, anthrazitfarbene Massen aus Fels und Geröll, aufgetürmt wie von Zyklopenhand, gewaltig und still, ohne sichtbares Leben. Stunden später verliert sich die Steinwüste in langgezogenen Trockentälern, in der Ferne bewegen sich kleine schwarze Punkte, tauchen auf und wieder ein in den vor Hitze flirrenden Boden. Nach einer Weile enträtseln wir die Silhouetten — tiefverschleierte Frauen, die Getreide und Gemüse ernten.

Mudiha. Ein staubiger Ort mit staubigen Menschen auf staubigen Straßen. Häuser aus Lehm, die allmählich verfallen. Im Zentrum farblose Fassaden aus Beton, in deren Schatten alte Männer dösen. Ein Hund wimmert und weicht nicht von der Seite zweier Welpen, die achtlos überfahren wurden. Das Restaurant ist gleichzeitig Teestube und Bäckerei. Der einzige Laden verkauft Tomaten und Thunfisch in Dosen. Die Zapfsäulen der Tankstelle sind rostig, ihre Registratur zeigt englische Maße.

Mudiha ist ein unwirklicher Ort, einer schlechten Erinnerung entliehen, Metapher für Leben im Angesicht des Nichts, ohne jede Sehnsucht oder Utopie. In seiner Trostlosigkeit erinnert Mudiha an vergleichbare Flecken im Westen der USA, am Rande der Fernstraßen. *Mobile homes*, kaltes Neon, eine Tankstelle, das Motel. Ein melancholischer Abschied aus dem amerikanischen Traum. Mudiha hingegen ist nicht Endstation, weil der Ort nie ein Versprechen enthielt, nie etwas anderes war als eben dieses: ein Nichts, umgeben von endloser Weite.

Der eigenen Ausweglosigkeit zu entrinnen könnte in Texas bedeuten, sich beispielsweise einer rassistischen Bewegung anzuschließen. Oder dem lokalen Fernseh-Evangelisten, was in etwa auf dasselbe hinauslaufen dürfte. In Mudiha bleibt die Ergebung in den Willen Gottes, der Glaube, daß die Dinge gut seien, wie sie sind – weil sie schon immer so waren und auch bleiben werden, so Gott will.

Einer aus Mudiha hatte diesen Glauben nicht. Ali Nasser Mohammed, Präsident und Drahtzieher des Bürgerkrieges von 1986. Er probte die Revolution und suchte einen neuen Glauben, darin durchaus vergleichbar amerikanischen Fernseh-Evangelisten. Heute allerdings lebt er im Exil in Damaskus und hat niemanden mehr, der ihm schreibt aus Mudiha.

Unter einem grob gezimmerten Sonnenschutz sitzen zwei Soldaten, die Kalaschnikows an ein Brett gelehnt, und spielen Trick Track. Drei Stunden vor Mukalla führt die Straße wieder hinab an die Küste, ein endloses schwarzes Band, angelegt von chinesischen Arbeitern, die in der Hitze und Monotonie der Landschaft verzweifelt sein müssen an heimischer Ideologie.

Salim läßt den Landrover langsam ausrollen und kommt neben dem Kontrollpunkt zum Stehen. Zwei rostige Kanonen ragen aus dem Sand, Überreste eines vor langer Zeit gestrandeten englischen Schiffes. Unweit der Baracke ein Brunnen aus Beton, der in der flirrenden Hitze die Konturen verliert.

»Was da zum Essen in Bir Ali?«

»Nichts da«, entgegnen die Soldaten mürrisch.

Salim lenkt den Wagen in das Dorf, das sich gut hundert Meter bis zum Meer erstreckt. Es ist Mittagszeit, der Boden glüht. Aus verschlossenen Häusern sind leise Stimmen zu hören, das blecherne Geräusch aufeinanderschlagenden Geschirrs. An einer Wand steht ein Esel und trägt schwer an seinem gewaltig erigierten Glied.

Wir sitzen im Wagen und schweigen. Unsere Kleider sind naß, jede Bewegung, allein das Atmen verursacht Schweiß. Vor ein oder zwei Stunden waren wir in einem Dorf mit Restaurant. Eine Hütte aus Lehm, auf dem Boden Matten aus Bast. Wir setzten uns neben einen alten Mann, der uns stolz seine Kalaschnikow zeigte, ein museales Modell mit geschlossenem Patronen-Rundlauf. Draußen vor der Tür wurde eine Ziege geschlachtet, deren jämmerliches Gebrüll langsam versiegte. Ein Mann in schmierigem Hemd nahm die Bestellungen entgegen: Niere, Hirn, Leber, Herz. Es gab nichts anderes, keine Suppe, kein Gemüse, nur Ziege und Brot. Der süßliche Geruch warmen Blutes zog in die Hütte und verschlug uns den Atem. Ein junger Bursche trug wenig später eine dampfende Schüssel mit Innereien Richtung Küche, und da passierte es. Er muß gestolpert sein, die Schüssel flog durch die Luft und landete krachend auf dem Boden, inmitten einer Gruppe bewaffneter Stammesleute, die schreiend und fluchend aufsprangen, über und über bedeckt mit Blut und Eingeweiden. Der Boden dampfte, und sehr schnell verflog der süßliche Geruch, wandelte sich in beißenden Gestank.

Und nun warten wir auf Fisch in Bir Ali. Salim hatte den ersten Passanten angesprochen. Wer er sei, wie er heiße, Ausflüge in Stammbaum und Genealogie, am Ende waren sich beide sicher, gemeinsame Verwandte und Bekannte zu haben. Der Jemen ist, wie die arabische Halbinsel insgesamt, letztendlich eine große Familie. Mit anderen Worten, wir würden etwas zu essen bekommen – als Freunde unter Freunden. Für einen Europäer ist es eine ungewohnte Erfahrung, daß Geld dabei keinerlei Rolle spielt. Der Mann wird seine Frau veranlassen, ein gutes Essen zu bereiten. Weil es ihm nichts ausmacht und er uns freundlich gesinnt ist. Würde ihm unser Gesicht nicht gefallen, könnte ihn keine Macht auf Erden bewegen, für uns tätig zu werden. Mit Mühe und Not kann Salim den Mann überzeugen, eine Bezahlung anzunehmen, was er zunächst beleidigt zurückweist und erst akzeptiert, als Salim von einem »Geschenk« spricht.

Nichts in Bir Ali ist von Dauer oder Bestand. Drei oder vier Gassen durchziehen den Ort, übersät mit Unrat, in dem Ziegen nach Eßbarem suchen. Die zwei, drei Dutzend Häuser erinnern an schlecht gefallene Würfel, grobe graue Quader aus unverputztem Beton, die meisten Fenster und einige Türen sind bloße, leere Öffnungen. Die traditionellen Lehmhäuser verfallen und dienen als Ställe.

Unten am Strand liegen Fischerboote, nachlässig und durcheinander, wie nach einer übereilten Ankunft. Ein alter Mann sitzt im Schatten eines Bootes und meditiert. Sein Blick führt auf die andere Seite der azurblauen Bucht, zur »Festung der Raben«, ein felsiger Hügel mit den Resten alter Befestigungsanlagen. Unten am Hügel haben Archäologen begonnen, Häuser und Straßen der antiken Hafenstadt Qana freizulegen, vor zweitausend Jahren eine wichtige Handelsmetropole auf dem Weg der Weihrauchstraße, die aus der Provinz Dhofar im heutigen Oman hinauf zum Mittelmeer führte.

Dem alten Mann ist die Ankunft fremder Besucher sichtlich unangenehm; als fürchte er, wir könnten seine Kreise stören, die wahrscheinlich aussichtslose Suche nach einem letzten erklärenden Grund historischer Größe und ihrer Vergänglichkeit.

»Der Palast des Sultans von Mukalla«, schreibt die britische Reiseschriftstellerin Freya Stark, »liegt am westlichen Ende der Stadt, unweit des befestigten Tores, das sämtlicher Verkehr passieren muß. Der Palast liegt direkt am Meer, weiß und neu, seine Fenster sind aus gefärbtem Glas, wie ein Pavillon in Brighton, und am schönsten sieht er aus im Licht des Vollmondes.«

Längst ist diese romantische Idylle der dreißiger Jahre Vergangenheit. Im Sultanspalast logiert heute eine Behörde, die meisten Fenster sind zerbrochen. »Durch das Tor sah man einen ununterbrochenen Strom von Menschen kommen und gehen, zumal gegen Abend, wenn die Stammesleute ihr Abendessen aus der Stadt brachten. Wie sie so einer nach dem anderen mit ihren Vorräten in den Händen durch das Tor kamen, erinnerten sie an eine Grabprozession aus Ägypten, an die Träger der Nahrung für die Toten...

An einen Mann besonders erinnere ich mich. Nachdem er neben seinen Kamelen im Sande gekauert und sich Arme, Beine, Kopf und Mund gewaschen hatte, erhob er sich, um zu beten. Man konnte in dem späten Licht nicht sehen, ob er irgend etwas anhatte (obwohl er dann mitten im Gebet sein Baumwolltuch lockerte und aufsteckte). Voller Anmut stand er da, Haar und Bart und die unverdorbenen Glieder zeichneten sich in schlanker Silhouette gegen Strand und Meer ab — ein Adam in der unbeschreiblichen Würde seiner Männlichkeit. Dann beugte er sich nieder, um den Boden mit der Stirn zu berühren, und schnellte mit einem so federnden Schwung seines Körpers wieder hoch, als wäre er aus Stahl.«

Entlang der einzigen Hauptstraße Mukallas verfallen einstmals prachtvolle Bürgerhäuser und Handelskontore, deren Architektur indische und fernöstliche Einflüsse verrät. Überall finden sich Ziegen, die mit Vorliebe Plastiktüten und Pappkartons verspeisen, und wahrscheinlich würden sie auch Steine fressen, sollten die alten Fassaden nicht länger halten.

Mukalla ist eine Stadt, die sich selber verliert, ohne Interesse für ihre Vergangenheit. Noch in den fünfziger Jahren lagen hölzerne Dhaus im Hafen, gingen Händler an Bord, Prediger, Soldaten und Sultane. Fuhren nach Indien, Indonesien oder Singapur, nach Aden, Djibouti oder Ostafrika, immer den Monsunwinden folgend. Dann gab es einen feinen Riß in der Geschichte, unmerklich wohl, wie die ersten Flugzeuge, die leise an Mukalla vorüberzogen. Zeichen einer neuen Zeit, fremd und flüchtig, ähnlich dem fernen Rauschen in einem Radio, dem Flackern der Leuchtröhre unter schwarzen Lettern, Worten wie Hilversum, Monte Carlo, Beomunster, BBC.

Die ersten Razzien. Anschläge und Flugblätter, Revolution und Fortschritt. Die Fischer waren sicher erstaunt. Die Beduinen, die seit undenklichen Zeiten abseits der Stadt lagerten, Waren und Reisende ins Wadi Hadramaut brachten, in langen, mehrtägigen Karawanen. Gegen die ersten Straßen wehrten sie sich noch mit Überfällen. Unaufhaltsam aber wurden aus stolzen Karawanenführern Lastkraftwagenfahrer.

Die Sultane waren beunruhigt. Lange Habichtgesichter in weißen Gewändern. Die Engländer hatten beschlossen, Südjemen zu verlassen. Am 9. August 1967 trafen sich die Sultane noch einmal mit ihren britischen Beratern, im Sultanspalast von Mukalla. Ihr letztes politisches Dokument ist handschriftlich, versehen mit Brief und Siegel, und gliedert sich in die Bereiche Sicherheit, Wirtschaft sowie allgemeine Dienstleistungen. So sollten die Briten, beginnend am 9. Januar 1968, für weitere zwei Jahre als Militärberater im Land bleiben. Ferner wollten die Sultane Kontakt mit der Arabischen Liga aufnehmen, um ihr Interesse an wirtschaftlichen Beziehungen zur arabischen Welt zu bekunden. Und man war sich einig, die Mitgliedschaft in der internationalen Post-Union zu beantragen.

Vier Monate nach diesem Treffen war Südjemen unabhängig und marxistisch. Die alte politische Klasse und Kaufleute mit Geld gingen ins Exil, überwiegend nach Saudi-Arabien oder in die Golfstaaten, viele wurden verhaftet und enteignet, einige liquidiert. Wer blieb, hatte nichts mehr zu verlieren. Man arrangierte sich mit den neuen Machthabern und wartete auf bessere Zeiten. Wichtigster Wirtschaftsfaktor wurden die Überweisungen der Fischer und Beduinen, die sich in den benachbarten Ölländern als Gastarbeiter verdingten. Noch heute drängen sich die Männer um das Arbeitsamt von Mukalla und studieren Angebote aus Dubai und Djidda, Riad oder Kuweit. Häufig gesucht werden Polizisten und Soldaten, Taxifahrer oder Sekretäre, Arbeiter auf den Ölbohrinseln, Laufburschen in der Verwaltung.

Eines der beiden Hotels in Mukalla trägt den stolzen Namen Ash-Sha'ab, »Das Volk«, das die Angestellten offenbar eher geringschätzen. Das Gebäude hat ein sehr eigenwilliges Ambiente aus zerfallendem Putz, blätternden Farben und dösenden Bediensteten in schmutzigen Hemden. Ein Ventilator zerteilt die feuchte Luft in der Lobby. Der Fernseher läuft, ein ägyptischer Film zeigt Beduinen, die eine Touristin überfallen. Niemand nimmt Notiz von mir, und es scheint sinnlos, die Anwesenden nach einem Zimmerschlüssel zu fragen. Ich folge dem Schild »Generaldirektor«, das an der Tür hinter dem Fernseher in schwarzen Lettern leuchtet. Um einzutreten, muß ich zunächst das Gerät verrücken, und erstaunlicherweise helfen mir zwei Angestellte dabei. Einen Augenblick halte ich das für eine Geste der Gastfreundschaft, aber wahrscheinlich ist es ein häufig geübtes Entgegenkommen bei unerwünschten Personen.

Der Generaldirektor sitzt an einem ausladenden Tisch, übersät mit handgeschriebenen Zetteln und Rechnungen, vor sich einen Stapel Bücher. Auf seinem Schoß sitzt ein kleiner Junge, dem er in selbstversunkener Hingabe die spannende Geschichte von Antar erzählt, der arabische Ritterroman schlechthin. Antar hat einen riesenhaften Wuchs und enorme Körperkräfte, ewig ist er hungrig und vor allem unsterblich verliebt in seine Kusine Abla. Ihr Vater jedoch hält Antar seiner Tochter für unwürdig, weswegen er dem Helden eine Reihe schwerer Prüfungen auferlegt, bevor er Abla heiraten darf. Seine Abenteuer führen ihn nach Syrien, Persien und in den Irak, er wird zum Freund von Fürsten und Königen, deren Gunst er gewinnt durch seine überragenden beduinischen Tugenden: Mut, Freude am Kampf, Freigebigkeit, Güte und Verlangen nach Ruhm.

Der Sohn des Generaldirektors mustert mich mit wachsender Neugier, vielleicht hält er den fremden Besucher für einen fränkischen Raubritter, den sein Vater Antar beiläufig zermalmen wird.

»Wir haben Zimmer reserviert.«

Der Generaldirektor fährt zusammen.

»Sie haben – Zimmer reserviert?«

Sein Blick ist vorwurfsvoll, als sei ich persönlich verantwortlich für Ablas Liebesleid.

»Sie meinen, Sie wollen hier übernachten?«

»Bitte sehr.«

»Das geht nicht.«

Er lehnt sich über den Schreibtisch und schiebt mir sein kantiges Kinn entgegen.

»Warum nicht?«

»Weil es nicht geht.«

»Wir haben reserviert.«

»Wir sind voll.«

»Wir haben reserviert.«

»Wir sind voll.«

»Wir haben reserviert.«

»Was soll ich Ihnen sagen?«

Und er fährt fort mit dem traurigen Finale, wie Antar den Meucheltod stirbt, ermordet von dem blinden Wizr Ibn Gabir, einem ehrlosen Schurken.

»Was ist mit unseren Zimmern?«

»Natürlich. Wir werden das Unmögliche versuchen.«

Er schlägt mit der flachen Hand auf eine Klingel und fragt mich, ob ich London kenne, Piccadilly Circus.

»Flüchtig.«

»Sehen Sie, mir macht das angst. Wo soll das enden, wo wollen die Menschen hin?«

Als der Dienstbote erscheint, erhebt sich der Generaldirektor von seinem Papierberg und begleitet mich persönlich die zwei Schritte zur Tür. Er wünscht mir alles Gute und versichert, man werde mein Anliegen mit Nachdruck prüfen. Im Weggehen höre ich noch die Anfänge einer weiteren wundersamen Geschichte: die Lampe, aus der ein Geist entfährt.

Shibam, das Wadi Hadramaut
und die Gegenwärtigkeit des Todes

Wahrscheinlich ist es die Suche nach einem Ort, an dem sich der Widerspruch entfremdeter Wirklichkeit auflöst. Alte Reiseberichte, die biblische Landschaften beschreiben, entfalten bisweilen die Wirkung eines Sprengsatzes. Sie legen die Lunte, die früher oder später zündet. Ein archaisches Bild liegt dieser Sehnsucht zugrunde, das wohl am besten umschrieben wäre als ein verkürztes Höhlengleichnis.

Von Kindheit an, so Platon, sind Menschen in einer unterirdischen Höhle festgebannt und durch Fesseln gehindert, ihren Kopf herumzudrehen. Hinter ihnen brennt ein Feuer und leuchtet. Zwischen dem Feuer und den Gefesselten läuft ein Weg, neben dem sich eine niedrige Mauer erstreckt. Vorbeigehende tragen unterschiedliche Dinge, Statuen und dergleichen, die über die Mauer hinausragen und Schatten werfen. Die Gefangenen halten diese Schatten, da sie das einzige sind, was sie kennen, für die Wirklichkeit. Sie geben sich alle Mühe, die Gegenstände möglichst genau zu sehen, sie wiederzuerkennen, sich ihre Reihenfolge einzuprägen, wenn nicht gar ihr nächstes Erscheinen vorauszusagen. Würde nun einer dieser Unglücklichen gezwungen, den Kopf zu wenden, in das ihn blendende Feuer zu schauen und später, wenn seine Augen es zulassen, die vorbeigetragenen Gegenstände zu erkennen, deren Schatten er für die Wirklichkeit hielt, wenn er also gezwungen würde, die Projektion, an die er zuvor geglaubt hat, zu durchschauen, so wäre dies für ihn mit Schmerzen verbunden und ginge sicher nicht ohne inneren Widerstand vor sich.

Der westliche Mensch der Moderne ist längst aus seiner Höhle hinausgetreten; er hat die Projektion durchschaut und richtet sich ein als Zuschauer, ohne Drang zur »Quelle des Lichts«, dem göttlich schöpferischen Urgrund allen Seins und allen Erkennens. Er begnügt sich mit der äußeren Gestalt der

Dinge, der sichtbaren Wirklichkeit, den Errungenschaften einer materiellen Welt, deren Dynamik er vertraut – frei von Spiritualität, aber nicht ohne Melancholie. Seine Motivation ist weniger »Erkenntnisliebe«, sondern Erlebnisdrang, der Wille zur Herrschaft über Menschen und Natur, wie ihn in früheren Zeiten nicht zuletzt der Kolonialismus illustrierte: Rationalität und Ökonomie als »blendendes Feuer« der Neuzeit, das Moral und menschliche Werte zu seinen Gunsten relativiert. Orientalische Formen der Despotie, wie sie etwa das Osmanische Reich verkörperte, waren vergleichsweise bescheiden, »ruhten in sich selbst«, indem sie Geld erpreßten von ihren Untertanen, aber statisch blieben in der Form, ein operettenhafter Popanz ohne kapitalistische Dynamik.

Heute versteht sich die »Quelle des Lichts« gegensätzlich, in Orient und Okzident. In arabischen Gesellschaften, so scheint es, fördert die Konfrontation mit der Moderne ein Gefühl kultureller Orientierungslosigkeit. Eine Antwort ist die Rückwendung zur Religion, auch und vor allem im politischen Bereich, verbunden mit der äußeren Abkehr von westlichen Lebensformen, die insgeheim allerdings auch weiterhin bewundert werden und als leises Vorbild gelten, überwiegend in materieller Hinsicht; eine durchaus folgenreiche Haßliebe.

In den westlichen Industriegesellschaften hingegen ist die »Quelle des Lichts« das eigene Ich, die Verwirklichung individueller Lebenspläne, die mehrheitlich scheitern. Ich frage mich, ob es einen inneren Zusammenhang gibt zwischen dem psychischen und seelischen Elend in säkularen Kulturen und der wirtschaftlichen wie politischen Misere in weiten Teilen der Dritten Welt, zu der die islamische insgesamt rechnet, mit Ausnahme vielleicht der Ölstaaten.

Nach Platon hat die Seele vor ihrer Geburt schon einmal den Glanz der Ideen geschaut. Sie hatte bereits die Erkenntnis vom vollkommenen Allgemeinen, vom wahrhaft Seienden. Mit ihrer Geburt jedoch wurde dieses Wissen durch die Wahrnehmungswelt des Körpers zurückgedrängt, wurde gleichsam unbewußt. Der leidenschaftlich nach Wahrheit Suchende, der die Sinnfrage Stellende, muß das ursprüngliche Wissen wieder zurückholen – auf dem Weg der Anamnese, der Wiederer-

innerung. Eine langwierige, anstrengende, abstrakte Lebens-
aufgabe, die ein bewußtes, nicht lediglich passivisches Hin-
austreten aus der Höhle überhaupt erst ermöglicht; ein selbstbestimmtes Leben in Freiheit.

Dem orientalischen Unbehagen an der Moderne entspricht
ein westliches, das sich allerdings weniger ideologisch als vielmehr emotional versteht. Die Sinnleere und Wurzellosigkeit
mechanisierter (mittlerweile digitalisierter), arbeitsteiliger
Gesellschaften weckt Sehnsüchte und Bilder, die unverfälsch-
tes Leben suggerieren. Man sucht im Fremden das Exotische,
um es zu bändigen – die Mentalität des Eroberers, der sich erst
zufrieden wähnt, wenn das Ganze sein eigenes farbloses Gesicht trägt. Eine andere Variante ist der Melancholiker, der
Abenteurer, der Träumer, der in der Fremde das Vertraute
sucht, spiegelverkehrt das Unbekannte, dem er sich stellt, um
seine innere Unruhe zu stillen; die Suche nach Heimat, Seelen-
frieden, Sinn. Eine zeitgenössische Karikatur dieses Helden
verdanken wir dem Globetrotter, der längst keine Ähnlichkeit
mehr zeigt mit seinem seligen Urvater, dem romantischen
Bildungsreisenden. (Der Massentourismus gehört in einen
anderen Zusammenhang, er symbolisiert einen vornehmlich
anspruchslosen Erlebnishunger. Der Pauschalreisende ist gewissermaßen ein Höhlenbewohner, der freiwillig Eintritt
zahlt, um die immer gleichen Schatten zu sehen.)

Mythos Orient. Es ist kein Zufall, daß die projektive Wahrnehmung fremder Wirklichkeit in nur einer Richtung erfolgt;
dorthin, wo die Landschaft, die Kultur, die Menschen möglichst archaisch, unverdorben, ursprünglich erscheinen, eine
Folie westlicher Sehnsucht nach Spiritualität, während umgekehrt ein Mythos Europa in vorindustriellen, nicht säkulari-
sierten Kulturen kaum eine Rolle spielt – es sei denn, die einheimische Elite strebt nach neuen Formen von Wohlstand und
Macht. Anzunehmen, ein Bewohner des Wadi Hadramaut
hege einen Traum, der geographisch im nördlichen Skandina-
vien anzusiedeln wäre, erschiene absurd. Europäische Projektionen im südlichen Arabien sind hingegen historische Realität
– so beginnt die Geschichte der Entdeckungsreisen ins Wadi

Hadramaut im späten 19. Jahrhundert; in den Worten D. van der Meulens »der malerischste und wahrscheinlich der bemerkenswerteste Teil der arabischen Halbinsel«.

Auf alten Landkarten wird nicht selten der gesamte südliche Jemen östlich von Aden als »Hadramaut« bezeichnet, fälschlicherweise. Die heutige Provinz Hadramaut umfaßt den Küstenstreifen mit den Städten Mukalla und Shihr, den nördlich gelegenen »Jol«, eine karge und lebensfeindliche Hochebene aus Geröll und Lavagestein, die sich nach gut zwei Stunden Fahrt öffnet, einem Sprung in einer Schüssel gleich, und von einem Moment auf den anderen den Blick freigibt auf das gut dreihundert Meter tiefer gelegene, eigentliche »Wadi Hadramaut«; ein gewaltiges »Trockental« (arabisch »Wadi«), das sich mit zahlreichen Nebenarmen etwa einhundertsechzig Kilometer nach Osten erstreckt, im Norden begrenzt von den undurchdringlichen Wüstengebieten des »Leeren Viertels«, die sich in Richtung Saudi-Arabien fortsetzen.

Die isolierte Lage des Wadi Hadramaut – Kamelkarawanen brauchten drei Tage an die Küste – begrenzte die wirtschaftlichen und politischen Kontakte in das übrige Arabien, andererseits gab es traditionell rege Wanderbewegungen aus dem Wadi nach Ostafrika, Indien und in die Fernen Osten, über die Küstenstädte Mukalla und Shihr. Armut, Hungersnöte und Überbevölkerung hatten zur Folge, daß im Laufe der Zeit mehrere Hunderttausend Hadramis ihr Glück im Ausland suchten, überwiegend als Händler, in Java, Singapur, Sansibar, Indien. Aber auch Söldner fanden Verwendung, im Dienst des Herrschers von Hyderabad. Doch die Sehnsucht nach dem Heimattal versiegte offenbar nie, im Alter kehrten die Aussiedler fast ausnahmslos in die Städte und Dörfer des Wadi Hadramaut zurück, deren wirtschaftliches Überleben wesentlich auf den Geldsendungen der Arbeitsmigranten beruhte.

Schon Carsten Niebuhr, ein Landvermesser aus Lüdingworth an der Niederelbe, der einzige Überlebende der ersten wissenschaftlichen Expedition in den (nördlichen) Jemen, notierte in den sechziger Jahren des 18. Jahrhunderts, nachdem er einem Hadrami begegnet war: »Was mich am meisten an den Namen der gegenwärtigen Städte im Hadramaut erstaunt, ist ihre bemerkenswerte Ähnlichkeit mit jenen Städtenamen Arabiens, wie sie bereits von den ältesten Historikern erwähnt werden. Viele dieser Ortschaften müssen bestehen seit den frühesten Tagen des Altertums.«

Angeregt von zahlreichen Mythen und Erzählungen, auf der Suche nach Spuren des vorislamischen Hadramaut und nicht zuletzt umgetrieben von dem persönlichen Ehrgeiz, ein Gebiet fernab europäisch-dominanter Einflüsse zu erforschen, beginnt die Erkundung des »letzten großen Geheimnisses in Arabien«. Leo Hirsch gelang die Premiere. Der Berliner Orientalist und Archäologe erreichte im Jahr 1893 als erster Europäer die legendäre Stadt Shibam mit ihren Wolkenkratzern aus Lehm, gelegen an einer strategisch günstigen Stelle des Wadi Hadramaut, wo es sich verengt und die Landschaft am fruchtbarsten ist.

Im selben Jahr folgte das britische Ehepaar Theodore und Mabel Bent, die von ihrer Reise zahlreiche Photographien mitbrachten und das erste Buch über Hadramaut veröffentlichten. Der schönste Erfolg war aber wohl, daß beide Parteien ihre Expeditionen lebend überstanden. Stammeskriege und Fremdenfeindlichkeit – eine diffuse Angst vor »Ungläubigen« und »Spionen« – machten den Aufenthalt im Wadi nicht ungefährlich; und vielleicht sollte es deswegen noch weitere vierzig Jahre dauern, bis sich ein wahrer Forscher-Reigen über das Tal ergoß.

Innerhalb von nur drei Jahren, 1933 bis 1936, besuchten das Wadi Hadramaut: D. van der Meulen, holländischer Diplomat in Niederländisch-Ostindien und Islam-Gelehrter, der durch Bekanntschaften mit Hadramis in Java zu zwei Reisen nach Südarabien angeregt wurde; Hermann von Wißmann, deutscher Kartograph, ein Freund van der Meulens; Harold Ingrams, britischer Politischer Offizier, der erstmals auf Sansibar Hadramis begegnete; Hans Helfritz, deutscher Abenteurer und Musikwissenschaftler; Freya Stark, britische Reiseschriftstellerin mit Faible für den Orient, und schließlich Harry St. John Philby, britischer Forscher und Berater des saudischen Herrschers. (Sein Sohn, ein Politiker, machte in den sechziger Jahren unrühmlich Karriere als Agent im Dienste der Sowjetunion.) Ihre Reiseberichte sind auch heute noch spannend zu lesen und vermitteln die sinnliche Faszination dieser Landschaft, die seit den Tagen des Propheten Mohammed ihren Rhythmus und Lebensstil nur wenig geändert hat.

Freya Stark zum Beispiel. »Dann sah es aus, als ob eine niedrigere Felswand mitten ins Tal hinausgewandert wäre: zerfurcht und, wie man beim Näherkommen sah, bienenkorbartig durchlöchert, wie die Talflanken von senkrechten Rissen durchzogen, oben wie mit einem Riesenpinsel weiß getüncht, ragte da eine alte, verrunzelte Stadt empor. Sie war aus der Erde gemacht, aus der die Hügel ringsum bestanden, auf einer Erhöhung errichtet, unter der ohne Zweifel ihre Ahnenstädte begraben lagen. Das war Shibam ...«

Eine Landschaft aus Licht, Farben und Geometrie. Der fast kitschig blaue Himmel stößt ohne Übergang auf die gewaltigen steinernen Wände des Wadis, die je nach Sonneneinfall rötlich, violett oder sandfarben leuchten. Von Zeit zu Zeit einsame Gehöfte oder Weiler, die verloren wirken in den Weiten des Canyons. Noch sind die meisten Häuser, die befestigten Wehranlagen gleichen, aus Lehm, aber die gelegentlichen Betonquader entlang der Straße sind nicht zu übersehen. Zahlreiche Dörfer tragen Namen, die mit der Wendung »Qasr Al ...« beginnen, »Schloß der Großfamilie ...«; ein erster sichtbarer Hinweis auf die starken Clan- und Stammesbande im Wadi Hadramaut.

Am meisten berührt mich das Gefühl von Zeitlosigkeit, die Abwesenheit von Entfremdung, äußerlich gesehen. Das Leben fügt sich in die Landschaft, die Ansiedlungen scheinen dem Boden entwachsen, ohne der Natur Gewalt anzutun, während die Menschen mit Gleichmut ihr Tagwerk verrichten, unseren Blicken folgen und wieder entschwinden, als habe die Begegnung mit Unbekanntem, Fremdem, nicht Vertrautem keinen Einfluß auf den Lauf der Dinge, der unwiderruflicher Bestimmung folgt. Eine wahrhaft mythische Landschaft, und ernstlich würde es mich nicht erstaunen, einem brennenden Dornbusch oder dem Mann Moses zu begegnen.

Und plötzlich Shibam. Am Horizont eine Silhouette: Wol-

kenkratzer aus Lehm inmitten des Wadis. Auf den Feldern vor
der Stadt ernten Frauen Weizen mit Sicheln. Der ganze Körper
ist schwarz verschleiert, auf dem Kopf tragen sie lange, spitze
Hüte, die an mittelalterliche Hexenhüte erinnern.

Fast menschenleer ist der Marktplatz von Shibam, abgesehen von einigen Kindern, die »sura« rufen (Foto!) oder »na-
sara-rara-rarara« (Christen-tenten-tententen!). Noch halten
die Bewohner Siesta, gehören die staubigen Gassen den Ziegen, die sich als natürliche Müllabfuhr betätigen.

Ich flaniere entlang der steilen Häuserwände und frage
mich, ob ich zufrieden bin. Seit Jahren wollte ich einen Film
über Shibam machen, und nun sind wir am Ziel. Alle Reiseberichte hatte ich gelesen und abenteuerliche Bilder vor Augen.
Der erste Eindruck der Stadt ist dagegen eher nüchtern, weniger spektakulär als die Phantasie. Ein Bruch setzt ein, der heil-
sam ist und schmerzhaft zugleich. Ich nehme mir vor, keine
neuen Bilder zu entwerfen, mich puritanisch der Wirklichkeit
zu nähern. Eine Legende zusätzlich mit inneren Bildern beladen, ergäbe an diesem Ort schlechte Ethnographie und noch
schlechtere dokumentarische Ansichten.

Der alte Sultanspalast macht einen leeren, ausgeräumten Eindruck; die unteren Etagen, in denen früher die Bediensteten
logierten, sind heute Heimat von Spinnen und verirrten Ziegen. Hoch hinauf führt die steinerne Wendeltreppe, unter dem
Dach residiert die Stadtverwaltung. Die Räume sind düster
und verhangen, um die größte Hitze fernzuhalten. Manchmal
dreht sich ein träger Ventilator, die Stimmung ist gedämpft
und alles andere als hektisch. Einige Angestellte sitzen an großen Schreibtischen aus Blech, vor sich Stapel von Papieren, die
mit Stecknadeln abgeheftet werden und in der Mehrzahl
handgeschrieben sind. Es gibt kein Telefon in Shibam und nur
wenige Schreibmaschinen. Man kennt sich und regelt alltägliche Probleme im persönlichen Gespräch. Vom leitenden Angestellten bis zum Laufburschen, alle rauchen Drehtabak der
Marke »White Ox«, ein holländischer Import. Salih dreht
seine Zigaretten mit drei Fingern der linken Hand, ohne hin-
zuschauen, das Ergebnis ist eine Art Joint, den er inhaliert,

ohne seinen Redefluß zu unterbrechen. Der Bürgermeister war verhindert, und so trafen wir auf Salih, ein soziales Phänomen. Er redete bereits, als wir sein Büro betraten, und er redete noch, als wir längst wieder auf den Gang geflüchtet waren. Von Ali Salim al-Bayd, dem früheren Ministerpräsidenten der untergegangenen Volksrepublik Jemen, wird berichtet, er habe Salih bei einem Besuch in Shibam mit Hinrichtung gedroht, falls der nicht endlich die Klappe halte.

Eine wohltuende Müdigkeit überfiel uns in Salihs Dienstzimmer, und wahrscheinlich wären wir kollektiv eingenickt, hätte nicht Salim der Begegnung die richtige Wendung gegeben. Mit heroischem Gleichmut ließ der jemenitische Kollege die endlosen Nichtigkeiten über sich ergehen und stellte nach einer guten halben Stunde die für Stammes- und Clanverhältnisse alles entscheidende, die Mutter der Fragen: »Bruder Salih, aus welcher Familie stammst du?«

Womit die nächste halbe Stunde vergeben war. Das Schema solcher Unterredungen, von Jemenit zu Jemenit, ist in der Regel stets das gleiche – man versichert sich gegenseitig höchster Wertschätzung für die jeweilige Stammes- oder Familiengenealogie und sondiert damit das Terrain für künftige soziale Umgangsformen, die sehr häufig entlang klarer Grenzen verlaufen, brüderlich oder feindlich, aber nur wenig Zwischentöne vertragen. Salim weiß, daß der Erfolg unserer Arbeit von dem guten Eindruck abhängt, den wir hinterlassen. Weswegen außer Frage steht, daß Salihs Stammbaum eine gerade Linie bildet bis zum Propheten Mohammed.

Salim ist, nüchtern besehen, unser »Türöffner«. Ein Europäer bräuchte Wochen und Monate, um in die überaus konservative und geschlossene Gesellschaft des Wadi Hadramaut vorzudringen. Salim hingegen war für die Leute in Shibam nach kurzer Zeit ein jemenitischer Bruder, und wir, die Ausländer, wurden akzeptiert als Freunde dieses Bruders. Ohne unseren einheimischen Gewährsmann wären wir zwangsläufig Touristen geblieben.

Irgendwann setzte sich ein junger Mann mit Namen Alawi zu uns ins Büro, der uns wegen seiner indonesischen Gesichtszüge auffiel. Einer plötzlichen Eingebung folgend, empfahl

Salih die »enge und brüderliche Kooperation mit Alawi, einem der Besten aus Shibam«. Sichtlich angetan von der bewegenden Kraft seiner Worte, schlürft Salih, ein rachitischer Mensch unbestimmten Alters, ausgiebig an seiner Tasse Tee, ein schwerwiegender strategischer Fehler, der uns erlaubt, in die entstehende rhetorische Nische zu stoßen und in Windeseile den Raum zu verlassen, eine unbändige Lebenslust vor Augen.

Salim und Alawi laufen durch die Gassen von Shibam, ich trotte hinterher und überlege mir, was eigentlich einen Filmemacher auszeichnet. Sobald sich ein erzählerischer Rahmen entwickelt und die Aufgaben verteilt sind, hat man vergleichsweise wenig zu tun, sitzt im Schatten, während Kameramann und Toningenieur schwitzen, man koordiniert, zieht die Fäden und fühlt sich ungemein wichtig; aus der Sicht der übrigen Mitarbeiter allerdings mutiert der selbstbewußte Feingeist schnell, erstaunlich schnell zum fünften Rad am Wagen.

Die Gassen von Shibam sind eng, für Autos kaum mehr zu passieren. Steil ragen die Wände der ockerfarbenen Hochhäuser in den azurblauen Himmel, aus den Wohnungen dringen Stimmen, überwiegend von Frauen und Kindern, und arabische Musik ist zu hören, melancholische Gesänge der ägyptischen Herzensbrecher Farid al-Atrasch oder Mohammed Abd al-Wahhab.

Alawi führt uns in sein Haus, ein mehr als zweihundert Jahre altes Gebäude, das wir über einen vorgelagerten, von der Gasse durch eine hohe Mauer abgegrenzten Innenhof erreichen. Das fensterlose Erdgeschoß dient als Lagerraum, ebenso die erste Etage, die in vielen Häusern gleichzeitig als Ziegenstall genutzt wird. Ein enger Treppenaufgang führt spiralförmig in die oberen Stockwerke, wobei der eigentliche Wohnbereich in der dritten Etage beginnt. Hier befindet sich in der Regel ein großer Empfangsraum für fremde Besucher, die nicht zum Familienverband oder engeren Freundeskreis gehören. Darüber liegt der Wohnbereich der Frau und der Kinder, häufig verbunden mit der Küche und dem Schlafzimmer der Eheleute. Für Außenstehende ist dieser Bereich unzugänglich. Die Hochhäuser in Shibam umfassen fünf bis sieben Stockwerke, der schönste Raum, Maglis genannt, gewissermaßen das Herrenzimmer, befindet sich unmittelbar unter dem Dach und erlaubt herrliche Ausblicke auf die Stadt und das Wadi Hadramaut.

Alawi sorgt erst einmal für Ordnung, räumt die beiden auf dem Fußboden liegenden Pistolen in den Schrank und reicht uns Sitzkissen. In einer Ecke steht ein Fernseher mit Video, das einzige Möbelstück. Getragen wird der Raum von vier hölzernen, mit Schnitzarbeiten reich verzierten Balken; auch die weiß getünchte Decke ist von Balken durchzogen. Auf alten Fotos entlang der türkisfarbenen Wände sind Alawis Großväter zu sehen, die auf Java und Sansibar als islamische Gelehrte wirkten. Der Name Alawi bedeutet »der Höherstehende« – wer diesen Namen trägt, gehört zur religiösen Dynastie der Sayyids, die bis zur Revolution 1967 die höchste soziale Klasse repräsentierte. Ihr Stammvater, Sayyid Ahmad Ibn Isa »al-Muhagir« (»der Umherziehende«), ein Nachfahre des Propheten Mohammed, kam im Jahr 951 aus dem heutigen Nordjemen ins Wadi Hadramaut, begleitet von seinem Sohn und einer größeren Schar von Gefährten, angeblich waren es achtzig Familien. Zweiundzwanzig Jahre zuvor hatte Sayyid Ahmad die Küstenstadt Basra im Irak verlassen, nachdem ihm von einer Rebellengruppe der Karmaten die Pilgerreise nach Mekka verwehrt worden war. (Die Karmaten waren eine radikal-schiitische Bewegung mit einem aus heutiger Sicht sozialistischen Weltbild. Die Bewegung entstand nach dem Aufstand schwarzer Sklaven im südlichen Irak und fand besonders unter Bauern und Handwerkern großen Rückhalt. Nachdem die Karmaten 899 unter ihrem Anführer und Namensgeber Hamdan Qaramat einen unabhängigen Staat errichtet hatten, bekämpften sie bis zu ihrer militärischen Unterwerfung einhundert Jahre später die vorherrschende Zentralmacht, das Kalifat in Bagdad. Darüber hinaus verunsicherten sie die Pilgerstraßen, eroberten 930 die heilige Stadt Mekka und entführten das Allerheiligste, den Schwarzen Stein der Kaaba.)

Sayyid Ahmads Wanderschaft von Basra bis ins Wadi Hadramaut war gewiß kein geographischer Zufall. Zu jener Zeit bestanden rege Handelsbeziehungen zwischen Mesopotamien und Südarabien, auch die Handelswege aus dem Zweistromland nach Ostafrika führten durch den Arabischen Golf, vorbei an den Küstenstädten des Hadramaut. Historiker gehen davon aus, daß Sayyid Ahmad und seine Anhänger eine wesentliche Rolle spielten bei der Zurückdrängung der Ibaditen aus dem Wadi Hadramaut, einer damals dominanten theologischen Strömung im südlichen Arabien. Ihr religiöses Ideal ist eine egalitäre Theokratie, deren Führerschaft sich nicht über verwandtschaftliche Bande mit dem Propheten Mohammed legitimiert. Vielmehr sollen Wahl und Absetzung des religiösen Führers in den Händen der Gläubigen liegen, ohne Rücksicht auf Abstammung und Geschlecht. Das Lehrgebäude der Ibaditen, im späten 7. Jahrhundert in Basra entwickelt, betont die Willensfreiheit des Menschen gegenüber Staat und religiöser Orthodoxie, weswegen sie im Laufe der Jahrhunderte starken Pressionen ausgesetzt waren. Heute gibt es noch kleinere Gruppen von Ibaditen unter den Berbern in Algerien, auf der tunesischen Insel Djerba und in Oman.

Ohne Zweifel reichen die Anfänge des rigiden Konservatismus im Wadi Hadramaut — eine unveränderte Lebensführung seit Hunderten von Jahren — zurück in die Zeiten Sayyid Ahmads, dessen Anhänger die offenbar vorherrschende »diskursive Ethik« der Ibaditen durch eine »blaublütige« Interpretation Heiliger Schrift ablösten. Vermeintliche oder tatsächliche Blutsbande mit dem Propheten Mohammed wurden Voraussetzung für gesellschaftliche und religiöse Macht.

Weder Sayyid Ahmad noch die ihm nachfolgenden Sayyids, seine männlichen Nachkommen, verfügten über ein eigenes theologisches Programm. Vermutlich im späten 10. Jahrhundert bekannten sie sich zur schafiitischen Rechtsschule, der wohl traditionellsten der vier Rechtsschulen im sunnitischen Islam. (In der Gegenwart prägen sie insbesondere das Ehe-, Familien- und Erbrecht.) Die Vorherrschaft der Sayyids erhielt dadurch zusätzliche Legitimation, während sich der einsetzende Konservatismus verfestigte.

Bis zur Ankunft der Sayyids lag die Aufsicht der heiligen und geschützten Orte im Wadi Hadramaut in den Händen einer noch aus vorislamischer Zeit stammenden Aristokratie, den Mashayikh, die aufgrund ihrer religiösen Autorität als

Friedensstifter zwischen Herrschern und Stämmen wirkten. An diesen heiligen Orten, Hawta genannt, eine alte beduinische Institution, herrschte »Gottesfrieden«; jede feindselige oder gewalttätige Handlung war hier untersagt. Die Sayyids begannen nun, ihre eigenen Hawtas zu gründen – Orte nicht allein von Gebet und Dialog, sondern häufig auch wichtige Handelszentren – und sukzessive die Mashayikh zu verdrängen. Ende des 12. Jahrhunderts allerdings waren die beiden führenden Sayyid-Familien aus der Nachkommenschaft der Basra-Emigranten ohne männlichen Nachwuchs, was zu einer Liaison mit dem Stamm der Banu Alawi führte, der dem Sayyid-Clan seinen Namen verlieh. Hinfort sprach man von den Alawi Sayyids, deren später Nachfahre, Alawi Al Ba Sumait, uns in seinem Haus in Shibam bewirtet, zunächst mit Tee, aber, die Wohlgerüche aus dem Treppenhaus lassen es erahnen, ein üppiges Essen ist in Vorbereitung.

Anfang des 13. Jahrhunderts, erzählt Alawi, »wandte sich ein führender Sayyid, Mohammed Ibn Ali, der bekannt war unter dem Namen al-Faqih al-Muqaddam (der fortgeschrittene Rechtsgelehrte), dem Sufismus zu, der religiösen Mystik. Er überzeugte die übrigen Sayyids, ihre Waffen abzulegen und sich ganz der religiösen und moralischen Lebensführung zu widmen. Seither wurden die Sayyids stark vom Sufismus beeinflußt, in ihrem Denken und Alltag. Schriftsteller aus den Reihen der Sayyids traten auf, die historische Genealogien verfaßten, Dichter und Poeten, die den Islam besangen.«

Bei weitem nicht alle Sayyids jedoch wirkten als fromme Asketen. Ihren Reihen entstammen auch wichtige Händler-Dynastien; viele Sayyids waren gleichzeitig Kaufleute, während umgekehrt zahlreiche Händler einer religiösen Berufung folgten und durch frommen Lebenswandel erreichen konnten, als moralische Autoritäten anerkannt zu werden. Handel treibende Sayyids, Geschäftsleute mit religiösem Sendungsbewußtsein, bildeten das Rückgrat der hadramischen Kolonien in Ostafrika, Indien und vor allem Indonesien. Ihren Höhepunkt erreichte diese Wanderbewegung im vorigen Jahrhundert, als sich die wirtschaftliche Lage im Hadramaut dramatisch verschlechterte, nicht zuletzt infolge politischer Anarchie und endloser Stammeskriege. Alawis Großväter haben sich auf Sansibar und Java niedergelassen, »weil sie den schafiitischen Islam verbreiten wollten. Und sie wollten die Sitten und Gebräuche des Hadramaut, die unverfälschte arabische Tradition also, ins Ausland tragen. Umgekehrt haben gerade die indonesischen Lebensformen die Hadrami sehr stark beeinflußt und geprägt. Es war ein gegenseitiges Geben und Nehmen, auch in wirtschaftlicher Hinsicht natürlich.«

In der Regel blieben die Auswanderer nicht länger als zwanzig Jahre im Ausland, ohne ihrer Heimat einen Besuch abzustatten. Da es für einheimische Frauen als entehrend galt, den eigenen häuslichen Bereich längere Zeit zu verlassen oder gar auszuwandern, heirateten die hadramischen Emigranten häufig Frauen aus ihren Gastländern – wie Alawis Großvater, der sich mit einer Indonesierin vermählte. Im Alter kehrten die Aussiedler mitsamt ihren Familien ins Wadi zurück, nachdem sie ihre Söhne bisweilen schon zuvor einige Jahre in die Heimat entsandt hatten, um sie mit den Sitten und Gebräuchen des Hadramaut vertraut zu machen. Der heimkehrende Geschäftsmann errichtete zunächst eine kleine Moschee, als Dank an Gott für sein gütiges Schicksal. Anschließend baute er für sich und seine Familie ein Haus, sofern er nicht wieder sein Elternhaus bezog. Häufig ließ sich der Bauherr von architektonischen Formen inspirieren, die er aus Indien oder Indonesien kannte. Die mittlerweile verfallenden und verwitterten Fassaden vieler Gebäude besonders in den Städten Sayyun und Tarim, zwanzig und fünfzig Kilometer östlich von Shibam, sind eine beredte Erinnerung an jene untergegangenen Zeiten.

Der Untergang verlief in Raten. Der Zweite Weltkrieg unterbrach die Verbindungen in den Fernen Osten und nach Ostafrika. Die anschließende nachkoloniale Ära staatssozialistischer Prägung in Tansania und Indonesien entzog vielen Händlern die wirtschaftliche Grundlage, hinzu kamen innenpolitische Wirren, Gewalt und Bürgerkriege, 1964 auf Sansibar, ein Jahr später in Indonesien. Überweisungen in die Heimat wurden schwierig, zeitweise unmöglich. Der einsetzende Ölreichtum in den Golfstaaten schließlich schuf neue Märkte und Lebensperspektiven, insbesondere für diejenigen, die nach der Revolution 1967 Südjemen verlassen mußten, als vermögende Händler und religiöse Führer nicht länger gelitten waren.

»Die Sayyids«, erklärt Alawi, »verloren ihr moralisches Monopol und die öffentliche Kontrolle an die Sozialistische Partei, die ihren eigenen Werten folgte. Es gibt noch Sayyid-Familien, drei leben in Shibam, einige andere in Sayyun und Tarim. Sie haben keinen politischen Einfluß mehr, aber sie werden nach wie vor respektiert und häufig in religiösen Fragen um Rat gebeten.«

Finanziell geht es den meisten Sayyids eher schlecht. Alawis Familie lebt überwiegend von den Geldüberweisungen der beiden Brüder aus den Golfstaaten, Alawi selber arbeitet gelegentlich in der Stadtverwaltung oder nimmt Gelegenheitsjobs an. Äußerlich sind Sayyids im Stadtbild nicht zu erkennen, sie kleiden sich wie alle anderen, tragen bunte Hemden und bequeme Futas, Baumwolltücher aus Indonesien, die im südlichen Jemen häufig die Hose ersetzen. Nur bei festlichen Anlässen, Hochzeiten zum Beispiel, tragen sie ihre traditionellen weißen Gewänder. Standesbewußt aber sind sie noch immer: Ein Sayyid würde niemals eine Frau heiraten, die nicht einer Sayyid-Familie entstammt – es sei denn, ein langjähriger Aufenthalt im Ausland verlangte Kompromisse.

Von weitem erinnert Shibam an eine Fluchtburg. Inmitten des Wadis, auf einer Anhöhe gelegen, drängen sich fünfhundert Häuser aus Lehm, bis zu dreißig Meter hoch, umrundet von einer Mauer mit nur einem Stadttor. Die Häuser allerdings wirken doppelt so hoch, weil in jedem Stockwerk zwei Fensterreihen übereinander liegen. Auf der sandigen Fläche entlang der Straße, die an Shibam vorbeiführt, lagerten früher Hunderte Kamele, Lagerplatz und Warenlager der Karawanen aus Mukalla und Shihr. Heute sieht man kaum noch Kamele, dieser Teil des Wadis dient vor allem als Fußballplatz.

Die Farben der Landschaft sind extrem, variieren mit dem Stand der Sonne, wirken sanft und beruhigend, manchmal schroff und abweisend, tauchen die Kalksteinberge, die das

Wadi begrenzen, in ein bedrohliches, grelles Licht oder aber in lange, harmonische Schatten. Die einzigartige Ansicht eines Hochhaus-Ensembles in der Wüste erklärt sich aus der Lage der Stadt – Shibam konnte nicht in die Breite wachsen, weil sich das Wadi Hadramaut nach den seltenen Regenfällen mit gewaltigen Wassermassen füllt. Bis zu fünf Meter hohe Flutwellen rasen dann durch das Tal, die Shibam im Laufe seiner über tausendjährigen Geschichte wiederholt schwer beschädigt haben, insbesondere in den Jahren 1298 und 1532. Nach dieser zweiten verheerenden Flut wurde ein weitläufiges Dammsystem angelegt, das seither die größte Wucht der Wassermassen umleitet auf Felder und Seitenarme des Wadis.

Shibam ist archaisch, ein fossiles Relikt aus vergangenen Zeiten. Unabänderlich scheint das Leben, ohne jede Hast oder Suche nach Veränderung. Hinter dem Stadttor öffnet sich ein weiter Platz, wo jeden Morgen ein kleiner Markt abgehalten wird. Trockenfisch gibt es, Obst und Gemüse, dürres Brennholz. In einer Ecke, unweit der kleinen Post, die noch heute Briefmarken der Volksrepublik Jemen verkauft, unter anderem mit einem Motiv der Apollo-11-Mission (First Men on the Moon 1969), in dieser Ecke gleich neben dem Stadttor sitzen alte Männer, trinken Tee, palavern, spielen Domino. Jeden Tag sitzen sie dort, wenn sie nicht einige hundert Meter weiter vor der Freitagsmoschee sitzen. Überwiegend sind es Rentner, die nach Jahren im Ausland, in den Golfstaaten, ihren Lebensabend in der Heimat verbringen. Einer erzählt, er war Polizist in Kuwait. Wie er denn so den Tag verbringe, mit seinen Freunden?

»Na ja, morgens gehen wir erstmal zum Marktplatz und trinken Tee. Dann gehen wir in die Moschee und beten. Dann gehen wir nach Hause, und am Nachmittag sitzen wir vor der Moschee. Dann gehen wir in die Moschee und beten, und dann sitzen wir wieder vor der Moschee.«

Jeden Tag?

»Jeden Tag, oh ja. Und dann reden wir über alles, was es so gibt. Über die Leute in Shibam, über dies und das, über die Leute in den Dörfern, über alles mögliche – wie es Gott gefällt.«

Vermutlich sind die alten Männer von Shibam mit ihren verwitterten Gesichtern und sehnigen Körpern wahre Lebenskünstler, denen die innere Unruhe, der unbewußte Drang, die Orientierungslosigkeit westlich-europäischer Gesellschaften nicht zu vermitteln wären. Geradezu einem unbewußten religiösen Ideal folgend, führen sie ein Leben in vollkommener Muße und schier unfaßbarem Gleichmut, das ebenso ansprechend ist wie statisch.

Noch in den dreißiger Jahren war der Marktplatz von Shibam ein wichtiges Handelszentrum im Hadramaut, bis es allmählich überflügelt wurde von Sayyun; nicht zuletzt, weil dort ein Flughafen entstand, der Sultan der Nachbarstadt mächtiger war und intrigierte, vor allem aber der Marktplatz in Shibam zu eng geworden war. Über tausend Jahre wurden hier Datteln und Baumwollstoffe umgeschlagen, Gewürze, Weihrauch und Myrrhe; täglich zog eine endlose Karawane von Kamelen durch das Stadttor.

Vom alten Glanz ist wenig geblieben, heute reicht es gerade für einige Güter des täglichen Bedarfs. Unweit vom Markt findet sich eine kleine Ladengasse, drei oder vier Geschäfte, die Plastikeimer verkaufen, Trockenmilch oder Farbe. Wirtschaftlich spielt Shibam längst keine Rolle mehr, geblieben sind Landwirtschaft und Handwerk, ein wenig Handel und noch weniger Dienstleistung. Die meisten Bewohner arbeiten für wenig Geld als Tagelöhner in den Nachbargemeinden, sofern sie nicht in die Golfstaaten emigrieren. Eines Tages wird Shibam eine Schlafstadt werden, oder ein Museum, das ausländische Touristen anzieht, die schwarz verschleierte Frauen photographieren, während diese ängstlich durch die Gassen huschen, auf der Flucht vor fremden Blicken.

Aber die Frage nach der Zukunft ist eine europäische. Alles liegt in Gottes Hand, sagen die alten Männer am Stadttor. Viel wichtiger und bedeutender ist die Mythologie, die große Vergangenheit, der unverfälschte Islam.

Zum Beispiel der Konflikt zwischen dem Stamm der Kathiri und dem Clan der Qa'iti, der heute keine politische Rolle mehr spielt, im Bewußtsein der Alten aber noch immer sehr lebendig ist, sie als Jugendliche selber zu den Waffen greifen ließ. Die Geschichte beginnt im Jahr 1488. Damals zog der Stamm der Kathiri, der ursprünglich in den Bergen um Sanaa lebte, aus dem Nordjemen ins Wadi Hadramaut. Im Laufe der folgenden hundert Jahre eroberten die Kathiri weite Landesteile im Westen des Wadis und entlang der Küste, bis sie über genügend Macht verfügten, um als unabhängige Sultane des Hadramaut anerkannt zu werden. Ihr Regierungssitz wurde im späten 16. Jahrhundert Sayyun, wo sie einen noch heute beeindruckenden Sultanspalast errichteten.

Zur selben Zeit aber verlangten Stammesgruppen der Jafa'i nach der Macht, die ihrerseits aus dem Nordjemen ins Wadi Hadramaut emigriert waren, von den Kathiri als Söldner angeheuert. Sie erkämpften ein eigenes Sultanat, eine schmale Landzunge, die sich von den Küstenstädten Mukalla und Shihr bis hinauf nach Shibam erstreckte. Ihr Herrschergeschlecht wurde, nach einigen Wirren, der Clan der Qa'iti, deren Regierungssitz zunächst die Kleinstadt Qatn war, gut fünfzig Kilometer westlich von Shibam, später dann Mukalla.

Ursprünglich gehörte Shibam zum Reich der Kathiri, doch im Jahr 1830 verkaufte Seine Oberherrlichkeit Sultan Mansur die Hälfte der Stadt an die Qa'iti in Qatn, aus Geldmangel. Beide teilten sie kurze Zeit gemeinsam die wirtschaftlichen Einkünfte der Handelsmetropole, bis Sultan Mansur politische Ränke zu schmieden begann. Eines Tages, als die meisten Qa'iti aus Shibam zu einem Festmahl in Qatn weilten, ließ der Sultan die Daheimgebliebenen der Sippe niedermetzeln und erklärte, Shibam gehöre nunmehr wieder ihm alleine. So begann die Fehde der Kathiri und Qa'iti, die sich, mit Unterbrechungen, bis zur Revolution und Entmachtung der Sultane 1967 fortsetzen sollte.

Die Qa'iti reagierten auf den Coup des Sultans, indem sie eine Delegation zum Herrscher von Hyderabad in Indien entsandten, in dessen Diensten ein hochrangiger General aus dem Clan der Qa'iti stand. Dieser, Omar Bin Awadh Al Qa'iti, entsandte Geld und Soldaten ins Wadi Hadramaut, die Shibam sechzehn Jahre lang belagerten, ohne jedoch die Kathiri militärisch zu besiegen. Am Ende hatten die Bewohner, so berichten die Chronisten, nurmehr Leder zu essen. Schließlich wurde ein Schiedsspruch der Sayyids aus der Familie Aidarus eingeholt, und sie entschieden, daß die Qa'iti eine Hälfte der Stadt und die Kathiri die andere bekämen. Der Kompromiß wurde angenommen und Shibam im Jahr 1858 geteilt.

Sultan Mansur allerdings schmiedete weiterhin Ränke, die Agatha Christie begeistert hätten. So ließ er ein Versöhnungsfest bereiten, zu dem er die führenden Qa'iti einlud, darunter Omar Bin Awadh und seine drei Söhne. Nicht ohne Hintersinn freilich, denn er hatte das Gebäude mit Schießpulver präpariert, um es im rechten Moment zu sprengen. Doch die Qa'iti waren rechtzeitig gewarnt worden, und einer der Söhne überbrachte eine Absage mit der Entschuldigung, daß sie gute Nachrichten aus Indien bekommen hätten und diese feiern müßten. Um nicht als unhöflich zu gelten, entsandte Omar Bin Awadh zu verschiedenen Zeiten kleine Gruppen der Qa'iti, die dem Fest des Sultans beiwohnten, sich aber sicherheitshalber nach einem kurzen Imbiß entfernten. Schließlich baten die Söhne Omars Seine Oberherrlichkeit zu einem persönlichen Gespräch ins Nebenzimmer. Aus unerfindlichen Gründen erschien der Sultan wenig später alleine, woraufhin ihm die Söhne die Kehle durchschnitten. Anschließend töteten bewaffnete Helfer sämtliche Kathiri, derer sie habhaft werden konnten, bis Shibam wieder vollständig im Besitz der Qa'iti war. Die Grenze zum Reich der Kathiri verlief hinfort unmittelbar hinter der Stadt, noch heute sieht man das alte Zollhaus an der Straße. Bis zur Unabhängigkeit 1967 gab es allerdings kaum wirtschaftliche oder politische Kontakte zwischen Shibam und dem nur zwanzig Kilometer östlich gelegenen Sayyun, dem Sitz der Kathiri. Ganz im Gegenteil versuchten beide Seiten immer wieder, die auf dem Land lebenden und überwiegend seßhaften Beduinenstämme gegenseitig aufzuwiegeln. Blutige Scharmützel, Fehden und Feldzüge gehörten noch in der jüngsten Vergangenheit zum Alltag im Wadi Hadramaut, insbesondere in dem Gebiet zwischen Shibam und Sayyun, weswegen die Felder und Äcker nicht selten über Jahre hinweg brachliegen mußten.

Mohammed Qahtan ist Leiter des Komitees für aktive Bürgerhilfe in Shibam. »Wir versuchen«, sagt er, »die Leute zu beraten, wenn sie etwa ihre Häuser renovieren oder ausbessern wollen und nicht genau wissen, wie sie das am besten machen. Wir bieten aber auch Hilfe an, wenn es zum Beispiel in einer Familie ernsthafte Konflikte gibt und die Leute mit jemandem reden wollen. Wir kennen uns alle untereinander, und deswegen werden wir, die Leute vom Komitee, akzeptiert. Wir stellen aber auch Kontakte her zu Behörden und überlegen, wie wir Finanzierungsprobleme bei größeren privaten oder öffentlichen Aufgaben am besten lösen. Die Resonanz auf unsere Arbeit ist sehr groß, weil wir eine Art Hilfe zur Selbsthilfe anbieten und wir in Shibam alle das Gefühl haben, zu einer großen Familie zu gehören.«

Mohammed ist Maurer und Maler von Beruf, überwiegend verarbeitet er Lehmziegel und Kalksteinfarben. Die Herstellung der mit Stroh und Häcksel angereicherten Lehmziegel erfolgt mit bloßen Händen, eine mühselige und anstrengende Prozedur, die Kraft und Ausdauer erfordert. Sind die Ziegel geformt, werden sie auf weitläufigen Flächen zum Trocknen ausgelegt, bis sie hart sind wie Stein.

Noch archaischer wird die Kalkfarbe gewonnen. Eines Tages führt uns Mohammed in ein entlegenes Seitental unweit von Shibam, wo der Kalkstein gebrannt wird. Die Produktionsweise ist abenteuerlich: Die vielleicht zehn oder zwölf halbrunden, an bunkerähnliche Erdhügel erinnernden Öfen werden in mehreren Schichten mit Kalkstein aufgefüllt und anschließend in Brand gesetzt. Geheizt wird überwiegend mit Autoreifen und Dieselöl, ein flammendes Inferno aus meterhohen Feuersäulen und pechschwarzem Rauch. Um die Tageshitze zu meiden, werden die Öfen erst kurz vor Sonnenuntergang angeworfen – von weitem eine gespenstische Kulisse, insbesondere vor dem Hintergrund einer feuerrot verlöschenden Sonne, ein Szenario nicht anders wohl als das Jüngste Gericht.

Gebrannt wird bei Temperaturen von mehreren hundert Grad. Um die Gluthitze in den bis zu drei Meter hohen Öfen nicht abfallen zu lassen, schaufeln mehrere Männer dieselgetränktes Stroh in die schmalen, gleißend hellen Öffnungen der Erdhügel, die unsägliche Hitze und Gestank verbreiten. Wer hier arbeitet, weiß genau, daß er seine Lungen und seine Augen ruiniert. Und doch ist es kein Manchester-Kapitalismus, der in diesem entlegenen Tal Einzug gehalten hätte. Vielmehr sind die Arbeiter ihre eigenen Arbeitgeber: Sie haben die Öfen selber gebaut und brennen auf Bestellung. Ein Ofen gehört jeweils zwei bis drei Personen, die im Monat um die 200 Mark verdienen, ein Spitzenlohn im Wadi Hadramaut.

Der Kalkstein brennt einen Tag, anschließend wird der noch harte, aber mittlerweile poröse Kalkstein den Öfen entnommen und, noch glühend heiß, mit Wasser übergossen, woraufhin er zu weißem Kalk zerfällt. Die Kalkmasse wird eingesackt und auf die Dörfer um Shibam verteilt, zur weiteren Bearbeitung. Von Sonnenaufgang bis Sonnenuntergang schlagen dann jeweils zwei Männer mit langen Schlegeln, in rhythmischem Wechsel, die weiße Masse, im Sommer bei Temperaturen um fünfzig Grad. Ihr Tageslohn beträgt acht Mark.

»Die Kalkfarbe«, erklärt uns Mohammed bei einem Rundgang durch Shibam, »versiegelt gewissermaßen den Lehm. Alle Häuser in Shibam sind daher in den oberen Etagen weiß gestrichen, ein Schutz vor Sonne und Regen. Auch im Erdgeschoß sind viele Gebäude mit Kalkfarbe imprägniert, vor allem als Schutz gegen die Harnsäure der Ziegen.«

Äußerlich erinnert Mohammed an einen Piraten oder erfolgreichen Wegelagerer, er hat ein wildes, zerfurchtes Gesicht mit allerdings auffallend wachen, regen Augen und ein feines Gespür für Menschen. Er macht nicht viel Aufhebens um die Dinge; er handelt lieber, statt zu reden, und folgt einer klaren inneren Vorstellung von richtig und falsch. Ein unbestechlicher, offenherziger Mann ohne Arglist, ein guter Freund Alawis, jener Sayyid, der uns in sein Haus einlud und von den heiligen Vorfahren erzählte. Beide zusammen ergeben harmonische Antipoden: Mohammed ein selbstbewußter Arbeiter, Alawi der feinsinnige Aristokrat, sanft auch in seinen indonesischen Gesichtszügen, die bei Touristen den Eindruck erwecken mögen, er gehöre im Grunde zu ihnen.

Vertraute Anblicke gibt es nur wenige in Shibam. Spielende Kinder oder Väter, die ihren Söhnen Fahrrad oder Fußball aufpumpen. Nie wird man sehen, daß Jungen und Mädchen zusammen spielen, nicht einmal die ganz Kleinen. Manchmal, besonders am Morgen und am späten Nachmittag, ist es düster und gespenstisch in den Gassen von Shibam, solange nicht genügend Tageslicht in die Häuserschluchten dringt. Zeitweise lag die Kindersterblichkeit bei über sechzig Prozent: weil Kleinkinder, solange sie nicht laufen können, kaum an die frische Luft gelangen, überwiegend im Haus untergebracht sind. Kinderwagen in Shibam, das wäre ein revolutionäres Bild. Mangels Licht und Sonne fehlt es vielen Säuglingen an körpereigenen Abwehrkräften, und normalerweise harmlose Infektionen oder Erkältungen können tödlich enden. Auch die Frauen leiden, wie wir hörten, aus ähnlichen Gründen an gesundheitlichen Problemen – infolge ihres undurchlässigen schwarzen Schleiers, der den ganzen Körper bedeckt, auch Gesicht und Hände.

Fast apokalyptisch liest sich, was der amerikanische Paläontologe Wendell Phillips in den frühen fünfziger Jahren über Shibam notierte: »Betritt man die Stadt selbst, so erkennt man, warum die Häuser den Eindruck erwecken, als seien sie aufeinander- und übereinandergebaut. Sie sind es beinahe, denn sie werden nicht von herkömmlichen Straßen, sondern nur von engen Gassen und Durchgängen getrennt, in denen drei Menschen nur mit Mühe nebeneinander gehen können. Die Enge ist jedoch nicht das einzige, was einen Spaziergang durch diese Gassen erschwert; sie sind im allgemeinen dunkel, feucht, voll von Menschen, und ihre Rinnsteine, die in der Straßenmitte verlaufen, dienen zur Beseitigung jeglichen Abfalls und Unrats. Lange, abwärts gerichtete Röhren ragen weit aus den oberen Stockwerken heraus. Aus ihnen schießt der Abfall hervor und prallt von einem Steinvorsprung auf Straßenhöhe in Richtung auf den Rinnstein ab. Sobald das geringste Geräusch von oben hörbar wird, heißt es, geschickt beiseite springen. Wenn die Rinnsteine nicht völlig verstopft sind, führen sie Abfall und Unrat zu einer zentralen Senkgrube ...«

Heute führt die Kanalisation nicht mehr durch offene Abwassergräben, sondern durch Rohrleitungen, die teilweise oberirdisch verlaufen und außerhalb der Stadtmauer im Wadi enden. Die meisten Häuser haben mittlerweile Dusche und moderne Toiletten, nur bei Wassermangel, nach langen Trockenzeiten, werden die hauseigenen Senkgruben wiederverwendet. Das Problem ist, daß die Abwasserrohre gelegentlich platzen und die Abwässer im Boden versickern, ohne daß es jemand merkt. Alawi und Mohammed zeigen uns ein Hochhaus am Stadtrand, wo Feuchtigkeit in die Grundmauern gelangte und regelrecht die Fundamente sprengte. Das Gebäude ist unbewohnbar und nur noch eine Ruine, obwohl von der dritten Etage aufwärts keine Schäden zu erkennen sind. Darunter allerdings klafft ein riesiges Loch.

Anfangs verläuft man sich in Shibam, aber der Grundriß der gut fünfhundert Meter langen und vierhundert Meter breiten Stadt, in der fast achttausend Menschen leben (und Tausende von Ziegen), ist relativ einfach: Die Gassen ordnen sich zu mehr oder minder gleichmäßigen Karrees, nicht grundsätzlich anders als in Manhattan, abgesehen vom Format. Viele Hochhäuser haben schräge Stützmauern, die den aufragenden Lehmwänden zusätzlichen Halt geben. Unten sind diese Wände gut einen Meter dick, nach oben hin verjüngen sie sich auf etwa dreißig Zentimeter. Werden die Lehmbauten nicht ständig gepflegt, verfallen sie binnen weniger Jahre, werden porös und rissig, allmählich von Wind und Wetter zerstört. Die ältesten Häuser in Shibam sind vier- bis fünfhundert Jahre alt, ohne daß sie äußerlich von jüngeren Gebäuden zu unterscheiden wären. Alles ist eine Frage kontinuierlicher Pflege – und so filmen wir Mohammed, wie er mit traumtänzerischer Sicherheit in schwindelerregender Höhe bröckligen Lehm aus einem Dachgeschoß entfernt und die schadhafte Stelle neu verputzt, anschließend die ganze Etage mit frischer Kalkfarbe versieht.

Ein Haus fiel uns auf, an einer kleinen Piazza, einem Schnittpunkt zahlreicher Gassen mit unendlich vielen Ziegen, der eine ungewöhnliche mediterrane Atmosphäre verströmte, ein Spiel aus Licht und Schatten, flanierende Menschen und ferne Geräusche, arabische Musik und leise Stimmen, die Fragen stellen und Antworten geben in einem vertrauten, familiären Tonfall, der auf merkwürdige Weise anrührend wirkt, als werde der Fremde Teil einer unbekannten und doch vertrauten Gemeinschaft.

Kleine Jungen umlagern das Kamerastativ, einige Mädchen setzen sich in sicherer Entfernung und tuscheln hinter vorgehaltenen Händen. Nach einer Weile werden die Burschen lästig, und ich beschließe pädagogische Zwangsmaßnahmen. Ich schnappe mir das leichtgewichtige Stativ, um es als Degen zu mißbrauchen, und erzähle den Jungen, die zwischen sechs und zwölf sein mögen, in einem allerdings furchterregenden Tonfall von Zorro, dem Rächer der Enterbten. Ungläubiges Staunen und Grinsen. Die Show des Afrangi, des Abendländers, kommt offenbar an, erzielt aber nicht die erhoffte autoritäre Wirkung. Das ändert sich, als ich einen der kleinen Muselmanen greife und lauthals verkünde: »Dich esse ich jetzt.« Selten hat man junge Menschen dermaßen panisch flüchten sehen, lauthals nach ihrer Mama schreiend, was ja immerhin bemerkenswert ist in einer patriarchalischen Gesellschaft, wo der Ruf nach Papa in der Sache konsequenter wäre. Die Mädchen haben sich totgelacht, und ich finde, daß sie darin einen erfrischend aufgeklärten Geist erkennen ließen.

Auf den ersten Blick scheint dieses Hochhaus ein Haus wie jedes andere, allerdings war da ein Spalt, der uns irritierte: als hätte eine gewaltige Axt das Gebäude in zwei Hälften geteilt. Der zunächst feine Riß in der Lehmwand beginnt etwa in der zweiten Etage und wird nach oben immer breiter, im Dachgeschoß schließlich klafft eine offene Wunde von mindestens dreißig Zentimetern.

»Aber was macht das schon«, sagen Mohammed und Alawi, »Herr La'agam ist doch längst tot.«

Hussein Abu Bakr La'agam. In fast allen Reiseberichten der dreißiger Jahre wird er genannt, ein früher Weltbürger am Ende der Welt. Er besaß Häuser und Grundstücke in Singapur und Java, in London und im Orient. Von Königin Elisabeth erhielt er einen Orden, weil er im Zweiten Weltkrieg den Briten Land auf Java zur Verfügung stellte, zum Bau eines Flughafens. Hussein La'agam lebte in Mukalla, Aden, Bagdad und Singapur und schuf ein kleines Finanzimperium, das er schließlich von Shibam aus verwaltete – drei Tagesreisen entfernt vom nächsten Telegrafen.

Das Haus ist unbewohnt und verschlossen, aber Mohammed weiß, wer den Schlüssel verwahrt. Nach einer Weile kommt er zurück mit Wagdi, dem Enkel Hussein La'agams, der in Sanaa Soziologie studiert und an diesem Tag zufällig Shibam besucht, seine Heimatstadt.

Wagdi erzählt, daß nahezu die gesamte Familie La'agam Südjemen nach der Unabhängigkeit 1967 verlassen mußte, aufgrund ihrer guten Beziehungen zur ehemaligen Kolonialmacht Großbritannien. Der größere Teil der Sippe ist nach Saudi-Arabien emigriert, andere Mitglieder der Familie fanden eine neue Heimat in Malaysia, Singapur und Indonesien. Geld verdiente man vor allem mit Gold.

»Ein Dreieckshandel«, erklärt Wagdi. »Das Gold wurde in Südafrika eingekauft, im Fernen Osten zu Schmuck verarbeitet und in den Golfstaaten verkauft.«

Hussein La'agam kehrte Ende der siebziger Jahre nach Shibam zurück, um hier seinen Lebensabend zu verbringen. »1986 ungefähr ist er gestorben«, sagt Wagdi. »Da war er 96 Jahre alt.«

Wagdi hat nichts dagegen, daß wir das Haus seines Großvaters besuchen, das er selber seit Jahren nicht betreten mochte. Die Vergangenheit interessiert ihn nur am Rande, er will Karriere machen in Sanaa oder Saudi-Arabien.

Es ist eine versunkene Welt, die wir betreten, ein staubiges und mit Spinnweben verhangenes Museum aus längst vergangenen Tagen. Wagdi öffnet die knarrende Tür zum Arbeitszimmer, und fast unwillkürlich möchte man fragen: Herr La'agam?

Alles ist, wie es früher war. Der Schreibtisch liegt voller Papiere, handgeschriebene Briefumschläge tragen exotische Marken (»Malaya Singapore 50c« in Rot, »South Arabia 25c« in Blau, beide zeigen eine sehr junge Queen Elizabeth), ein aufgeschlagenes Adreßbuch, handschriftliche Notizen, Lotterielose aus London, 1948, ein gefülltes Tintenfaß, eine vorsintflutliche Schreibmaschine. Eine Schublade ragt weit in den Raum. Der hölzerne Stuhl mit Ledersitz steht seitlich versetzt, als sei Hussein La'agam vor einem Augenblick erst in Eile aufgebrochen.

Das Bücherregal ist zum Bersten gefüllt mit englischen und arabischen Werken, darunter handsignierte Exemplare der Reisebücher D. van der Meulens, erschienen in den vierziger Jahren, und eine für hiesige Verhältnisse bemerkenswerte Untersuchung aus der Feder eines Nikolai al-Harad: *Die Rechte der Frauen bei Wahlen*, Kairo 1938. Auf dem Boden liegen Programmhefte der BBC von 1952, uralte englische und ägyptische Illustrierte, an einem Haken hängt eine echte Leica, daneben ein Tageskalender, dessen letzter Abriß auf den 5. November 1964 datiert.

An den Wänden handkolorierte Portraits von Hussein La'agam, aufgenommen in Singapur in den fünfziger Jahren. Er trägt ein hellrotes Hemd mit scheußlichem Blütenmuster. Auffallend sind seine freundlichen und gütigen Augen, die einen leichten Anflug von Melancholie verraten. Ein altes Foto aus den zwanziger Jahren, entstanden in Bagdad, zeigt den jungen La'agam in einem viel zu großen Anzug, auf dem Kopf ein Fez mit Kordel. Auf seinem letzten Bild sieht Hussein La'agam erstaunlicherweise Mahatma Gandhi sehr ähnlich, ein hagerer Methusalem mit runder Brille, umgeben von zahlreichen Kindern. Ein zufriedener, ausgeglichener, in sich ruhender Mann, der sein bevorstehendes Ende bereitwillig erwartet.

Und seither, so scheint es, versiegelt der Staub die Spuren seines Lebens.

Wie ein offenes Buch liegt die Biographie Hussein La'agams vor uns, eine anrührende, wundersame Begegnung, die ein erfülltes Leben gleichsam in einem Augenblick dokumentiert — gegenwärtig, aber ohne Möglichkeit der Zwiesprache. Ein stilles Vermächtnis, das eigene Gewißheiten erschüttert und berührt. Was bleibt im Angesicht des Todes?

Du Mutter der aufragenden Paläste
die den Himmel berühren
Dein Gesicht zeichnet den Horizont

Dein Name bleibt ewiglich
bis zum Tag des Jüngsten Gerichts.
Wie ich die Häuser dort liebe!
Ach, ich grüße dich aus der Tiefe meiner Seele
und so schnell wie nur möglich
kehre ich zu dir zurück
o Shibam, meine Stadt.
Einen Vogel entsende ich dir
hoch in die Lüfte trägt er meine Schrift
Grüße an die schönsten Mädchen der Stadt!
Ach, der Vogel trage ihre Antwort
so schnell wie nur möglich
zu mir zurück.

Ein anderes Lied aus Shibam, in der Regel ebenfalls begleitet
auf der arabischen Laute (Ud) und einer hochtönigen Flöte
(Mismar), beschreibt noch eindringlicher die unerfüllte Sehnsucht des Liebenden.

Gewähre mir einen kleinen Gruß,
ich bitte dich,
und sei es eine flüchtige Geste deiner Hand
o du, die du über mein Herz gebietest!
Ich bin dein Diener, ich bin dein Besitz
mein Sultan bist du im Leben
süß und bitter.
Gleich nach meiner Ankunft
begab ich mich zu dem großen Fest.
Wie erstaunt wir alle waren
von deiner Anmut!
Wer deine Schönheit sah,
dankte Gott für diesen Anblick
Und alle Jungfrauen auf dem Fest
wurden Staub an deiner Seite
o du, Herrin meines Herzens!
Doch vergeblich suchte ich deine Augen -
du gabst mir den bitteren Liebesbecher zu trinken
und läßt mich allein.

Dein Herz ist den Steinen gleich
noch immer will es nicht erweichen.
Ein Jahr ging vorüber
und du gibst mir kein Zeichen.
Was für einen Sinn macht es,
immer bleibt mir das Glück versagt.
Wer auf Erden wollte einen Glücklosen als Gefährten!
Und meine Liebe, sie bleibt bitter.

Ali arbeitet hauptberuflich als Englischlehrer an der Grund-
schule von Shibam und lehrt das Leben des Propheten.
(»When did Mohammed live?«) Ein aufrechter, verbindlicher
Mann, Anfang vierzig, stets ganz in Weiß gekleidet, der
gleichzeitig Imam der ältesten Moschee in Shibam ist, verantwortlich für die Freitagspredigt. Erbaut wurde diese Moschee
im Jahr 904, auf Veranlassung des Kalifen Harun ar-Rashid in
Bagdad.

»Sie wollen wissen, wie ich über die Frauen denke. Nun, ich
glaube, daß sie über sehr viele Freiheiten verfügen, wobei ich
Freiheit verstehe als Einwilligung in Pflichterfüllung. Zunächst einmal ist es ihre Pflicht, alle den Haushalt betreffenden
Arbeiten vorbildlich und gewissenhaft auszuführen. Des weiteren sind sie gehalten, dem Mann brüderlich zur Seite zu stehen, insbesondere bei der Feldarbeit. Grundsätzlich müssen
sie ihr Gesicht und ihren Körper bedeckt halten, so verlangt es
die schafiitische Lehre. Umgekehrt darf der Mann keine Gewalt gegen die Frau anwenden. Das ist falsch und auch nicht
nötig, denn es entspricht dem Wesen der Frau, mit Freude das
zu tun, was der Mann verlangt.

In gewisser Weise ist die Frau Quelle der Freude und der
Stärke des Mannes. Wenn er müde von der Arbeit heimkehrt,
ist sie es, die sich um ihn kümmert und ihn versteht. Sie erzieht
die Kinder und führt den Haushalt, und wenn das Geld einmal
nicht reicht, dann wird sie, unter Wahrung von Tugend und
Anstand, zum Lebensunterhalt beitragen. Grundsätzlich aber
ist es für eine Frau unziemlich, das Haus zu verlassen, es sei
denn aus religiösem Anlaß. Deswegen sollten Mädchen auch
nicht länger zur Schule gehen als unbedingt nötig.«

Wie alt bist du denn?
Anis: Zwanzig.
Du bist hier in Shibam geboren?
Anis: In Shibam.
Und das Mädchen, das du heiraten wirst, wie alt ist sie?
Anis: Achtzehn.
Hast du sie schon mal gesehen?
Anis: Nein.
Und wie bist du darauf gekommen, sie zu heiraten?
Anis: Mein Vater hat sie ausgesucht.
Glaubst du denn, daß du sie lieben wirst?
Anis: Ja, ich denke schon.
Und warum?
Anis: Na ja, wenn erstmal Kinder da sind.
Aber vor der Hochzeit hast du sie noch nie gesehen?
Anis: Nein.

Seit über einer Woche laufen die Vorbereitungen zu Anis'
Hochzeit auf Hochtouren, ein Fest für mehrere hundert Gä-
ste. Die Hochzeit ist das größte soziale Ereignis im Leben der
Männer von Shibam, und sie verschuldet den Bräutigam auf
Jahre. Als Tagelöhner verdient Anis unter hundert Mark im
Monat, aber das Fest kostet 6000 Mark, außerdem muß er
2500 Mark Brautgeld bezahlen.

Am Donnerstagnachmittag – der Freitag ist arbeitsfrei in
islamischen Ländern – beginnt die Zeremonie. Anis erscheint
in festlichem Anzug auf dem kleinen Platz vor der Gasse und
wird von der Menge begeistert begrüßt. Mehrere Dutzend
Männer haben sich eingefunden, im Laufe des Nachmittags
werden es immer mehr. Sie tanzen, begleitet von rhythmischen
Trommelschlägen, indem sie, immer mehrere Männer nebeneinander, gemessenen Schrittes auf die Musikanten zugehen,
dabei gelegentlich in die Hände klatschen und anschließend
denselben Weg rückwärts zurücklegen, dann wieder nach
vorne gehen; ein endloser, monotoner Rhythmus der Bewegungen und der Musik.

Irgendwann wird Anis in die Mitte des Platzes geführt und
auf einen Stuhl gesetzt, danach gibt es reichlich Geldge-

schenke, um die hohen Kosten mitzutragen. Frauen sind nicht zugegen, sie sind vom öffentlichen Leben ausgeschlossen. Sie lugen aus den Fenstern der Hochhäuser um uns herum, und manchmal versucht der Kameramann geschickt, einige Impressionen der Frauen einzufangen. Die Menge bemerkt seine List und wird ärgerlich. Es sei verboten, die Verbotenen zu filmen.

Das übliche Wort für »Frau« im Jemen und weiten Teilen der arabischen Halbinsel ist der Begriff *harim*, wovon sich das uns geläufige Wort Harem ableitet. Ursprünglich bezeichnet *harim* einen geheiligten, unverletzlichen Ort; *haram* benennt im Arabischen, in der Theologie ebenso wie in der Umgangssprache, das Verbotene, Ungesetzliche, Sündige, Verwerfliche, allgemein das, was berechtigtem moralischem Empfinden zuwiderläuft oder entgegensteht. Dabei gibt es einen bemerkenswerten Bezug zwischen Sprache und Psychologie, dem rational Unbewußten. Die Frau ist in zweifacher Hinsicht »verboten«, aktivisch und passivisch. Der unverletzliche Ort des Harems respektiert einerseits die weibliche Privatsphäre und schützt sie vor unbefugter Annäherung, ein durchaus ehrenwerter Ansatz, der sich freilich sogleich in sein Gegenteil verkehrt – symbolisiert doch der Harem den gesellschaftlichen Verfügungsbereich des Mannes über die Frau. Gleichzeitig beinhaltet der Begriff *harim* (in seiner anverwandten Form *haram*) die Sphäre des Sündigen, Verbotenen, Triebhaften, derer es sich auf seiten des Mannes zu erwehren gilt. In erster Linie durch die Tabuisierung, um nicht zu sagen: Liquidierung, des Weiblichen in der Öffentlichkeit mittels archaischer schwarzer Gewänder. Gibt es in Europa das Bild von der Heiligen und der Hure, die beide das Weib in seiner Widersprüchlichkeit verkörpern, so ist das Bild der Frau im Orient nicht unwesentlich geprägt von der idealisierten Vision einer sinnlich wie erotisch leidenschaftslosen Mutter, die auf dem Weg der Mutterschaft die Heilige und die Hure gleichermaßen überwindet.

Ein seelisches Dilemma bleibt jedoch bestehen. Eine Hure, erst recht eine Heilige, darf man sexuell begehren, die eigene Mutter besser nicht. Vermutlich löst sich das Problem durch

Sublimation. Anis wird seine unbekannte Braut ohne Umschweife zur Mutter machen und ihr jenen Platz zuweisen, den die hiesige Gesellschaft für das Verbotene vorgesehen hat. Sexualität und Sinnlichkeit werden gebannt, der guten Sache dienstbar gemacht, so viele Söhne wie nur möglich zu zeugen und zu gebären. Was bleibt, ist die Sehnsucht nach jener fernen, unerreichbaren, unbefleckten Geliebten, wie sie die lyrischen Lieder aus Shibam einfühlsam beschreiben – Fabelwesen, so wunderbar anzuschauen, daß man sich fragt, wo sie je gesehen wurden an diesem schwarz verhangenen Ort.

Am späten Nachmittag fährt Anis in Begleitung seiner männlichen Verwandten und zahlreicher Freunde in das Nachbardorf der Braut, um den Heiratsvertrag zu unterschreiben. Abends beginnt das eigentliche Fest in Shibam, Hunderte Männer werden zusammen essen, reden und singen, die ganze Nacht hindurch. Die Frauen feiern unter sich, im Haus der Braut. Am frühen Morgen des folgenden Tages wird sie Anis zugeführt werden, ein untrennbares Paar bis in den Tod. Scheidung und Vielehe sind im Wadi Hadramaut nicht üblich, vermutlich aus finanziellen und rechtlichen Erwägungen. Wie wollte man ein Hochhaus in Shibam unter verschiedenen Parteien aufteilen? Überdies erforderten die oft genug kriegerischen Stammes- und Clanrivalitäten bedingungslose Loyalität innerhalb einer Familie, die gewissermaßen die kleinste Wehrgemeinschaft bildete. Scheidung oder Vielehe hätten die bestehenden Bande unter Umständen geschwächt, die Loyalitäten geteilt.

Auch Mohammed und Alawi fehlen nicht auf dem Fest, und nach einiger Zeit beginnt Alawi zu erzählen, sichtlich genervt von meinen endlosen Fragen über Frauen, mit denen zu reden für einen Fremden unmöglich ist. »Wenn eine Familie mehrere Töchter hat, werden sie verheiratet in der Reihenfolge ihres Alters. Erst die Älteste, als letzte die Jüngste. Nach der Hochzeit dürfen nur noch diejenigen Freundinnen die Frau besuchen, die selber verheiratet sind. Das ist wegen der Ehre. Im Haus tragen die Frauen keinen Schleier. Was aber, wenn ein Mann zufällig eine unverheiratete Freundin ohne Schleier sehen würde, mit der er nicht verwandt ist? Dann wäre ihre Ehre beschmutzt, und der Mann bekommt Ärger mit ihrer Familie.«

Verbotene werden die Mädchen spätestens nach Beginn der Pubertät, viele tragen den Schleier schon als Kinder. Einmal lief ich einen Feldweg entlang, und mir kam ein verschleiertes Mädchen von vielleicht zehn Jahren entgegen, die auf dem Kopf einen Korb balancierte. Wir konnten uns nicht ausweichen und mußten aneinander vorbeigehen. Das Mädchen bekam einen Schreikrampf und fing hemmungslos an zu weinen. Eine vergleichbare Situation war ihr nicht vertraut, sie wußte nicht, was zu tun ist, wenn sie einem Fremden begegnet; wie ihre Eltern reagieren würden, wenn sie erführen, daß die Tochter denselben Feldweg benutzte wie ein unbekannter Mann.

In dem Moment wurde mir klar, daß die Frage nach einem »Widerstand der Frauen«, eines »Aufbegehrens gegen ihre Unterdrückung«, europäisch gedacht ist.

Was nicht heißt, daß alle Männer empfinden wie Ali, der Englischlehrer und Prediger der Freitagsmoschee. Mohammed beispielsweise ist dagegen, schon junge Mädchen im Alter von fünfzehn oder sechzehn Jahren zu verheiraten. »Man muß den Mädchen eine Chance geben, sich selber zu entwikkeln und eine Ausbildung zu erhalten. Je mehr sie wissen, desto besser ist es für die Ehe.«

Ein anderer Gast auf der Hochzeit widerspricht. Er behauptet, der Koran verlange jugendliche Ehefrauen. »Sie sind wie Gefäße, die sich füllen mit dem Wesen des Mannes. Aus einem schönen Krug trinkt es sich nun einmal besser als aus einem alten Schlauch.«

Eine Debatte entsteht, die Argumente gehen hin und her. Die Frau verfüge über einen gebrechlichen Körper, sei in ihrer Konstitution insgesamt schwächlich und verlange nach der schützenden Hand des Mannes. Schön, entgegne ich, aber warum läßt man die Frauen darüber nicht selber befinden, anstatt sie zu bevormunden, ein Leben lang?

Weil sie es nicht anders gewohnt sind, wirft derselbe Gast in die Runde, ein Mann um die sechzig. »Wir sehen doch, wie es in Europa ist. Da können die Frauen machen, was sie wollen. Sind sie deswegen glücklich? Nicht zu wissen, wo sie hingehören, in den Beruf oder die Familie? Möchtest du, daß deine Frau arbeitet und dich beschämt, weil sie mehr verdient als du? Und wer kümmert sich um die Kinder?

Der Mann hat seinen Platz im Leben, und die Frau hat ihren Platz. So ist das. Wenn diese Sicherheit fehlt, werden die Menschen unglücklich. Ich weiß genau, daß viele Frauen bei euch arbeiten und arbeiten, aber in ihren Herzen nichts sehnlicher wünschen als eine Familie und einen Mann, der sie ernährt.«

Einige Mäuse jagen verschreckt in ihre Löcher, als wir das Büro des Generalsekretärs betreten. Staub überzieht den Schreibtisch, die Stühle, den Boden. Das Ambiente ist düster, wenig lebensfroh, als sei der Ort Vergangenheit, ohne tiefere Bedeutung. Barak Mahruz Wada'an, Generalsekretär der Sozialistischen Partei, Sektion Shibam, bis zur staatlichen Einheit Nord- und Südjemens 1990 der mächtigste Mann der Stadt, respektiert, aber eher gefürchtet als geliebt – sagen die Leute; Genosse Wada'an entschuldigt sich für das Durcheinander, bietet uns Tee und Kekse an, entstaubt einige der zerschlissenen Stühle, richtet sein Kopftuch mit flinken, fetten Fingern, entleert seine Nase in ein Stück farbloses Tuch, räuspert sich und wirkt verlegen. Dann folgt souverän die Klassenanalyse.

»Das Rückgrat der Gesellschaft im Wadi Hadramaut sind die Stämme. Nomaden gibt es darunter verhältnismäßig wenige, die meisten Stammesleute leben seit Generationen in Städten und Dörfern, ohne jedoch ihren sozialen Status innerhalb des Stammes deswegen zu verlieren. Vor der Revolution waren sie die einzigen, die Waffen trugen. Ihre Aufgabe war es, die Stadtbewohner gegen andere Stämme, gegen Diebstahl und Gewalt zu schützen, eine Art Polizei. Daneben gab es die Händler und die Sayyids, die religiösen Führer; eine kapitalistische Klasse, die den Stammesleuten und Bauern Kredite gewährte und auf diese Weise das Pachtwesen im Wadi festigte, die bestehenden Abhängigkeiten vertiefte. Viele vermögende Sayyids hatten allerdings das Gemeinwohl durchaus im Sinn und finanzierten den Bau von Straßen, Schulen oder Krankenstationen.

Und schließlich gab es die Du'afa (wörtlich: die Schwachen), diejenigen Stadtbewohner, die keine Waffen trugen und weder vermögende Geschäftsleute noch Sayyids waren. Dazu gehörten überwiegend ungelernte Arbeiter und Tagelöhner, aber auch Kleinhändler und Handwerker. Unter den Du'afa war der soziale Status abhängig vom Grad der Qualifikation: Weber beispielsweise galten mehr als die ›Arbeiter in Lehm‹ — Bauarbeiter, Töpfer, Bauern. Am wenigsten angesehen waren Handlanger, vor allem dann, wenn sie mit menschlichen oder tierischen Exkrementen zu tun hatten.

Die Sozialistische Partei hat nach der Revolution 1967 Großes geleistet, insbesondere hat sie ein Gesundheitswesen im Wadi Hadramaut aufgebaut und die Strom- und Wasserversorgung sichergestellt. Der Einfluß der Religion ist noch immer ungebrochen, das ist wahr. Der Islam ist das Glaubensbekenntnis des jemenitischen Volkes, und niemand kann daran etwas ändern. Die Aktivitäten der Sozialistischen Partei orientieren sich an dieser Realität, und wir versuchen, mit unseren Bürgern offen über Fragen der Religion zu reden. Wir wollen dabei keinen Zwang anwenden, denn mit Gewalt erreichen wir gar nichts. Grundsätzlich aber begrüßen wir, daß sich immer mehr Menschen der Religion zuwenden; warum auch nicht, sie ist ja die Säule unseres kulturellen Erbes.«

Mythische Erzählungen bevölkern das Wadi Hadramaut, viele handeln von gewaltigen Riesen aus unvordenklichen Zeiten, deren Gräber die Menschen noch heute verehren. In der Regel sind es weitläufige Karrees, die aus flachen Mauern bestehen, zehn bis fünfundzwanzig Meter lang, aufgeschichtet aus Steinen. Diese Riesen verfügten über wundersame Kräfte, wie Salih, der Vater von Hud, der Kamele schuf aus lebenden Felsen. Altarabische Legenden, die teilweise weitererzählt wurden aus einer neuen, der islamischen Perspektive. So schildert der Koran in der elften Sure, wie Gott seinen Propheten Salih zum Volk der Thamud sandte, im Wadi Hadramaut, das vom rechten Glauben abgefallen war. Er gab ihnen »das Kamel Gottes, euch zum Zeichen. Laßt es auf Gottes Erde weiden und tut ihm nichts Böses an! Sonst kommt nächstens eine Strafe über euch.« (11,64) Sie aber brachten das Kamel zu Fall, indem sie ihm die Flechsen durchschnitten. »Da kam über diejenigen, die frevelten, der Schrei, und am Morgen lagen sie in ihren Behausungen tot am Boden.« (11,67)

Und zum Riesengeschlecht der Ad, ebenfalls im Wadi Hadramaut, entsandte Gott den Propheten Hud, dessen Name die elfte Sure trägt. Er mahnte seine Stammesgefährten, abzulassen von der Vielgötterei; sie aber wollten nicht hören und beschlossen, ihn zu töten. Zwei ungläubige Reiter, so berichtet die Legende, verfolgten den Propheten auf Kamelen. Nach wilder Jagd, hart bedrängt, erreichte Hud einen Felsen und sprach: »Öffne dich mit Gottes Erlaubnis.« Der Fels tat sich weit auf. Er trat ein, und der Stein schloß sich hinter ihm, aber nicht zur Gänze. Seine Kamelin, die er in der Nähe sich niederlegen hieß, verwandelte sich in Stein.

Über das Volk der Ad jedoch kam ein Strafgericht vergleichbar dem biblischen Sodom und Gomorrha, ein gewaltiger Sturm, der sie dahinraffte und ihre Häuser und Felder zerstörte. Daher der Name »Hadramaut«, das ist wörtlich die »Gegenwärtigkeit des Todes«, ein ewig mahnendes Gedenken an das Schicksal derer, die sich gegen Gott erheben. Es gibt andere Erklärungen für die Herkunft des Wortes Hadramaut, aber diese scheint selber entwachsen dem mythischen Boden, eine sinnliche und lyrische Metapher aus den religiösen Tiefen des Wadis.

Das Grab des Propheten Hud — er gilt als Vater Qahtans, des Stammvaters aller Jemeniten — ist das größte Heiligtum, der wichtigste Wallfahrtsort im Hadramaut; zu Füßen des Grabes liegt ein ausgestorbenes, verlassenes Dorf, das nur einmal im Jahr, zur Pilgerzeit, für drei Tage zum Leben erwacht. Schon aus weiter Ferne fällt das weiße Kuppelgrab ins Auge, zu dem hinauf eine außergewöhnlich breite, weit über hundert Stufen zählende Treppe führt. Das Grab selber durften wir nicht betreten — es sei denn, wir würden zum Islam konvertieren, sagten die Pilger. Aber wenig dürfte sich geändert haben, seit der britische Offizier Harold Ingrams in den dreißiger Jahren das Grab besuchte.

»Wir erreichten [die allerheiligste Stätte des Hadramaut] nicht über die kleine Stadt und die mächtige Treppe, sondern auf einem Seitenpfad, der auf eine geweißte Plattform führte, auf der ein Säulenhof stand, der einen riesigen Steinblock, welcher für den Höcker der versteinerten Kamelin Huds gehalten wird, einschließt. Der Säulenhof dient dem Gebet. Wir zogen, bevor wir ihn betraten, unsere Schuhe aus. Niemand sonst war da, und der ganze Platz atmete vollkommene Ruhe und Frieden. Das Fühlen ehrfurchtsvoller Scheu und frommer Verehrung, das von fast jedem geheiligten Ort ausströmt, fehlte auch hier nicht. Dieses Gefühl steigerte sich noch, als wir den mit Kalkanstrich bedeckten Hang hinaufgingen, der sich in halber Höhe in eine rechte und eine linke Hälfte teilt, und wir zur Kuppel kamen. Das Grab liegt auf dem ansteigenden Berghang an der Rückseite der Kuppel und mißt in ganzer Länge neunzig Fuß.

Die Kuppel erhebt sich über dem unbehauenen, natürlichen Felsblock, der einen tiefen Spalt aufweist, durch den, wie es heißt, der Prophet entschwand. Der Berg schloß sich nicht vollständig hinter ihm, und während die umgebende Oberfläche des Felsens dick geweißt ist, ist der Spalt vom Maurerkalk unberührt, unberührt vom Anstrich, aber nicht von den ungezählten Händen und Lippen, die ihn glattgescheuert haben ... Tausende winziger Stücke von bunten Teppichen oder Strikken klebten an den Wänden, an dem Dach der Kuppel und auf dem Grab selbst. Von der Kuppel zur Höhe hinauf gab es unzählige Steinchen, die mit Teppichflecken umbunden waren und an Haken hingen, die in das Mauerwerk eingeschlagen waren.« Es sind dies persönliche Devotionalien der Pilger, die der Fürbitte vor Gott dienen.

Die Pilgerfahrt nach Hud, an der Gläubige aus ganz Jemen teilnehmen, fällt auf den 15. Sha'aban, drei Wochen vor Beginn des Fastenmonats Ramadan. Pilger aus Shibam sind immer dabei, auch Mohammed und sein Freund Abu Gabir, auf deren Spuren wir uns filmisch begeben. Abu Gabir mag Ende vierzig sein, seine Gesichtszüge sind ähnlich verwegen wie die Mohammeds. Früher hat er in Abu Dhabi gearbeitet und wurde ausgewiesen, nachdem er sich mit seinem Arbeitgeber angelegt hatte. Abu Gabir ist stolz und verbindlich, gütig gegenüber seinen Freunden und wahrscheinlich gnadenlos gegenüber seinen Feinden. Ein unbeugsamer Mann ohne falsche Kompromisse, der mir vom ersten Augenblick an imponierte. Manchmal begegnet man im Orient Menschen, denen ich persönlich bedingungslos vertrauen würde. Abu Gabir ist von dieser Sorte. Man könnte ihm eine beliebige Summe Geldes zur Verwahrung überlassen und Jahre später abholen – für Abu Gabir wäre es eine Frage der Ehre, das ihm anvertraute Gut zu hüten wie seinen Augapfel, ohne darüber auch nur ein einziges Wort zu verlieren.

Sieben Stunden dauert die Fahrt mit dem Landrover von Shibam zum Grab des Propheten Hud, am östlichen Ende des Hadramaut gelegen, in Richtung Dhofar, heute eine Provinz Omans und früher, im Altertum, Hauptanbaugebiet des Weihrauchs, das auf endlosen Karawanenstraßen durch das Wadi Hadramaut (oder auf dem Seeweg entlang der Küste) nach Shabwa gebracht wurde und von dort, durch das heutige Saudi-Arabien, mit weiteren Karawanen bis an das Mittelmeer gelangte. Shabwa ist heute ein weitläufiges Ruinenfeld etwa zweihundert Kilometer westlich von Shibam. Die antike Hauptstadt des Hadramaut wurde letztmalig im dritten Jahrhundert zerstört, und die Legende besagt, daß ein Großteil der aus Shabwa Vertriebenen nach Osten zog und die Stadt Shibam gründete, die demnach mehr als 1600 Jahre alt wäre.

Das Grab des Propheten liegt inmitten einer atemberaubenden Landschaft. Archaisch und karg türmen sich gewaltige Vulkanberge, die je nach Tageslicht weiß bis glutrot gefärbt sind; in der flirrenden Hitze entstehen Fata Morganas. Als wir das Grab erreichen, geraten wir in ein Verkehrschaos, Tausende von Menschen bevölkern die Geisterstadt, überall ist hektisches Treiben. Geschäfte und Verkaufsstände werden errichtet, Kamele ziehen durch die Gassen, Pilger reinigen die lange verlassenen Lehmhäuser, verputzen schadhafte Stellen, Landrover suchen Parkplätze, Beduinen begrüßen sich mit großer Geste. Zahlreiche Pilger sind bewaffnet, die Nordjemeniten eher symbolisch, mit einem Krummdolch im Gürtel, die Stammeskrieger aus dem Süden hingegen tragen Kalaschnikows, die lässig über der Schulter hängen. Auch Abu Gabir hat Gewehr und Pistole dabei. Erst mit Beginn der religiösen

Zeremonien, am folgenden Tag, werden sie alle ihre Waffen ablegen.

Nach Einbruch der Dunkelheit ziehen sich die Pilger in ihre Häuser oder Beduinenzelte zurück. Wir selber lagern am Rande des Dorfes, mit Blick auf das Wadi, ununterbrochen begafft und bestaunt von Dutzenden, wenn nicht Hunderten Männern jeglichen Alters, die einfach da sind und die eigene Toleranz auf eine harte Probe stellen. Jede unserer Bewegungen, jede Geste, jedes Wort wird aufmerksam registriert; ob beim Zähneputzen oder dem Gang zur Toilette irgendwo hinter den Felsen — Augenzeugen sind immer dabei, drei Tage lang, ohne Pardon. Andererseits sind auch wir auf der Suche nach Bildern und haben keinen Grund, andere zu tadeln, wenn sie ihrerseits Voyeure werden.

Spätabends flaniere ich ein letztes Mal durch die Gassen und finde durch Zufall jenen Seitenpfad, den Harold Ingrams in den dreißiger Jahren bestieg, auf dem Weg zum Grab des Propheten. Ich gehe nur einige Meter, als mich ein Steinhagel empfängt. Ich entbiete lauthals den Friedensgruß, und das nicht ungefährliche Bombardement hört auf. Einige ergrimmte Pilger laufen mir entgegen, aus Sada in Nordjemen sind sie, wie sich herausstellt, eine islamisch-traditionalistische Hochburg unweit der saudischen Grenze. Wir kommen ins Gespräch, und ihr anfängliches Mißtrauen weicht einem missionarischen Eifer. Ich möge mich zum Islam bekennen oder verschwinden.

»Gott wußte, warum er mehr als eine Religion schuf«, wende ich ein.

Richtig, hält mir die Gruppe entgegen. Damit der Glanz des rechten Glaubens um so heller erstrahle inmitten der Finsternis des Unglaubens.

»Religion ist auch eine Frage der Geographie und der Kultur. In Kanada oder Norwegen gibt es nun mal keinen Islam.«

Falsch, erwidern meine dogmatischen Freunde. Auch in Kanada oder Norwegen könne man den Koran studieren und zum rechten Glauben finden. Am engagiertesten diskutiert ein vielleicht Dreizehnjähriger, der endlos Koransuren auswendig herbetet, als schade ein Moment des Innehaltens.

»Keinen Zwang gibt es in der Religion«, zitiere ich den Koran, ein letzter Joker.

Wohl wahr, wohl wahr, sagt einer. Wenn du dich freiwillig zum Islam bekennst, gibt es auch keinen Zwang.

Es ist sinnlos, das Gespräch fortzuführen. Wir beschließen, alles weitere auf morgen zu vertagen, ein pragmatischer Konsens. Am Ende reichen wir uns freundlich die Hände, aus ihrer Sicht eine sehr noble Geste gegenüber einem religiös Verirrten.

Ich erzähle Abu Gabir von der Begegnung, der sie gelassen kommentiert. »Was regst du dich auf? Es gibt Rechtgläubige, und es gibt Ungläubige. Das ist doch ganz klar. Und wenn es Gott gefällt, wirst du einer von uns. Wenn nicht – na ja, dann mußt du eben hinab ins Höllenfeuer, du Armer.« So ist Abu Gabir, offen und ehrlich, keine falschen Kompromisse.

In der Nacht zieht ein Sturm auf, der gewaltige Sandmassen aus der unwirtlichen Wüste des »Leeren Viertels« ins Wadi Hadramaut fegt. Die nächsten Tage ist die Luft gelblich und verhangen, ein unseliger Schleier, der bleiern über der Landschaft liegt und das Atmen schwer macht, nicht ganz unähnlich einer novemberlichen Nebelwand in London.

Neben den religiösen Riten und Zeremonien am Grab des Propheten spielen die Geschäfte eine große Rolle. Überwiegend Plastikwaren aus dem Fernen Osten werden angeboten, aber auch Lebensmittel aller Art, Datteln, Nüsse, Süßigkeiten, Trockenfisch, Konserven. Improvisierte Restaurants sind geöffnet, in denen Ziegen oder Kamele unweit der Kunden geschlachtet werden und wenig später serviert. Auf langen Theken liegen die Köpfe mit lang heraushängender Zunge und selig verdrehten Augen, als seien sie gerade noch einmal ihrem Schicksal entronnen.

Die Pilgerfahrt nach Hud hat eine lange Tradition. Seit über tausend Jahren ist sie für den Islam nachgewiesen, aber schon in vorislamischen Zeiten wurde an diesem Grab alljährlich ein religiöser Markt abgehalten, Treffpunkt verschiedener Stämme, die wahrscheinlich die damals in Südarabien vorherrschende Triade verehrten: Sonne, Mond und Morgen- wie Abendstern der Venus.

Der Höhepunkt der Wallfahrt ist der frühe Morgen des

dritten und letzten Tages. Tausende und Abertausende von Pilgern begeben sich hinunter zum kleinen Fluß im Wadi und beten den Fagr, das Frühgebet, am Wasser. Anschließend zieht die Menge den Fluß entlang und besteigt eine kleine Anhöhe, wo Litaneien gesungen werden und Lobpreisungen Gottes ergehen. Die Männer – Frauen habe ich nur vier oder fünf in Hud gesehen – tragen während der Prozession Stöcke oder Äste in den Händen, deren Sinn niemand recht erklären konnte. Vermutlich sind es Symbole der Wehrhaftigkeit, die in dieser Verfremdung Friedensbereitschaft signalisieren. Einige Fahnen und Standarten sind zu sehen – Embleme religiöser Führer, die als Heilige gelten. So wie Abu Bakr Salih, dem diese Prozession gewidmet ist. Er war ein bedeutender Mystiker und Friedensstifter aus Ainad, unweit von Hud, der vor 450 Jahren lebte.

Nach einiger Zeit auf der Anhöhe zieht die Menge weiter, begibt sich zurück in die Stadt zu Füßen des Grabes und versammelt sich um einen Brunnen, aus dem Hud getrunken haben soll. Trommeln spielen auf, und in einer sehr eingängigen, harmonischen Melodie singt die Menge, einem Vorbeter folgend: »Friede sei mit dem Propheten Gottes, Friede dem Sendboten Gottes, Friede dem von Gott Geliebten.« Abschließend folgt die Anrufung des Friedens im Namen aller wichtigen Propheten, der vortrefflichsten Frauen Mohammeds, der Erzengel und des Gärtners des Paradieses. Die Stimmung ist friedlich und schön, wir fühlen uns als Teil einer großen, solidarischen Gemeinschaft und spüren die spirituelle Kraft des Augenblicks. Wie traurig und fremd erscheinen die Städte des Westens, wie anmaßend und töricht Geldwert und Prestige.

Ein zahnloser Alter in weißem Gewand, Abdallah Bin Mohammed as-Sadiq al-Habschi, der sein Leben in Äthiopien verbrachte, erzählt uns in wenigen, klaren Worten, was die Gläubigen bewegt: »Diese Wallfahrt zum Grabe des Propheten Hud und all die anderen Pilgerfahrten, für die das Wadi Hadramaut berühmt ist, sie haben alle ein gemeinsames Anliegen. Sie wollen den Menschen moralisch läutern, damit er zum rechten Glauben zurückfinde und daran festhalte.

Deswegen sind die Menschen hier — um ihr Streben dem rechten Geist zu unterwerfen. Wer von diesem Geist beseelt ist, für den wird es im Leben keine Widerstände geben, die nicht zu überwinden wären.«

Das letzte Bild ist ein endloser Schwenk die Straße entlang, hinauf zum Grab des Propheten, dessen Umrisse im gelben Nebel der Wüste vibrieren. In weiter Ferne steigen Mohammed und Abu Gabir die Treppe empor, zwei unscharfe Silhouetten in der Menge, die wir bald aus den Augen verlieren.

wissen 3000

für Besserwisser

Jens Renner
1968

Karl Kopp
Asyl

Vanessa Redak/Bernd Weber
Börse

Bettina Rudhoff
Design

Martin Krauß
Doping

Henning Schmidt-Semisch/
Frank Nolte
Drogen

Thomas Seibert
Existenzialismus

Helmut Blecher
Fotojournalismus

Sabine Riewenherm
Gentechnologie

Thomas Schroedter
Globalisierung

Boris Gröndahl
Hacker

Hans Ulrich Dillmann
Jüdisches Leben nach 1945

Stephan Lanz/Jochen Becker
Metropolen

Mark Terkessidis
Migranten

Inke Arns
Netzkulturen

Hannes Koch
New Economy

Otto Diederichs
Polizei

Martin Büsser
Pop-Art

Thomas Ernst
Popliteratur

Martin Büsser
Popmusik

Marcel Feige
Science Fiction

Katja Leyrer
Sexualität

Jost Müller
Sozialismus

Wilhelm Sager
Wasser

*alle Bände Broschur, 96 Seiten,
mit zahlreichen Abbildungen*